Retour à la montagne
collection dirigée par Sylvain Jouty

GASTON RÉBUFFAT

La montagne est mon domaine

HOËBEKE

ISBN : 2-905292-71-7

Préface

Détailler, choisir, sélectionner des textes extraits d'une œuvre, en l'occurrence celle de mon époux Gaston Rébuffat, est certes une responsabilité importante, mais qui ne me déplaît point. Je me suis efforcée de me rapprocher du choix qui eût été le sien s'il avait été confronté à cette entreprise, plutôt que de me laisser guider par ma seule inclination.

Un tel sujet n'ayant jamais été abordé entre nous, « l'entreprise » s'est transformée en aventure. J'ai essayé d'imaginer sa réaction si une fois je lui avais demandé : « Comment t'y prendrais-tu s'il te fallait extraire des textes de tes textes ? » Il aurait froncé les lèvres autour de l'embout de sa pipe et son regard amusé lui eût servi de réponse.

Cette aventure, je l'ai abordée avec précaution, timidement et, j'ose ajouter, avec une bonne part d'humilité. Nonobstant ces scrupules, j'ai assurément été attirée par certains sujets ou simples paragraphes qui ont toujours eu ma préférence, sans jamais perdre de vue quel eût été notre choix si nous l'eussions établi ensemble. Nous serions tombés d'accord dans la plupart des cas ; car, tout compte fait, d'accord nous n'avons cessé de l'être de par nos natures qui en étaient venues à se confondre, même quand nous nous trouvions face à une controverse, elle était agréable et positive car elle nous amenait, lorsque nous étions à bout d'arguments vers ce que nous pensions être une saine conclusion.

Le fait de relire ces ouvrages m'a entraînée dans une belle flânerie, recréant ce dialogue qu'il y avait entre nous, continuellement, même pendant nos silences. De quel critère serions-nous partis pour établir une liste ? Prenant en considération un élément primordial qui est celui de satisfaire les lecteurs les plus divers, pour ensuite amener ces textes vers une progression logique mais aussi harmonieuse, réunissant des relations de courses, des articles, des descriptions, de la poésie, et beaucoup de rêve... ce qu'il aimait — ce qu'il aurait aimé. Cette sélection je l'ai abordée dans le même état d'esprit que Gaston lorsqu'il préparait un choix de courses pour ses compagnons.

Il nous a quittés à l'entrée de l'été 1985, en ce mois où d'habitude, une vie de guide durant, il anticipait sur la saison en élaborant une liste de courses qui correspondrait à l'un ou l'autre en fonction de ce qu'ils avaient déjà grimpé : « Paul cette année semble particulièrement entraîné, je voudrais qu'il connaisse l'ambiance riche d'une belle grande course mixte ; Lino aime la verticalité des parois des Dolomites ; Paulette se plaît quand l'escalade est tout en finesse, elle sera à son aise dans telle voie... », et il m'en parlait. Un jour de 1949, avant même que de l'écrire il m'avait dit : « Le Cervin avant de l'avoir vu on en rêve... J'en ai parlé à Raymond, il est bon grimpeur mais aussi un montagnard, j'ai envie de lui proposer la face nord. » Et Raymond avait été heureux dans cette vaste paroi du Cervin. Cet été 1985 je me retrouve seule. Comme il lui arrivait, les idées s'entassent dans ma tête, et d'emblée j'ai pensé à une anthologie de son œuvre, comprenant aussi certains articles de fond écrits pour le journal Le Monde *dont, à la demande d'Hubert Beuve-Méry, il était devenu correspondant pour la rubrique ayant trait à la montagne. Avec un ami américain, historien, Arthur Peters, nous avons travaillé cette idée qui le séduisait, sans pourtant arriver à conclure, sans doute parce que je n'étais pas mûre pour franchir le pas. Nous avions tellement collaboré, Gaston et moi-même que, de me retrouver sans lui, face à cet ouvrage, m'effrayait ; si je l'avais fait à ce moment-là j'aurais publié* in extenso *tout ce qui avait été imprimé. Il m'a fallu décanter ; Gaston écrivait : « Choisir, c'est écarter ». Cette opinion m'a paralysée. Sachant avec quel soin il travaillait ses textes, réécrivant certaines pages des dizaines de fois dans le but de concentrer : intervertir des paragraphes, en supprimer d'autres, extraire le suc de son expérience ; je n'avais pas le droit de courir le risque d'omettre quoi que ce soit. J'aime ses pages au style dense, sobre, il m'amuse de dire filiforme ; droit, filiforme, il l'était au physique comme dans sa moralité. Son écriture très personnelle, sa tournure d'esprit particulière lui ont donné un style bien à lui qui a apporté à chacun de ses livres un souffle nouveau : l'enchantement des grands espaces.*

La montagne ayant été son lieu d'élection entre tous, la pratiquer était se faire plaisir, s'y sentir heureux. Jamais il n'a été question d'en utiliser son aspect morbide en narrant un accident et le sauvetage qui en découle ; pas de grandiloquence. Ni romancier, ni écrivain à suspens, il faisait confiance à sa mémoire et comptait sur sa justesse. J'ai été sa première lectrice, également son critique le plus sévère, j'étais impitoyable à l'encontre de sa plume. A travers cette sélection, j'ai fait de mon mieux aujourd'hui pour lui rester fidèle.

Françoise Rébuffat

La conclusion de cette préface, je viens de l'écrire ; néanmoins j'ai envie d'y ajouter un post-scriptum qui en sera une synthèse, celle qui a été l'essentiel de sa vie. La plus grande jouissance de cet homme dans son métier de guide et durant toute sa carrière d'écrivain a été de communiquer cet enthousiasme qui l'a habité

— sans cesse — et toujours autant, car bien qu'affaibli physiquement par l'issue de sa maladie, il escaladait encore au Baou de Saint-Jeannet en compagnie d'un ami qui menait la cordée.

C'est là que je suis né...

Bien plus qu'à Marseille, c'est là que je suis né.

Calanques, Sainte-Baume, Sainte-Victoire, grands espaces de ciel, de rocher et de mer ; vastes étendues toutes en arêtes et en thalwegs, faites seulement de garrigue et de pierre, de lumière et de silence, qui, grâce à leur sol sans terre et à leurs reliefs en tous sens, ont gardé leur solitude et leur vie.

Incultes, rugueux, bons à rien. Stériles et, en revanche, magnifiquement fertiles pour nos yeux, notre cœur et nos jambes. Pour nos désirs, pour nos élans.

Aussi souvent que possible nous partions. Par le premier tramway, nous arrivions à Aubagne, au Redon, à Mazargues... Il faisait encore nuit, d'un noir absolu, un peu mystérieux, minéral. Sitôt dépassée la dernière maison, nous entrions dans un paysage sans autre limite que l'immense voûte et ses étoiles, et sans autres bruits que ceux, infimes, de la terre et de notre passage léger.

Après une heure — par endroits une demi-heure suffit —, nous avions franchi des crêtes, passé un col.

A l'est, le ciel s'éveillait, et, peu à peu, avec le jour, marchant vers le soleil nous naissions de la nuit. Ce monde était le nôtre ; marcher, grimper, c'était lui être accordé. Là-haut le vent, le soleil, les nuages faisaient comme bon leur semble ; à leur image, nous n'étions habités que de liberté.

Des centaines de fois j'y suis revenu. L'attrait, par moments la fascination, n'ont pas changé. Images des premiers jours : gaieté solaire, solitude et silence par rapport aux villes, non par rapport à la terre, collines et rochers, tantôt aimables, tantôt durs selon les saisons et les jours, beauté des coups de vent, beauté d'un bel orage.

Pas d'eau ou bien énormément les quelques jours de pluie. Pas d'eau, car à peine arrivée elle fuit vers la mer ; le sol pourtant assoiffé ne sait pas la retenir. Pas d'eau, sauf à la Sainte-Baume qui la reçoit dans les trous du calcaire et la restitue en des sources miracles au cœur de l'aridité.

De temps en temps, un mistral généreux, pour qu'on ne l'oublie pas. Un peu de chênes verts, des pins, des genévriers et une multitude de plantes dont beaucoup sentent bon, surtout quand on les frôle, et qui montent vers les falaises et les aiguilles de calcaire blanc d'où la vue porte loin, vers ce que l'on voit : la Méditerranée, les Alpes, et ce que l'on devine...

Seulement garrigue, pierres et rochers, avec, pour alterner les rêves, une forêt merveilleuse, depuis toujours hors coupe, insolite résonance de l'époque glaciaire.

Et, au midi, la mer.

C'est là que je suis né.

A la verticale de la mer

Entre l'eau et le ciel, la haute falaise, blanche et verticale, est le lien qui unit le monde de la mer et celui de la terre. Ici, en un rien d'espace, cent vingt-cinq kilomètres carrés, les éléments qui constituent ce paysage sont harmonieusement rassemblés et leurs différents visages heureusement accordés. Par une grâce de la nature, cette côte est si accidentée, si inaccessible parfois, sujette aux coups de mer et aux assauts des vents, et, au-delà de la falaise qui domine le large, le relief du massif est si merveilleusement tourmenté que ce pays privilégié, se protégeant lui-même, est encore un jardin comme il l'était le premier jour.

Ses compagnons de route sur la terre qui tourne sont le vent, qui parfois le rabote — mais il sait résister — la mer changeante, tantôt aimable, tantôt déchaînée, et le soleil bienfaisant. Il n'est pas seul ; face à lui il y a les îles, qui sont part de lui-même et qu'il rejoint sous la mer : c'est un même pays.

Il n'a pas de vrai nom ; souvent on l'appelle Calanques, mais les Calanques ne forment en réalité qu'une fraction de cette côte, cette côte n'est qu'une partie du massif ; et quant au massif, sans la mer et les îles, il n'aurait certes pas, tout en étant d'une beauté indiscutable, le même caractère.

Ce pays a une âme : c'est un lieu de rencontre, l'eau, la pierre verticale, le soleil, le ciel s'y retrouvent, et le vent, quand il en a envie. Dans ce temple de la nature, l'homme est toujours invité ; la seule condition est d'aimer le silence et de marcher un peu : au total une heure et demie à deux heures pour aller de l'endroit où l'on quitte la route à la calanque et revenir à cet endroit, la moitié si de la calanque on rentre en bateau ce qui est agréable et sympathique : c'est une autre façon de voir cette région et de mieux la connaître.

Après avoir éprouvé un grand étonnement devant un pays où l'on respire bien, où l'air sent le thym, le romarin, la résine des pins et le sel de la mer, on est pris à la fois par le rêve et par une extraordinaire impression de liberté : aller où l'on veut, et cela, le gagner par soi-même. Ces marches s'effectuent volontiers, sans difficulté, car le terrain toujours accidenté vivifie ceux qui le parcourent. Je n'ai jamais aimé l'effort pour l'effort, peut-être parce que, dès mon enfance qui s'est passée ici, marcher, courir, sauter, grimper, plonger, se baigner n'a jamais été pour moi un effort, mais un jeu brillamment proposé. J'ai souvent considéré ce pays, toujours en éveil, comme une perpétuelle tentation.

Se promener, chercher, découvrir un nid de pins dans le creux d'un vallon, une crête qui sépare l'ombre de la lumière, la trace d'un écureuil, un sommet où l'on est bousculé par le vent et, tout de suite après, un vallon abrité où l'on retrouve la paix ; voir le soleil, qui après un ciel gris redore l'écorce des pins, la grandeur des vagues qui se brisent sur les écueils, un reflet de l'eau qui indique que là, protégée par une plage, la mer est calme et vous attend...

Malgré la proximité immédiate de la grande ville, pas d'usines, pas de trafic, pas de commerces, même pas de cultures. Il n'y a pas de terre, seulement des rochers et un air vif aptes à nourrir des touffes odoriférantes, et des arbres ou arbustes qui se contentent de peu : pins et genévriers, solidement accrochés aux parois. Leurs racines sont nouées dans les fissures que l'eau, il y a bien longtemps, a creusées dans le calcaire ; leur sève est celle de la pierre, à tel point que, si la foudre en éventre un, on ne peut distinguer les anneaux de leur bois, tellement ils sont serrés l'un contre l'autre.

Heureusement pour elles et pour nous, ces falaises avares ne recèlent ni minerais ni pétrole. C'est pourquoi ce massif préservé par sa rigueur et par sa force a échappé à la « dévorance » des hommes. C'est vrai à l'intérieur, c'est vrai à l'extérieur, car, du côté du large, ces mêmes falaises sont alors protégées par des vents qui, lorsque cela leur plaît, savent agiter la mer : le mistral, qui prolonge le Rhône et là où le fleuve se noie, redouble de vigueur ; le vent d'est, aussi ardent que le mistral et prompt à le relayer ; la largade et le labé, vents du large, le premier plein ouest, le second sud-ouest ; et puis il y a la brise versatile. Bien souvent, c'est la paix : la mer sourit ; les bateaux, grands ou petits, de pêche ou de plaisance, peuvent aller partout, et quand les vents se réveillent, quelle bagarre dans le ciel et dans les voiles ! Car les Calanques, qui marquent un changement net d'orientation de la côte, sont aussi pour ces vents un lieu de retrouvailles : ils jouent à cache-cache, se font la guerre et tourbillonnent entre les falaises et les îles, alors, les navires qui se laissent surprendre jouent une partie difficile, car, à fleur d'eau, il y a les écueils.

Ce pays est un pays de caractère ; depuis les premiers jours il n'a rien perdu de sa force et de son indépendance. Il ne se plie pas. C'est aussi pour cela que nous l'apprécions. Un grand respect se mêle à notre amour : grâce à lui, nous savons que la nature existe.

Les Calanques : mon île déserte

Sur ces falaises, à la verticale de la mer, j'ai appris à grimper ; mais le plaisir de l'escalade serait bien pauvre s'il ne s'incorporait parmi d'autres plaisirs plus importants. Dans les Calanques, j'ai d'abord connu la nature restée vierge, le silence et la solitude qui vous lient à elle ; ici, d'entrée, la nature a un charme et une vigueur qui vous saisissent et que l'on ne comprend que peu à peu. C'est un pays à la croisée de deux mondes : un bord de mer ; cependant cela ne suffit pas. L'attrait et la vigueur de ce pays sont dus à la rencontre exceptionnelle des deux grandes lignes simples : comme le long des plus belles aiguilles de Chamonix, il y a la ligne verticale qui donne la profondeur du ciel, mais aussi, devant soi, il y a l'horizon qui suggère l'infini des espaces marins, et c'est pourquoi cette nature a un caractère vraiment à part.

Ainsi, m'appelant d'une colline à l'autre, d'une calanque à une autre calanque, d'une plage de galets à une plage de sable, me renvoyant du nord au sud, de l'est à l'ouest, ce pays a été pour moi l'île déserte que chaque enfant porte dans son cœur.

En toutes saisons, je me baignais ; durant l'hiver, l'eau devient fraîchc et même froide, mais, bêtement ou non, il me semblait que se baigner était d'une part une question de fidélité et d'appartenance à l'île et que, d'autre part, cela n'était qu'affaire de volonté et d'entraînement, somme toute pas très difficile ; au sortir de l'eau, le soleil, en me séchant, participait à mon plaisir et jouait son rôle ; il n'était pas là pour me bronzer, mais pour me réchauffer. En fin de journée, j'étais heureux : cœur comblé et muscles fatigués. Le soir, en m'attendant, ma mère parfois était inquiète, mais, lorsque j'arrivais, le teint frais et hâlé, « avec des couleurs », disait-elle, les jambes griffées par les argéras et les genêts, « cela purge le sang », ajoutait-elle, et que je mangeais d'un bon appétit, puis m'endormais d'un juste sommeil, elle retrouvait un enfant pas tout à fait conforme peut-être à ses désirs, mais au moins en bonne santé.

A la longue, je me mis à grimper. Pas pour le plaisir de grimper, car l'escalade m'impressionnait, mais pour les besoins de certains itinéraires : sur la soixantaine de sentiers qui parcourent les Calanques, une dizaine comportent quelques « pas » d'escalade — quelques mètres — pour franchir une petite barre de rochers ou pour contourner une arête. Cependant, si au début ces quelques « pas » n'étaient qu'un moyen me permettant de poursuivre mon chemin, afin de connaître les coins les plus secrets de mon île déserte, assez vite l'escalade devint un nouveau jeu suggéré par ce pays. Un jeu dont je compris la gravité : tenir son existence entre ses doigts ; c'était une découverte : en prenant conscience, il me semblait naître une deuxième fois, je me sentais un peu plus responsable de moi-même et très vite j'appris que la lucidité est nécessaire à l'enthousiasme, faute de quoi l'enthousiasme n'est que bête témérité ou élan puéril.

Dès lors, les rochers jusque-là beaux, mais inertes, muets, indifférents, lointains, devenaient partenaires : ils s'animaient. Les fissures et les trous creusés au cours des siècles par l'eau dans le calcaire devenaient cheminements.

Les Calanques abondent de parois et d'arêtes, d'aiguilles et de sommets. Pour moi, la plus belle et la plus sauvage, c'était la Grande Candelle ; de tous les sommets, c'est le plus éloigné de Marseille et de la route qui conduit à Cassis, et celui qui, sans voir la ville, a la plus large vue sur le massif et sur la mer. Au cours de mes randonnées, j'en avais fait le tour, un assez long périple, car, si son versant nord ne s'élève que d'une trentaine de mètres au-dessus du pierrier, son versant sud, haut de quatre cent soixante-cinq mètres, plonge en deux ressauts sur la côte et la mer.

Le jour où, par la voie normale, courte et facile trente mètres de deuxième degré, un « pas » de troisième pour employer une cotation précise — un peu impressionnante toutefois, car, se déroulant sur un versant nord, elle est dans l'ombre, j'atteignis le sommet de la Grande Candelle, j'étais très heureux.

Après d'autres escalades plus difficiles au rocher des Goudes, au rocher de Saint-Michel, à En-Vau, à Sormiou, avec des compagnons compétents, je revins à la Candelle pour bivouaquer au sommet dans un creux de genévrier ; j'avais déjà eu l'occasion en bien des endroits de dormir sous la tente, mais là c'était la première fois que j'allais m'endormir sous les étoiles. Camper est amusant, bivouaquer c'est autre chose : on fait confiance au ciel ; on sourit à cela, puis par moments, quand le soleil s'éteint et disparaît, on se trouve un peu ridicule, on éprouve aussi quelque inquiétude — l'homme est-il donc si faible, si fragile ? — et pourtant, bivouaquer, c'est percevoir tant de murmures, connaître tant de nuances, entrer dans l'intimité de la nuit et aussi dans la profondeur du ciel, bien plus grande, plus vaste, plus insondable que celle de la mer, c'est être comme ce rocher et ce genévrier qui chaque soir restent fidèles, ne désertent pas dans des maisons, ne deviennent pas tout à coup étrangers sur la terre ; au contraire, c'est partager le sort de la terre et, au bout de la nuit, recevoir comme elle les premiers rayons, être accueilli par eux comme ils accueillent les falaises et la mer.

Bien d'autres fois j'ai bivouaqué : au bord de la plage ou sur les crêtes qui, de part et d'autre, dominent les Calanques ; bivouacs voulus, car le massif n'est pas si grand que ce soit nécessaire : une ou deux heures de marche suffiraient pour rejoindre la route et regagner Marseille.

A 20 ans, j'ai quitté la région pour devenir guide ; parfois, aussi souvent que possible, j'y suis retourné. Cependant, même si je ne suis pas physiquement à Sormiou, à Sugiton, à Marseilleveyre, à la Grande Candelle ou à En-Vau, ce pays est toujours, à tous moments en moi, car si j'ai la chance d'aimer la montagne, la mer, le désert, c'est à lui que je le dois : il fait intimement partie de moi-même. Un beau paysage n'est pas seulement un agencement harmonieux d'eau, de pierre, d'arbres, de soleil et de vent ; pour un jeune garçon, c'est d'abord une nourriture.

Les premières années

C'est à la Sainte-Baume que je suis d'abord allé. Je faisais partie d'une association de jeunesse, l'œuvre Jean-Joseph-Allemand dont le siège était rue Saint-Savounin à Marseille et qui avait au Plan-d'Aups, sur le chemin de la Sainte-Baume, une maison qui était notre « refuge ». Aussi souvent que possible, nous y allions, partant de Marseille à n'importe quelle heure : dès que nous étions libres.

Selon les jours, nous étions cinq ou six, quelquefois jusqu'à une dizaine, âgés de 12 à 15 ans, emmenés par deux ou trois « grands » qui avaient la clef de la maison, mais aussi de ce monde : ils aimaient ces paysages, les comprenaient, ils connaissaient les sentiers et les itinéraires. Ainsi nous parcourions le massif en tous sens et en toute saison, cherchant aussi de nouveaux passages hors des sentiers, ou bien encore des « continuations » vers les Calanques, les Maures, le Thoronet ou le Verdon...

Un jour, nous étions montés, par le chemin facile, quelques camarades et moi — tous âgés de 12 à 14 ans —, sur un de ces paisibles sommets de 1 100 mètres : le pic de Bartagne, qui, sur l'autre versant, s'avance comme un immense promontoire.

En débouchant du sommet, quelle joie de surprendre la campagne en dessous de nous. A nos pieds, c'était un éventail de rochers, de bois, de champs étagés, puis, tout en bas, la plaine, ses maisons et ses hommes, tels des cubes et des santons.

Nous nous attardions — c'était une de ces belles journées d'automne qui semblent vous accorder un sursis —, lorsqu'un coup d'air, sec comme une gifle, nous poussa vers la pente pour nous décider à descendre. Aussitôt, le vent se mit à frapper, à aiguiser les crêtes, à bousculer les touffes rabougries, à faire grincer les arbres. En même temps, ce fut une bataille de couleurs dans le ciel et sur la terre. L'orage éclata violemment. Les parois de calcaire blanc vieillirent d'un seul coup. Grosses comme des billes, les gouttes se cassaient sur les rochers et, plus bas, s'enfonçaient dans la poussière blanche du sentier, en éclaboussant. Le tonnerre faisait un bruit terrible.

Puis, apparut un mélange de soleil et de pluie. Dans le Midi les averses ne durent pas. Nous avions eu grand-peur : maintenant, l'arc-en-ciel était là, plus beau que l'image qu'en donne le dictionnaire.

Il nous arrivait de nous perdre ; cela doit se produire. Ce n'est pas un mal, au contraire, car perdre son chemin donne à celui qui se met dans cette situation une soudaine densité : jusqu'alors, il était sur des rails et, d'un coup, il se découvre. D'un coup, il existe d'une autre façon ; de même, face à lui, la terre, le soleil, l'eau... Impressionnant et magnifique ! Quel luxe à une époque d'assistance où tout est prévu, organisé, programmé, y compris le moindre loisir !

Se perdre, c'est retrouver des liens : avec soi-même, avec le sol sous ses pieds, avec le soleil qui dit l'heure, réchauffe, donne les directions et... la soif, avec les reliefs que l'on regarde mieux, supputant les avantages et les inconvénients des crêtes et des thalwegs ; c'est venant de notre for intérieur des instincts, des vigueurs complexes, indéfinissables, spontanés, positifs, hérités ou fruits déjà de l'expérience, que nous ne savions être en nous.

Ce pays, la Sainte-Baume, c'était des paysages et tout autant la marche ; c'était les deux ensemble. Sans la marche qui nous mettait à son rythme et nous forçait à voir, à entendre, à sentir, il eût été moins beau.

Le soir, nous rentrions un peu ivres d'air et de soleil, le cœur plein, chacun dans son silence et sa jolie fatigue, car une fatigue peut être laide ou jolie, triste ou heureuse.

Nos excursions étaient le plus souvent des traversées : nous ne revenions pas au point de départ, ce qui agrandit le paysage ; cependant nous faisions aussi des séjours à la maison-refuge, au Plan-d'Aups, d'où l'on rayonnait dans la forêt, qui est un pays dans le pays, et sur les crêtes, qui est un pays dans le ciel. Tantôt traverser un pays, tantôt y séjourner ; attitudes différentes : la belle dualité.

Enfin, de temps en temps, par jeu, nous faisions de très longues marches, trente, quarante kilomètres, quelquefois plus, parfois dures mais rarement pénibles car cela nous plaisait.

La condition est que le paysage porte en lui assez d'attraits et de suggestions — une forme d'enchantement — et que nous le ressentions comme aimanté. Alors, là est l'aventure.

Les jambes solides — en fait créées, données, faites pour marcher, fonctionnaient allègrement. A cette époque, marcher était naturel, nécessaire, normal ; les hommes n'étaient pas encore devenus des culs-de-jatte à force de voiture.

Par sa configuration et sa situation, le massif de la Sainte-Baume était exactement un « pays à marcher » : un pays qui convenait à la marche.

Pour toutes ces raisons et sans doute pour d'autres que

je ne connais pas, je n'ai jamais vraiment eu le goût de l'effort, appliqué, un peu laborieux, admirable, peu méridional, ni le goût du risque, facile, qui déforme et souvent tourne court, mais un solide besoin et goût de l'aventure et de la difficulté.

Des centaines d'impressions — concrètes ou rêveries — s'imprimaient en moi, diverses selon les jours, les saisons, les moments ; selon aussi que nous étions dans la forêt profonde ou sur les crêtes aérées, dans leur silence et leurs mystères repliés ou déployés, leur clair-obscur ou leur lumière aveuglante, leurs rumeurs ou leur paix respective... Découvertes constantes, continuelles, sans qu'il y paraisse. Nous vivions au ras du sol, des arbres ou des crêtes, au ras du froid, du givre ou du feu, au ras du soleil ou de la nuit.

J'avais l'âge où, à chaque instant, d'infimes parcelles de mon être se transformaient à l'unisson de ce que je voyais ou ressentais.

Nous allions aussi à Sainte-Victoire. Cependant, même si la Croix-de-Provence ou le Bau-des-Vespres ne sont à vol d'oiseau qu'à une trentaine de kilomètres de Marseille, aller vers eux était pour nous qui n'avions pas de voiture, une petite expédition, même en prenant un train de nuit. Ainsi nous y allions rarement pour la journée, mais plutôt quand nous pouvions disposer de trois ou quatre jours de vacances.

Le charme de Sainte-Victoire est plus séduisant que celui de la Sainte-Baume : que ce soit le versant NORD aux douces ondulations couvertes d'arbres, d'arbustes, de broussailles et d'herbes, ou le versant SUD qui au-dessus du plateau du Cengle déplie sa longue muraille, succession de piliers et de couloirs, que le soleil met en valeur tout au long de la journée. Nous y faisions des randonnées, le long des crêtes ou au bas de la face SUD, ainsi que des traversées, de Vauvenargues au versant SUD, du refuge Cézanne au Prieuré, d'où on revenait par le Garagaï ou, plus à l'est, par le col de Vauvenargues ou le col de Saint-Ser.

Nous rentrions brûlés par le soleil ; des trois massifs, Sainte-Victoire est celui où il frappe le plus fort : de plein fouet toute la journée. C'était alors merveilleux de retrouver les bosquets du pas de la Torque, de l'ermitage de Saint-Ser ou du refuge Cézanne.

Que le grand peintre ait aimé Sainte-Victoire ne nous laissait pas indifférent, c'était une raison de plus pour l'aimer et pour regretter d'autant plus que ses œuvres, en particulier ses trente-trois tableaux de Sainte-Victoire, soient à Zurich, à Philadelphie ou ailleurs, et aucun à Aix, alors même que tout et n'importe quoi porte son nom.

Parfois, nous essayions de comparer les massifs entre eux, aussi bien du point de vue des paysages que de l'intérêt des randonnées, mais très vite nous nous rendions compte que ces comparaisons étaient stupides, inutiles et bornées. Comparer, c'est limiter, réduire, alors que nous n'avions envie que de connaître et de comprendre.

A la marche, j'étais entraîné toute la semaine : à partir de l'âge de 12 ans, j'allais au collège Pierre-Puget, en haut de la rue Paradis, à deux kilomètres et demi de là où nous habitions, rue Abbé-de-l'Epée, de l'autre côté de la « Plaine ». En 1933, il n'y avait pas de ramassage scolaire ni de cantine : ainsi, chaque jour, je faisais à pied dix kilomètres pour aller à l'école et en revenir — avec de légères montées et descentes, car Marseille est construite sur des collines —, et à une allure assez vive, en tout cas pour le déjeuner entre midi et une heure et demie. Nous étions quatre camarades habitant le même quartier à faire ce parcours quotidien — un peu plus de deux heures de marche par jour — sans grand plaisir car nous étions dans une ville ; sans désagrément non plus, car, à cette époque, sauf en quelques endroits que nous pouvions en partie éviter, il n'y avait que peu de circulation. Dix kilomètres par jour, cinquante kilomètres par semaine, mille sept cents kilomètres à pied à la fin de l'année scolaire, soit une fois et demie la hauteur de la France, ces chiffres sont peut-être impressionnants pour les gens d'aujourd'hui, mais à l'époque cela n'avait rien d'exceptionnel.

Il est probable que, plus que les Calanques où j'ai découvert l'escalade et l'horizon, ce furent la Sainte-Baume et, dans une moindre mesure, Sainte-Victoire — parce que nous y allions moins souvent — qui m'ont donné le sentiment de la nature ou, en tout cas, qui l'ont déclenché.

Les paysans aiment la nature et en sont proches, mais ils y vivent et s'arrêtent logiquement aux zones cultivables. Nous, dans ces garrigues et ces collines, nous étions au-delà, nous faisions notre vie dans des étendues qui n'avaient pas connu l'intervention de l'homme.

Nous ne marchions pas pour seulement marcher ou pour faire une saine gymnastique — la gymnastique était bien le moindre de nos soucis — mais parce qu'en marchant dans ces paysages, nous étions bien ; alors que monter un escalier est fatigant et fastidieux — le pied n'a pas besoin d'être curieux, intéressé —, il en va bien autrement sur les sentiers : jamais deux pas ne sont les mêmes, et d'abord, les jambes et surtout les pieds, loin d'être aveugles, choisissent où se poser, sans bruit, comme le font les bêtes.

Autour de nous c'était le silence, ou plus exactement une succession de silences innombrables et changeants ; en particulier à la naissance du jour. Silences et murmures de la terre, du sol sans eau, de la touffe, de l'arbuste, de l'arbre, de la forêt entière ou de la plus petite feuille, de la pierre, de l'éboulis ou de la muraille ; silence de chaque chose et de l'ensemble ; silences vagabonds ; silences de l'automne humide, de la brume, rare dans ce pays et qui nous plaisait parce qu'elle réinvente les paysages ; silence du givre et parfois de la neige, ce qui arrivait certains hivers et nous rapprochait de la montagne ; silence du soleil de midi en plein été et de celui de l'hiver quand, au couchant, la grosse boule rouge à notre hauteur, très loin et toute proche, flotte comme un ballon et disparaît, sans bruit... Silences fascinants et pleins de résonance, comme ceux des oiseaux de passage.

Après avoir arpenté les massifs de la Sainte-Baume et de Sainte-Victoire puis celui des Calanques en tous sens, par tous les sentiers sans ou avec « pas » d'escalade, je commençais à grimper vraiment, et pour cela alors, il n'est pas de plus beau paysage que les Calanques.

Autant que marcher, grimper est instinctif. Les enfants grimpent volontiers et spontanément aux arbres, aux fenêtres, aux murs : plaisir d'escalader, plaisir de découvrir, de voir plus loin et de plus haut. N'est-ce pas là, au fond, ce que les grandes personnes appellent l'alpinisme ? C'est sans doute là une boutade : mais dans toute boutade n'y a-t-il pas une part de vérité ?

D'ailleurs, ce sont les gens qui ne marchent pas qui croient que la marche est pénible ; ce sont les gens qui ne grimpent pas qui se figurent que pour grimper il faut du courage (idée que certains récits d'alpinisme ont volontiers encouragée). Or rien n'est plus inexact. Grimper c'est d'abord une question de chance : se rappeler ce que la naissance nous a apporté, donné, et se trouver dans un milieu et un paysage qui nous y aident.

A 15 ans, j'ai eu cette chance. J'ai d'abord escaladé toutes les voies existantes ou presque, puis j'ai fait un certain nombre de premières ; elles ne manquaient pas, la plupart des arêtes et des parois étaient vierges ou ne comportaient que quelques itinéraires...

Les grimpeurs, membres de la Société des excursionnistes marseillais, de la section de Provence du Club alpin français ou des Amis de la nature, certains pittoresques, d'autres plus effacés, tous solidement passionnés, étaient relativement peu nombreux et nous nous connaissions tous.

La caractéristique de cette époque est que nous portions en nous un solide enthousiasme ; durant ces années 1935-1940, c'était une ambiance de pionniers. Le monde vertical des Calanques, de la Sainte-Baume et de Sainte-Victoire était un monde à découvrir.

Nous étions handicapés par un équipement déficient, tout particulièrement les espadrilles de corde ou de caoutchouc ; qu'importe, nous faisions avec ce que nous avions et nous en connaissions les limites.

Au fur et à mesure des escalades, dimanche après dimanche, nous créions notre technique, nous inventions des mouvements et des pas d'équilibre.

Entre nous il y avait une belle émulation, mais ce qui était sympathique et remarquable, c'est qu'elle ne nous empêchait pas de grimper — presque à tour de rôle, avec l'un ou l'autre, sans aucune exclusive de compagnon — ni de savoir nous arrêter à temps. Déjà, comme instinctivement, chacun de nous faisait la différence entre la volonté et l'entêtement, lequel n'est qu'une caricature de la volonté. Avant de sortir au sommet ou de réussir une première, combien de tentatives ? Les rappels de toutes sortes, nous avons appris à les faire !

A la frange de la terre des hommes, dressé sur la cime qui a enchanté ses soirées, le jeune alpiniste a haussé son corps et son cœur, son âme et ses rêves.

A perte de vue, un domaine de neige et de roc s'offre à lui, dans le silence et le mystère de l'infini. Les montagnes sont un monde à part : elles sont moins une partie de la planète qu'un royaume indépendant, insolite et mystérieux, où les seules armes pour s'aventurer sont la volonté et l'amour...

Fissures, cheminées, dalles, surplombs... Le jeune homme a donné le meilleur de lui-même pour les gravir. Maintenant il contemple, tandis que monte en lui un bonheur qu'il ne connaissait pas mais dont il sentait confusément le besoin. Le sang bouillonne dans ses muscles, son cœur bat d'émotion, l'air est vif, le soleil déverse sa tendresse, et au bout d'une corde il découvre la belle et grave amitié : celle du compagnon de cordée.

Et si les brumes et les nuages couvrent la terre des autres, ce royaume devient le sien pour un court instant ; royaume que toujours il viendra retrouver.

Victoire sur la terre, victoire sur lui-même, récompense du ciel pour son effort.

La jeunesse, pour vivre, doit avoir un grand désir. Quand j'avais 15 ans, j'étais aussi grand que maintenant et plus mince ; j'avais peu de force dans les bras, je n'arrivais qu'avec peine à faire un rétablissement. Pourtant, je désirais tellement devenir alpiniste et un jour peut-être devenir guide !

Devenir alpiniste !...

J'aimais la haute montagne. Maintes fois je l'avais entrevue d'une vallée, d'un col, d'un petit sommet ; mais cela ne me suffisait plus ! Je désirais la connaître et grimper. Je n'avais pas encore une grande résistance ; aussi je savais que je devrais doser mes efforts. J'habitais Marseille et, de temps en temps, j'éprouvais le besoin de m'évader de la ville bruyante.

Dans la vie de chaque être il y a des jours heureux et décisifs. Un dimanche d'avril, un ami, de huit ans mon aîné, Henri Moulin, m'emmena grimper dans les Calanques, à la Grande Candelle...

Je laisse volontiers la grande cité derrière moi. Je suis heureux de retrouver ce sentier familier : combien de fois suis-je venu pour regarder cette Grande Candelle ? Aujourd'hui, je vais l'escalader ! Désir et crainte alternent dans ma tête.

Nous allons en silence, et au fond de moi-même je sens une joie mais aussi un pincement de cœur : à ce jour je n'ai jamais été encordé ; je n'ai jamais grimpé « vraiment », et, après l'avoir tellement souhaité, maintenant j'ai peur. Moulin, malgré sa gentillesse, m'impressionne. Lui, il « sait » ; combien d'escalades a-t-il déjà réussies ? Combien de hauts sommets a-t-il gravis ? J'ai confiance en lui, mais, pour toutes ces raisons il m'impressionne encore plus.

Au pied de la muraille, maladroitement je déplie les anneaux de chanvre. Un peu terrifié, un peu ému, je m'encorde ou plutôt Moulin m'encorde. Puis il prend la tête de la cordée. Anxieux, je le regarde escalader, puis il disparaît derrière un angle de rocher. Je reste seul et alors je prends conscience de ce qu'est une corde ; je la tiens mieux et lorsque je la vois s'élever le long de la paroi, elle prend une grande valeur : j'ai compris la beauté de ce lien.

Enfin Moulin m'appelle. La corde se tend. Je commence à grimper et, par deux fois, la corde — prolongement amical de la main-forte de Moulin — m'épargne un pas douteux.

Avec plus ou moins de peine et beaucoup de joie, je continue l'escalade et le rejoins. Son assurance tout à l'heure m'impressionnait ; maintenant, son calme sourire me rassure.

A chaque longueur de corde, ce monde de pierre et de silence, que je redoutais tout en le désirant, me devient fraternel : je sens qu'il m'apprivoise et que pour longtemps je lui appartiendrai.

Devant nous, la mer et l'horizon qui suggèrent l'infini des grands espaces. Au-dessus de nous, en dessous de nous, la verticale des hautes parois qui donne la profondeur du ciel. Rencontre exceptionnelle des deux grandes lignes simples : quelle sobriété et quelle grandeur pour le départ d'une vocation ! L'aîné initie un enthousiaste et d'un coup lui ouvre les portes de son futur domaine.

Le soir, en rentrant à la maison, il me semblait avoir trouvé le vrai bonheur correspondant à ma nature. Le lendemain et les jours suivants, je ne pensais qu'à ce premier dimanche...

Puis, peu à peu, s'enchevêtrèrent le souvenir des sommets entrevus et celui de cette première escalade. Et je fis des projets...

J'allais acquérir un équipement, le bel équipement que déjà je regardais avec amour : le piolet — mon piolet —, la corde — ma corde —, mes crampons, mon sac, et, avec ferveur, j'attendais le départ pour la haute montagne.

J'allais apprendre la technique, non plus de l'escalade, mais de l'alpinisme ; Moulin allait m'introduire dans un monde où l'on ne pénètre qu'avec joie et respect.

La pèlerine d'étoiles

Bien avant de le gravir et même de le voir, je connaissais le mont Blanc. A l'aide de ces deux mots, mont... Blanc, j'avais créé en moi-même l'image du grand dôme de neige.

Puis, un jour, avec quelques compagnons, tous âgés de 14 à 16 ans, je suis parti de Briançon pour marcher vers lui. Nous avions préparé notre longue randonnée. Nous aurions pu aller directement en train à Chamonix et là, soit y rester, soit faire notre route à l'envers, descendant vers le Midi ; mais sans bien savoir pourquoi, nous pensions qu'il devait en être ainsi : voir le mont Blanc était notre but, mais aussi notre récompense. Pour bien comprendre, il faut gagner et non prendre. Il y a d'abord le temps de l'initiation : cela, nous devions l'éprouver tout au long de la traversée des Alpes ; chaque jour, à travers prairies, collines et cols, nous avancions de vingt à trente kilomètres ; ainsi, chaque soir, nous étions un peu plus heureux de nous savoir un peu plus proches, et, en nous endormant, nous façonnions avec amour ce mont Blanc lointain, imaginaire et enchanté.

De certains passages, nous le devinions ; qu'importe si ce n'était pas lui, si ce n'était même qu'un grand dôme de nuages ; il était dans cette direction, et les enfants ont le pouvoir, dans leur imagination, de voir « les choses qui sont derrière les choses ». Nous approchions lentement, par Bourg-Saint-Maurice et le col du Bonhomme où nous campions, le val Montjoie, les Contamines, Bionnassay où nous couchions dans une grange qui, pour nous, figurait un refuge accroché aux parois, par le col de Voza, les Houches et enfin Chamonix que nous ne regardions guère ; nos yeux étaient rivés vers le ciel. C'était le soir, le soleil avait quitté la vallée ; il remontait les pentes, les forêts, puis les murailles de glace et de granit ; les sommets de 3 000 étaient gagnés par l'ombre ; ceux de 4 000 étaient menacés, puis s'éteignaient à leur tour. Avec le soleil, nous faisions l'ascension, et je pensais que le mont Blanc était bien la plus haute cime, puisque le soleil l'habitait encore, et je rêvais d'être là-haut. Le mont Blanc flamboyait un instant. C'était beau, un peu émouvant.

Puis vint la nuit et le froid, tandis que les étoiles se mettaient en place. Que de choses importantes ce jour-là, ce soir-là, pour un jeune garçon !

Qu'il est difficile alors de s'endormir ! Le lendemain, nous montions au Brévent. A pied, bien sûr ! Au sommet, nous nous écartions un peu, afin de ne voir ni le téléphérique ni les touristes alentour. Le mont Blanc et tous les pics et toutes les aiguilles étaient là, devant nous, plus beaux que dans le dictionnaire, plus grands que dans notre rêve.

Le jour d'après, nous allions au Montenvers, toujours à pied. En arrivant, au-delà d'un virage, quelle découverte extraordinaire : la mer de Glace, juste en dessous de nous. Cela, pourtant, ne nous surprenait guère ; nous l'attendions trop. Une petite chose me contrariait un peu : bien sûr, c'est vrai que ce glacier, ces lames, ces crevasses ont l'air d'une mer gelée, mais autant l'appellation du mont Blanc est belle et sobre, autant celle-ci me paraissait facile et fabriquée ; bref, tant pis pour le nom. Nous descendions sur le glacier et, par lui, pénétrions dans ce monde étrange. L'air était vif, mais, d'abord, il avait un goût à part : il venait de là-haut et nous le recevions en plein visage. Autour de nous, une multitude de pics qui, par des crêtes, remontaient tous vers le mont Blanc. Dans les autres massifs : Pyrénées, Oisans, Valais, Oberland, Dolomites, il n'y a pas un grand sommet et les autres pointes groupées autour de lui, il y a des sommets importants, répartis sur une grande surface et séparés par des vallées profondes et habitées. Ici, sur un petit espace, tous les pics se serrent contre le plus haut, et cela est si vrai que mont Blanc définit le plus grand dôme de neige, mais aussi le massif entier.

Le soir, nous prenions le train. Nous quittions Chamonix, encombrée, nous semblait-il, de beaucoup de personnes qui ne se souciaient guère du mont Blanc. C'était le retour à Marseille. Nous étions heureux ; nous avions vu le grand dôme de neige et, peut-être, secrètement, parlé avec lui. Nous avions vu les Drus, les Charmoz, nous avions aperçu les Grandes Jorasses et deviné tant d'autres pics. Nous étions riches.

Dès lors, vinrent des hivers de ferveur. Quand je serai plus grand... Je ne rêvais plus de voir le mont Blanc, mais de devenir alpiniste et peut-être guide. La jeunesse, c'est l'appétit de la vie. Une vigueur était en moi qu'il fallait aider à naître ; la jeunesse ne se contente pas facilement, et c'est très bien ainsi.

Une ascension commence à l'instant même où un joli nom chante en nous et, avant de marcher vers lui, nous voilà, pour des jours et des nuits, à l'ancre d'un sommet.

J'avais vu, regardé, contemplé le mont Blanc et les aiguilles ; maintenant, j'étudiais les routes pour les gravir.

Il ne me suffisait plus de savoir que le dôme de neige et les pics alentour sont beaux et grands, je voulais aller vers eux, tenir le granit, tailler la glace, tracer mon chemin.

Monsieur Morand, le guide

Bientôt, la moyenne montagne ne fut plus, pour nous, qu'une base, un point de départ. Durant l'été, nous campions dans la forêt d'Ailefroide, au pied du Pelvoux. Je n'étais pas scout, mais je faisais partie de l'œuvre de jeunesse Jean-Joseph-Allemand. Chaque matin, nous allions chercher le lait chez les Morand, une des quatre ou cinq familles qui disputent aux rochers quelques mètres carrés de terre.

Les hommes apprivoisent ces rares champs égarés et exercent le métier de guide. C'est pourquoi aller chercher le lait était un plaisir que nous essayions de faire durer.

« Bonjour, madame Morand !

— Bonjour, les enfants ! »

Nous tendions nos pots. Il y avait toujours un silence. Mme Morand parlait peu.

Nous nous risquions à demander :

« M. Morand va bien ?

— Je l'espère. Il est encore en course !... »

Elle le voyait rarement. Elle espérait toujours :

« Ah ! quel métier ! faire le guide, faire le guide !... »

Les pots remplis, elle nous les tendait. Elle avait assez raconté, elle n'avait pas de temps à perdre : elle devait remplacer son mari au travail des champs.

« Au revoir, les enfants ! Bonne promenade !

Nous ne rêvions plus de promenades, mais d'ascensions. Chaque matin, nous espérions voir M. Morand et, ainsi, nous documenter un peu. Mais il était toujours en « course » ! Quelle idée curieuse d'appeler « courses » ces difficiles escalades, pensions-nous. Parfois, nous souhaitions le mauvais temps qui retiendrait le guide dans son chalet. Mais le temps est presque toujours beau dans ces montagnes déjà méridionales. Nous devions nous contenter de peu de mots.

« M. Morand est encore en montagne ?

— Oui, il est au Pelvoux ! »

Un autre jour, il était au pic Coolidge, au pic Sans-Nom, ou à la barre des Ecrins. Nous recueillions ces noms religieusement.

Pourtant, une fois, notre cœur se mit à battre à tout rompre, tandis que nous entrions dans la cuisine des Morand. Par terre, contre le pétrin, il y avait le sac, la corde et le piolet. Donc, « il » était là.

Quelle rude émotion que celle de voir son rêve devenir réalité ! M. Morand était guide, était l'homme qui monte à 4 000 mètres, qui vit dans l'amitié des sommets. C'est lui qui enchantait nos vacances et notre jeunesse ; nous allions le voir. Nous le devinions, de l'autre côté de la cloison. Les questions affluèrent dans notre tête. Une porte s'ouvrit. C'était lui. Pas très grand, de bons yeux qui perçaient derrière l'épaisseur des sourcils.

« Salut, les enfants !

— Bonjour, monsieur Morand !

— On se plaît à Ailefroide ?

— Ah ! oui ! »

Les questions s'étaient évanouies. Nous rougissions comme des filles. Déjà, il avait disparu, n'ayant fait que traverser la cuisine. Nous l'entendions encore dans la pièce voisine : « D'accord pour la barre des Ecrins ! Cet après-midi, nous monterons coucher au refuge Caron, à 3 100... »

Nous savions que la barre des Ecrins, haute de 4 100 mètres, était le point culminant de l'Oisans. Alors, un étrange projet se forgea dans nos têtes :

« Si on le suivait... sans rien dire ?

— Oui, mais seulement jusqu'au refuge Caron !... »

Il nous fallut aussitôt tenir une réunion secrète. Nous étions des enfants qui, peut-être, étaient en train de devenir des hommes. Je crois que rien ne nous échappa : le désir qui nous tenaillait, mais dont nous devenions maîtres, notre équipement ridicule, notre fragilité, la punition au retour, la tactique pour suivre M. Morand, sans qu'il nous voie...

« Le refuge Caron doit être déjà bien beau...

— 3 100 !

— Nous frôlerons de vrais alpinistes !

— Nous les verrons partir, en pleine nuit, vers le sommet, la lanterne à la main... »

Dans notre folie, nous étions sages. Cette montée au refuge Caron, ce coucher sur les bat-flanc, cette nuit, ce réveil prenaient une allure de veillée d'armes : nous voulions voir et savoir, pour une prochaine fois, quand, à notre tour, nous partirions vers la cime.

Lorsque M. Morand et son touriste passèrent enfin sur la route, nous attendions depuis longtemps. Nous les suivîmes, mais, très vite, nous fûmes distancés. M. Morand connaissait très bien le chemin, alors que nous, nous le cherchions ; il empruntait des raccourcis et c'est alors que nous le perdions. Sur le glacier Blanc qu'il fallait traverser, nous nous retrouvâmes livrés à nous-mêmes et aux crevasses qui nous coupaient le passage. Alors, dans le grand silence blanc, perdus dans la solitude des pierres et de la neige, nous éprouvâmes la grande peur de la montagne. Le ciel devenait sombre, des nuages barraient le sud, le soir noircissait les grands sommets à la fois proches et terribles. Le retour fut vite décidé, mais non sans angoisse, car il fallait retrouver le chemin. Deux heures après, suants, heureux, fourbus, nous rentrions au camp, avares de notre secret et de notre future richesse.

Première course

Du glacier Blanc, en suivant M. Morand, nous avions aperçu la barre des Ecrins. C'est un grand sommet où, dans un même élan, la neige vient rejoindre les rochers à plus de 4 000 mètres ! Depuis ce jour, la barre des Ecrins n'était plus une arête comme les autres : c'était l'arête dont je rêvais ! Ce serait mon premier grand sommet. Il me fallait le gravir. Je ne disais rien à mes parents, de peur qu'ils ne s'opposent à mon projet.

Un jour de 1935, j'eus la chance de faire la connaissance d'un bon alpiniste : Henri Moulin. Il devint mon ami, mon grand frère ; un matin, de sa voix un peu bourrue et qui inspirait tant confiance, il me proposa :

« L'été prochain, en juillet, nous pourrions faire les Ecrins ensemble. Qu'en dis-tu ? »

Je n'en disais rien. J'étais trop heureux ; ce projet, auquel j'avais tant rêvé et qui prenait un tour plus concret, m'enthousiasmait : depuis quatre ans, j'y pensais ! Depuis le refuge Caron. Je n'en parlais pas à mes parents. Ils me trouvaient distrait : j'étais fervent. J'avais 17 ans, l'âge des grands enthousiasmes, des maladresses, l'âge où l'on grandit trop vite dans des vêtements toujours trop courts.

La veille de mon départ pour Ailefroide, j'étais tourmenté, anxieux, soudain pris d'angoisse ; la nuit, je ne parvins pas à m'endormir. Au matin du grand jour, j'embrassai mes parents comme pour un adieu ; puis, j'allai retrouver Henri Moulin, mon ami.

Le surlendemain, à 6 heures, au-dessus de la terre encore endormie, la montagne émergeait seule de la nuit. Tout était calme et le brouillard enveloppait les toits bruns des villages de l'Oisans. Pourtant, à 4 000 mètres d'altitude — à flanc de rochers —, là où le soleil colorait la paroi, nous grimpions déjà.

En silence, dans la solitude des premières lueurs, nous escaladions lentement. Nos pas sur la neige ne faisaient pas de bruit. La montagne nous ignorait : cela me décevait un peu. Je ne savais de quelle façon, mais j'aurais voulu que tout participât à notre joie, tellement j'étais heureux ; là-haut, sur les plaques, le soleil traînait, indifférent.

Moulin gravit la dalle, puis ce fut mon tour. Je ne peux pas dire que je grimpais bien ; je peinais, je soufflais, je m'écorchais les genoux et les doigts, mais je n'hésitais pas trop. Je grimpais, le cœur content. Pour la première fois, je connaissais la joie grave de la vraie ascension. En même temps, je découvrais ce corps que je venais d'arracher à la terre et que retenait l'étreinte de deux doigts ; j'en prenais conscience : jusqu'à présent, il me semblait ne pas avoir existé.

C'est vrai, j'ai eu peur. J'étais pris de cette peur qui paralyse. Mais, là-haut, mon compagnon veillait et, par la corde, transmettait son pouvoir. Dessous, le vide se creusait...

Pourtant, peu à peu, avec l'accoutumance à l'escalade, je me sentais à ma place sur cette arête de rocher rouge, entre la terre et le ciel. J'y repense avec exaltation : je vois le fil de chanvre s'élever le long de la pierre, liant deux jeunes hommes dans l'expression de leur vie...

Au sommet, nous restâmes longtemps debout, remplis de fierté, découvrant le bonheur et son prix dans la fragilité de notre position, dans un sourire échangé parce qu'il n'est plus besoin de parler pour se comprendre, dans la contemplation à perte de vue du paysage. A 4 100, au sommet de la barre des Ecrins, il me semblait naître une deuxième fois dans ce corps vigoureux et fragile, qu'après avoir enlevé au sol je venais d'élever en plein ciel.

A la descente, je crevai un pont de neige et je tombai dans la crevasse. Pendu au bout de la corde, je fis connaissance avec ses parois glauques — avec la vie intérieure du glacier, tandis que passait un courant d'air gelé. Tout de suite, il fit très froid : j'avais de la neige dans le cou et elle fondait le long de mon dos. Au-dessus de moi, un trou — celui que j'avais fait en crevant le pont de neige — me permettait d'entrevoir un rond de ciel.

J'étais dans une tirelire de glace ! La corde sciait la neige, s'enfonçait sous les bords de la crevasse et j'eus beaucoup de mal à en sortir.

Trois jours après, sur les arêtes de la Meije, nous faisions connaissance avec un autre danger de la montagne : la foudre ! Je revois parfaitement le zigzag jaunâtre de l'étincelle partie du piolet de Moulin et mon compagnon secoué comme un pantin désarticulé ! J'entendis, tout de suite après, le bruit assourdissant du tonnerre. A mon tour, par deux fois, je reçus la violente décharge de la foudre. Je me souviendrai longtemps de notre fuite échevelée sur ces arêtes déchiquetées par le vent...

Mais comme elle est belle, la montagne, lorsque l'orage s'est calmé. Comme elle est vraie, l'amitié, après de si pures joies et de si dures épreuves ! Depuis cette première campagne alpine, j'ai fait bien d'autres courses, connu bien d'autres compagnons, mais Henri Moulin qui, le premier, m'a initié à l'alpinisme, si, pour certains il n'est rien, pour moi il est le grand frère de la montagne.

Je souhaite que tous les alpinistes aient, eux aussi, ce

grand frère que l'on regarde avec amour et respect, celui qui surveille la façon dont on s'encorde, et qui, tout en initiant à une vie rude, a des soins de mère poule.

Celui qui fait partager sa souveraineté de quelques instants à 4 000, et vous présente aux sommets environnants comme un jardinier à ses fleurs.

Celui que l'on envie, car le refuge est sa maison et la montagne son domaine.

Et l'on n'achète pas l'amitié d'un être si riche.

L'année suivante, sur les conseils d'Henri Moulin, et toujours avec lui, je commençais à grimper en premier de cordée, à l'aiguille du Roc. Quel magnifique rocher que le granit des aiguilles de Chamonix !

En 1940, Moulin fut fait prisonnier. Je fis un saut en Oisans ; avec Jean Gabriel, je retournai à la barre des Ecrins et, avec son frère André, je m'attaquai au Pelvoux, par son arête nord. Dans cette course longue et difficile, qui dure deux jours, nous passâmes la nuit, accrochés à des pitons. Ce fut dur et très beau — cela va d'ailleurs souvent ensemble —, ce fut mon premier bivouac, en haute montagne, dans une paroi de mille mètres de haut.

Le grand métier

Le métier de guide

Le métier de guide est parmi les plus beaux, parce que l'homme l'exerce sur la terre restée vierge. De nos jours, dans les villes, peu de chose subsiste ; la nuit n'existe plus, ni le froid, ni le vent, ni les étoiles. Tout est neutralisé.

Mais en montagne, dans un silence d'oubli, quelle curieuse rencontre entre des hommes et les reliefs de la planète ! Une pente de neige raide comme une vitre ? Ils l'escaladent en signant leur travail : une trace irréelle. Un rocher beau comme un obélisque ? Ils détruisent la pesanteur et gagnent le droit de passer n'importe où. Ils ne courent pas une aventure, ils vivent, ils font leur métier.

Chaque jour de l'été, les montagnards se lèvent tôt pour interroger le ciel. Hier soir, nous étions inquiets : des nuages longs rayaient l'ouest, la voie lactée scintillait trop crûment, le froid se faisait attendre. Ce matin, le vent du nord ayant repris le dessus, la neige et le ciel étaient en ordre. Nous avons pu repartir. Alors, une corde lie deux êtres qui n'ont plus qu'une vie ; quand deux hommes partagent le meilleur et le pire, ce ne sont plus deux étrangers.

Par la répétition inévitable des mêmes ascensions, le métier de guide pourrait devenir fastidieux, mais le guide n'est pas seulement une machine à bien grimper les rochers et les pentes de glace, à connaître le temps et l'itinéraire. Le guide ne grimpe pas pour lui : il ouvre aux autres les portes de ses montagnes. Il sait que telle ascension est particulièrement intéressante, qu'à tel détour, soudain, la vue est belle, que telle arête de glace est une dentelle ; il ne dit rien, mais sa récompense est dans le sourire de son compagnon quand celui-ci fait une découverte. Si le guide ne pensait tirer son plaisir que de sa propre escalade, il serait volé et se dégoûterait vite de la montagne. Non, gravissant plusieurs fois par été la même fissure ou la même plaque, il la retrouve simplement comme un visage ami. Son bonheur vient d'un sentiment plus profond qu'il éprouve en lui-même : sa parenté avec la montagne et les éléments. Parfois, le second hésite, le guide lui redonne confiance : il arrive que la tourmente se lève brusquement, mais le guide connaît les secrets, son instinct le dirige, sa responsabilité décuple ses forces, et il ramène sa cordée au refuge. Il aime la difficulté mais déteste le danger, ces deux notions si différentes. Parfois, il meurt en montagne, c'est aussi son métier ; mais, tant qu'il est en vie, il lutte pour conduire sa cordée. Tout en bas des rochers du Cervin, il y a une croix :

ICI EST MORT L'INTREPIDE GUIDE
JEAN-ANTOINE CARREL
LE 26 AOUT 1891, AGE DE 62 ANS
UNE PRIERE POUR LE REPOS DE SON AME

Quelques jours auparavant, le 23 août, Carrel, le pionnier du Cervin, voulait gravir encore une fois « sa » montagne, dont il avait fait la conquête par l'arête italienne vingt-cinq ans plus tôt avec Bich.

Avec Gorret et Sinigaglia, il est parti, et, après une journée d'escalade, les trois montagnards sont arrivés à la cabane de la Grande-Tour, à 3 830 mètres. Mais, à la tombée de la nuit, la tempête s'est déclenchée : rafales de neige et de grêle, foudre qui ébranle le petit refuge amarré à ses câbles.

« L'air était tellement saturé d'électricité que, durant deux heures d'affilée, la nuit fut étrangement lumineuse, et on y voyait comme en plein jour », a écrit plus tard Sinigaglia.

Toute la nuit, le jour suivant, et encore la nuit d'après, la tempête continuant à sévir, les trois montagnards sont bloqués au refuge. Au matin du 26, la situation est inquiétante : il n'y a plus de bois ; le froid a été si vif qu'ils ont brûlé jusqu'aux bancs du refuge pour se réchauffer un peu. Ils ont épuisé leurs provisions ; malgré la tempête qui continue, ils doivent tenter une descente. Durant la descente, plus d'une fois le vent a failli les basculer. « Il fallait constamment gratter la glace sur nos yeux..., il était impossible de parler ou de se faire comprendre, poursuit Sinigaglia. Carrel, néanmoins, continuait à diriger la descente d'une manière admirable, avec un sang-froid et une énergie inexorables et une habileté supérieure. » Après le passage au col du Lion, ils entament la descente du Grand Escalier, qui, couvert de verglas, tapissé de neige, se présente comme une succession de gigantesques tremplins. « Nous trouvâmes là des difficultés imprévues et par endroits des dangers sans nom. » A demi suffoqués dans la tempête, les trois hommes sont exténués ; pourtant, Carrel tient encore fermement la corde et dirige la caravane malgré la visibilité de plus en plus réduite par la nuit qui approche.

« Nous marchions, parce que s'arrêter était impossible », écrit Sinigaglia. Cependant, maintenant ils sont arrivés. Gorret, qui descend le premier, n'est plus qu'à quelques pas du sentier, des gazons, des pâturages, lorsque, tout à coup, la corde se tend entre Sinigaglia et Carrel. La corde ne vient pas ; là-haut, Carrel ne bouge plus. Il a lutté jusque-là pour ramener ses compagnons ; maintenant ils n'ont plus besoin de lui : il peut mourir.

Un jour, un alpiniste, passant devant la croix, avait demandé à son guide si Carrel était vraiment tombé en cet endroit. Le guide avait répondu que non, parce que Carrel n'est pas tombé ; il est mort.

Le tour de rôle

Au bureau des guides de Chamonix viennent s'inscrire des clients qui désirent aller au col du Géant, au mont Blanc ou ailleurs et, en effet, selon le tour de rôle, un guide est désigné.

Je n'étais jamais allé au mont Blanc par l'aiguille du Goûter, qui est la voie normale. Non par prétention, mais par hasard. Je suis donc parti pour le mont Blanc avec une personne que je ne connaissais pas. Comme l'on dit à Chamonix : « Il avait bonne façon », ce qui veut dire qu'il avait l'air assez solide, pas peureux, pas spécialement maladroit et désirant vivement gravir le mont Blanc.

Le temps était au grand beau. Partir avec lui me faisait plaisir. Au demeurant, le mont Blanc par l'arête du Goûter ne présente aucune difficulté technique, pas la moindre acrobatie : c'est plutôt une épreuve de résistance. C'est ainsi qu'une vingtaine de grimpeurs réalisent journellement ce rêve merveilleux : gravir le mont

Blanc ! On quitte Chamonix pour les Houches, on monte en téléphérique à Bellevue, où l'on retrouve le chemin de fer à crémaillère qui vous dépose, une heure plus tard, au Nid-d'Aigle, à 2 800. Là, on emprunte une piste qui vous conduit, en deux heures, au refuge de Tête-Rousse. On s'y arrête un moment, on boit du thé, on cause avec le gardien, on lui apporte les nouvelles de la vallée, puis il vous souhaite bonne chance et l'on reprend la montée vers le refuge de l'aiguille du Goûter, à presque 4 000 mètres.

Au-dessus de Tête-Rousse, il y a un couloir de neige qu'il faut traverser horizontalement. En fin d'après-midi, il faut faire vite, car, à cette heure, le soleil a réchauffé la neige et il y a, de temps en temps, quelques chutes de pierres. De bonnes marches indiquent le chemin. Le couloir n'est pas raide et la traversée est courte. Toutefois, une centaine de mètres en dessous, se dresse une barre de rochers très haute. C'est techniquement très facile, aussi on ne s'encorde pas.

Je m'engage sur les marches. Mon client me suit. Puis, sans raison déterminée, je m'arrête et, par réflexe, je l'encorde. Puis, nous repartons. J'avance, quelques anneaux dans la main, mon client me suit à deux mètres, ainsi que le veut la technique. Mais voici qu'au milieu du couloir, tout d'un coup, je me sens violemment tiré en arrière. Mon client a glissé, sans dire un mot, sans me prévenir. Surpris, je me vois pivoter, je glisse de cinquante centimètres, puis je stoppe la chute.

Je l'avais encordé plus par instinct que par raison, car ce passage est si facile qu'en général on ne s'encorde pas. Comment a-t-il fait pour tomber ? Lui-même ne le sait pas, les marches sont si grandes qu'on pourrait s'y asseoir ! L'homme remonte à mes côtés ; je le surveille de très près durant le reste de la traversée, et ensuite jusqu'au refuge de l'aiguille du Goûter...

Le lendemain, le retour fut encore bien plus délicat et, cette fois, sans doute impressionné par le souvenir, mon client glissa de nouveau dans le couloir. Je rentrais à Chamonix aussi fatigué qu'après une très grande course, mais j'étais heureux, comme mon client ; lui, d'avoir été au mont Blanc, moi, de l'y avoir conduit. Depuis ce jour, j'ai souvent pensé que pratiquer le métier tel que le font la plupart des guides tout l'été, était plus obscur, mais plus méritoire que d'aller à l'Annapurna.

Le Suédois

Un jour de 1947, un Suédois vint me demander de l'emmener faire le col du Géant, à skis. Je lui répondis :

« Bien volontiers, mais, en même temps, ne voulez-vous pas faire l'ascension de la dent du Géant ? »

Il acquiesça.

Nous sommes donc montés coucher au refuge du Requin. De là, en pleine nuit, nous avons quitté le refuge, nous sommes allés au pied de la dent du Géant et nous l'avons escaladée. Ce client suédois grimpait remarquablement bien.

Au sommet, il m'a demandé :

« Gaston, est-ce qu'on peut s'arrêter cinq minutes ? »

Il faisait très beau, nous avions tout notre temps. Je lui ai donc dit :

« Mais, Ernst, un quart d'heure !... Enfin, tout le temps que vous voulez. »

Je lui ai fait le tour d'horizon, nous avons mangé quelques fruits secs. Au bout de sept, huit minutes, il m'a proposé :

« Bon, ça va. Nous pouvons repartir ! »

Nous sommes descendus, et en bas des rochers nous

avons chaussé les skis. Au lieu de rentrer directement sur la cabane du Requin — il continuait à faire très beau et mon client « marchait » bien —, je lui proposai :

« Nous allons faire le tour par le col des Flambeaux ! »

Nous avons fait le tour par le col des Flambeaux. Nous sommes allés également au col d'Entrèves. Nous sommes remontés vers le col des Rognons et vers le col du Midi, puis nous sommes descendus enfin sur le refuge du Requin.

Le temps était vraiment très clair, très pur, et tout allait bien : nous sommes restés au soleil, sur la terrasse du refuge. Soudain, j'ai regardé l'heure. Or, à cette époque-là, c'était en début de saison et peu après la guerre, il n'y avait que quatre ou cinq trains durant toute la journée, pour descendre du Montenvers à Chamonix ; pour attraper le dernier, il ne nous restait plus que trois quarts d'heure. Je l'ai expliqué à Ernst, en ajoutant : « Il va falloir courir ! »

Tout d'abord il n'a pas bien compris. Il m'a dit : « Quoi ? Courir ? »

Je lui répétai : « Oui, courir ».

Alors nous nous sommes préparés, puis il s'est mis à courir. Mais il a couru si vite que moi... j'étais derrière lui. J'avais peine à le suivre ! Pour aller de la mer de Glace à la gare du Montenvers, il y a une montée un peu raide : Ernst était à mi-pente, tandis que moi j'étais encore en bas de la pente ! Le train siffla ; nous l'avons raté de très peu. Il eût été bien drôle, tout de même, que Ernst soit lui à la gare et moi à mi-pente, et qu'il dise au chef de gare :

« Attendez, je vous prie, pour faire partir votre train : mon guide arrive ! »

Quelques jours plus tard, Ernst revint me voir et il me déclara :

« J'ai bien du plaisir à aller en montagne avec vous ! Vous marchez assez vite : je voudrais maintenant faire le mont Blanc. »

Trois jours après, je retrouvai donc mon compagnon suédois à la station des Glaciers. De là, nous sommes montés au refuge des Grands-Mulets : c'était au tout début du mois de juillet, et il y avait peu de monde. Nous avons dîné et nous sommes allés nous coucher. A ce moment, le gardien du refuge m'a demandé :

« A quelle heure veux-tu que je te réveille ? »

Je lui ai répondu :

« Mon client marche très bien, ce n'est donc pas la peine que je parte extrêmement tôt : réveille-moi à 3 heures. »

Ce qu'il fit. Vers 3 h 30 nous sommes partis et nous avons vu, presque aussitôt, une lumière scintiller dans la nuit, juste sur le glacier qui se trouvait au-dessus de nous.

Ernst m'a demandé :

« Qu'est-ce que c'est ?

— C'est une cordée qui est partie une heure avant nous ! Mais je sais que vous marchez vite... »

Alors, j'ai allongé le pas le plus que je pouvais, sans rien dire, et j'ai compris qu'il enchaînait derrière moi : l'extrémité de ses pieds frôlait chacun de mes talons ! En haut de la côte qui amène au Petit Plateau, nous avons rejoint la cordée. Alors, sans le moindre orgueil, Ernst m'a dit :

« Nous les avons rattrapés et dépassés ! »

Nous avons continué à marcher bon train et, en arrivant au col du Dôme — là où la vue est dégagée vers le refuge Vallot — nous avons aperçu de nouveau une caravane. Alors, tout surpris, mon compagnon m'a demandé :

« Mais... d'où sortent-ils, ceux-là ? »

J'ai expliqué :

« Ce sont deux guides qui accompagnent un Américain âgé ! Rappelez-vous, Ernst : hier soir, ils sont partis sans aller se coucher, tout de suite après avoir dîné ! Mais, rassurez-vous : peu après Vallot, nous les aurons également rattrapés et dépassés ! »

Avant le refuge Vallot, c'était déjà chose faite. Ainsi, en trois heures et quart depuis le refuge des Grands-Mulets, nous avons atteint le sommet du mont Blanc, ce qui est, peut-être, le record de vitesse pour cette ascension.

Le temps était magnifique. Nous sommes restés une heure au sommet, puis Ernst m'a dit :

« A présent, on descend ! »

A la descente, c'est le client qui va le premier, le guide marche derrière, de manière à le retenir au cas où il glisserait. Ernst était tout à fait sûr de lui, il ne glissait pas, et même il courait très vite. Il courait devant moi et j'étais obligé de courir derrière lui ! Nous avons croisé les deux cordées qui montaient, entre le refuge Vallot et le sommet. Aux Grands Mulets nous avons récupéré nos affaires et là, comme nous étions devenus amis, je lui ai demandé :

« Mais, Ernst, que faites-vous dans la vie ?

— Eh bien, m'a-t-il répondu, je viens de terminer mes études, j'ai 26 ans, et je fais des reportages, des traductions, de la photographie ! »

Et il ajouta :

« J'ai été pendant plusieurs années champion universitaire du 1 500 mètres. »

Tandis que nous descendions à Chamonix, avant de nous séparer, mon compagnon suédois me dit encore :

« Gaston, j'aimerais bien revenir à Chamonix l'année

prochaine. Au printemps. Pour faire des raids à skis dans le massif du Mont-Blanc. Mais, afin de partager les frais, accepteriez-vous que je vienne avec deux ou trois amis ?

— S'ils marchent bien, pourquoi pas ?

— Oh ! pour ça, rassurez-vous : c'est moi qui suis le moins fort de tous ! Ce sont tous des coureurs de fond !... »

Domaine de l'altitude

Ces aiguilles de roc échappées de la terre, ces neiges éternelles mitoyennes du ciel, ces déserts de glace étranges et silencieux, c'est le domaine de l'altitude. L'air y est pur, le froid et le soleil y règnent ; certains jours, le silence total y est presque angoissant ; d'autres jours, la tempête y fait rage. C'est un monde à part, un monde au-dessus du monde ; rien n'y pousse, rien n'y vit.

Les montagnes qui charpentent la terre sont les plus stériles et les plus inutiles formations de la planète, sauf pour les géologues, les géographes, les constructeurs de barrages et pour ceux qui rêvent de grandes étendues. Dans leur nudité absolue, dans leur pauvreté extrême et leur beauté mystérieuse, les dômes de glace et les flèches de granit ne sont là pour rien d'autre que le bonheur des hommes. Les montagnes, comme les mers et les déserts, sont nos jardins sauvages, aussi nécessaires, aussi indispensables que l'eau et le pain ; pas seulement parce que l'air y est meilleur que dans les villes, mais d'abord parce que ce sont des lieux de plénitude où l'homme peut marcher, courir, s'arrêter, contempler, grimper, nager, avoir faim, avoir soif, employer la vigueur de son corps, faire respirer son cœur et son âme.

Face au granit et à la glace, l'être humain est de porcelaine ; face à l'image de l'éternité, il est l'image même de la fragilité ; et, cependant, porté par l'amour, la volonté et la compréhension, de quoi n'est-il pas capable ! Dans la balance de la nature, Bonatti gravissant une paroi verticale ne pèse rien et n'est même pas un fétu de paille ; de même, Bombard dans son canot pneumatique au centre de l'océan. Un souffle d'air ou une vague, et ils sont effacés. Pourtant, il n'en est rien. Il me semble que si la caractéristique de l'époque où nous vivons est dans la réalisation d'inventions admirables, elle est tout autant dans la prise de conscience de l'incommensurable richesse, force, générosité et besoin de liberté de l'homme nu, c'est-à-dire sans arme ni machine, seul ou en équipe, face à la grande nature.

Quoi de plus naturel que l'urgente nécessité pour l'être humain de dépenser cette richesse ! Enfants, nous grimpions aux arbres et aux murs, plaisir d'escalader, plaisir de découvrir, de voir plus loin et de plus haut : n'est-ce pas là, en fait, ce que les grandes personnes appellent l'alpinisme ? Peut-être avons-nous su garder cet instinct de l'enfance ? Notre plaisir est de grimper : s'élever en plein ciel, neutraliser la pesanteur.

Il y a sans doute aussi le plaisir de sentir que l'on tient sa vie entre ses doigts : maître de son existence. Certains grimpeurs y sont très sensibles, moi peu. J'aime la grande difficulté ; en revanche, pas plus aujourd'hui qu'avant, je n'aime le danger.

« Quel courage avez-vous pour faire ces escalades », vint me dire quelqu'un, un soir, à la fin d'une présentation de mes films.

Je lui répondis que grimper ne me demandait aucun courage — ce qui est tout à fait exact — que cela faisait partie de mon métier, un métier que j'avais choisi et pour lequel j'étais doué : je n'ai pas le vertige.

Je lui expliquai, sans orgueil et sans modestie, que les montagnards aiment les grands jardins, la vie et l'amitié pour lesquels ils ont du respect, et non le goût du risque. Pour faire de l'alpinisme, il faut de l'enthousiasme : porter un sac, dormir plus ou moins bien, se lever tôt, avoir froid, avoir chaud, avoir faim, avoir soif, partir en sachant que l'on ne peut interrompre le jeu selon son bon plaisir, même si l'on est à bout de forces. C'est si beau, si exceptionnel, surtout à notre époque, de n'avoir à traiter qu'avec le roc, la neige, le ciel, le soleil et les vents. Il faut de l'enthousiasme, mais tout autant de la lucidité, c'est-à-dire être à même de faire constamment le rapport entre sa force morale et physique et la difficulté qui est au-dessus de soi.

Ainsi, il y a le plaisir de grimper ; cependant, cela ne suffit pas. L'escalade n'est qu'une partie d'une ascension, comme le grimpeur n'est qu'un aspect du montagnard. Le plaisir de l'alpinisme est fait d'une multitude de choses, et d'abord d'être accordé à ce sentiment qu'est l'altitude : une certaine couleur du ciel, la légèreté de l'air, la grandeur du paysage qui nous entoure et pour lequel en fin de compte on est là.

Car ce serait une erreur de penser que l'altitude est le domaine réservé des alpinistes acrobates. Bien au contraire, les montagnes sont ouvertes à tous : hommes et femmes de tous âges, et la joie d'un débutant enthousiaste ou d'un vétéran fidèle arrivant au sommet de l'aiguille du Moine par la voie normale n'est pas moins grande ni moins noble que celle d'un alpiniste confirmé parvenant au sommet des Drus par le pilier Bonatti, bien au contraire.

Simplement, l'alpiniste est un homme qui conduit son corps là où un jour ses yeux ont regardé. Je pense que nous avons un cœur, une âme, des muscles, et que cet ensemble est seulement heureux de servir, de fonctionner, ce qui provoque au fond de nous-mêmes une belle joie intérieure. Faire correctement un mouvement, bien grimper une dalle ou une cheminée, accomplir une chose pour laquelle on est doué, ne demande guère d'effort, plutôt de l'imagination. Il y a aussi le plaisir secret et merveilleux de la recherche de l'itinéraire ; c'est la satisfaction d'éprouver une parenté avec la nature, le rocher, la glace ; trouver le bon chemin, deviner les prises ; deviner..., cela devient de plus en plus rare dans une existence où tout est si inexorablement indiqué, prévu, organisé, même pour les loisirs ; « organisation des loisirs », mots terribles !

Puis il y a la joie de faire une « première », de passer là où personne n'est encore passé ; ainsi, le grimpeur « construit » sa montagne, crée un ensemble de mouvements, pétrit de ses doigts le rocher.

Enfin, certains jours, l'alpiniste doit faire face aux éléments quand, arrivant à l'improviste, au cours d'une longue ascension, le vent d'ouest amène la tempête. Si l'on est prêt à les affronter, ce sont alors de « grands moments » pour un montagnard. Mais il faut bien faire la différence entre la notion de difficulté et la notion de danger. Autant il est agréable de gravir un passage extrêmement difficile quel qu'il soit : une fissure, une dalle, un surplomb, peu importe ; autant nous n'aimons pas nous engager contre quelque chose que nous ne contrôlons pas. La plus belle ascension ne vaut pas la peine de mettre en balance la vie et la mort. De toute façon, l'arrivée au sommet n'est jamais une victoire sur la montagne, mais sur soi-même.

Tu veux devenir alpiniste... Tu aimes la montagne, ou plutôt tu la désires. Maintes fois, tu l'as déjà entrevue, du col des Aravis, de Sallanches, du pont Sainte-Marie, du col des Montets ; du val Ferret aussi ; peut-être l'as-tu approchée du col du Bonhomme, du col de la Seigne, du Brévent, du col de Balme ou des Posettes. Maintenant, cela ne te suffit plus, tu as 20 ans, c'est-à-dire un corps presque entièrement formé, une bonne musculature (pas encore une grande résistance, aussi faudra-t-il doser tes efforts). Tu fais encore tes études ou tu as un métier ; l'un ou l'autre te retiennent dans une ville que de temps à autre tu aimerais quitter, surtout quand vient le printemps, et qu'il fait bon chaud, ce qui fait ressortir ton envie de nature simple.

Peut-être qu'alors, entraîné par des amis, tu as déjà « tâté » du rocher. Un jour, un dimanche sans doute, tu as fui les boulevards pour adopter un petit sentier qui t'a conduit au pied de falaises ou d'aiguilles.

Maladroitement, tu as déplié une corde ; heureux, un peu terrifié, un peu ému, tu t'es encordé ou plutôt on t'a encordé ; ton ami a pris la tête de la caravane ; craintif, tu l'as regardé escalader, puis un angle de rocher l'a caché, et alors tu t'es mieux rendu compte de ce qu'est une corde, d'abord tu l'as mieux tenue dans tes doigts, et quand tu as levé les yeux pour la regarder glisser sur le rocher, ce filin a pris une immense valeur ; tu as saisi toute la beauté de ce lien. Puis la corde s'est tendue, et cette attache morale, tu as été heureux, par moment, qu'elle se concrétise.

La joie de bien grimper

Apprendre à grimper mais aussi à connaître la haute montagne est indispensable pour devenir alpiniste.

L'alpinisme est un des plus beaux sports qui puissent exister, mais le pratiquer sans technique est une forme plus ou moins consciente de suicide. La technique incite à la prudence et d'abord à la lucidité ; elle épargne la fatigue, les retards inutiles ou dangereux, et, loin de la contrarier, elle permet la contemplation ; elle n'est pas un but en soi, mais le moyen qui conditionne la sécurité tant dans l'escalade individuelle que dans la marche en cordée.

La haute montagne nous procure toute une gamme de plaisirs dont le premier est d'évoluer dans un monde de lumière et de silence. Le deuxième est peut-être de s'élever face à un miroir de pierre ou de glace, miroir qui nous aide à nous connaître et à devenir des hommes dans la fraternité de la cordée. Mais il est encore d'autres plaisirs plus immédiats et de tous les instants : faire bien quelque chose est source de joie.

Escalader sans à-coups, entre terre et ciel, en enchaînant des mouvements précis et efficaces, procure une paix et même une allégresse intérieures ; le ballet est bien réglé, la cordée est à sa place.

Une difficulté est une question, les gestes pour la résoudre une réponse : c'est le plaisir intime de communiquer avec la montagne, non avec sa grandeur et sa beauté, mais plus simplement, plus directement, avec sa matière, comme un artiste ou un artisan avec le bois, la pierre ou le fer qu'il travaille.

Avant d'attaquer une fissure ou une cheminée, l'alpiniste la regarde, la mesure loyalement ; il en étudie les secrètes qualités et les défauts et il y a dans cette confrontation quelque chose de très prenant : une parenté retrouvée. Puis il y a contact avec le roc ou la glace et la chair de l'homme : toucher un beau granit est agréable et rassurant, ou encore deviner, surtout dans le calcaire, les petites prises cachées et, par elles, un cheminement. Combien de fois ai-je entendu dire :

« C'est une course intéressante, mais le rocher est-il bon ?

— Un granit très franc ! »

Et le visage de l'homme s'éclairait ; il voyait la belle couleur de la muraille, il respirait l'odeur de la pierre, il sentait le grain du rocher sous ses doigts...

Les escalades de glace procurent bien d'autres joies ; le cheminement semble irréel dans un univers féerique : corniches sculptées par les vents, séracs chaotiques, arêtes finement ourlées. Bien cramponner sur une pente très raide donne une grande sérénité ; tailler proprement, sans donner plus de coups de piolet qu'il n'en faut procure le plaisir d'un travail bien fait : laisser une jolie trace est une signature.

Ainsi la technique résout les problèmes et apporte des satisfactions ; pourtant elle reste pauvre si on la sépare de l'esprit qui l'a guidée, en montagne comme en d'autres domaines. S'il ne grimpe que pour grimper, l'alpiniste n'entendra plus le nom du sommet qui a chanté en lui et il n'arrivera nulle part ; mais dans le cœur de chaque homme, il y a toujours une parcelle sensible qui a commandé un apprentissage fervent et passionné avant que celui-ci devienne efficace et soit une forme de beauté. Le grimpeur aussi a son style et, sans en surestimer l'importance, sa présence est signe de qualité : c'est la distance que l'alpiniste laisse entre la paroi et lui. En escalade, le style est intimement lié à l'équilibre du grimpeur et à sa sobriété d'exécution ; alors, tandis que ses mouvements se déroulent et s'enchaînent, il éprouve une douce satisfaction, comme une tacite approbation ; ainsi, l'eau de source, née de la terre, coule sans heurt, épousant les rivages.

Le sens de son équilibre

C'est dans les Dolomites que je me suis rendu compte combien il est important d'avoir le sens de son équilibre. Nous étions dans la face nord de la Cima Grande di Lavaredo : cinq cents mètres de vide absolu ! J'étais heureux d'escalader cette haute muraille, mais aussi d'être encordé avec un merveilleux compagnon et qui grimpait si bien : Gino Solda, guide des Dolomites. Je le regardais escalader : quel plaisir pour les yeux, et quelle leçon ! Au-dessus de moi, il se détachait en plein ciel, fine silhouette contre le profil pur de la paroi. Même dans les passages très acrobatiques, il ne peinait pas : sous ses doigts des prises semblaient naître ; le long de la paroi géométriquement verticale, il s'élevait avec une démarche de seigneur.

Ce jour-là, en appréciant l'escalade de Solda si proche de la perfection, j'ai compris qu'avant de bien grimper, mon compagnon possédait tout à fait et d'une façon très précise le sens de son équilibre : c'était la raison de son aisance. Et, tandis qu'après l'ascension par la face nord, nous descendions en courant la voie normale, là encore, en regardant Solda, je vérifiais la leçon que j'avais apprise le matin et me répétais : « Acquiers le sens de ton équilibre et tu grimperas bien. Car l'un conditionne l'autre. »

Mais il est un autre équilibre que l'équilibre physique, et encore plus important : l'équilibre moral.

Là est la clef de voûte de l'alpinisme, de son apprentissage comme de la réalisation des plus sévères ascensions. Henri Moulin, Edouard Frendo, André Tournier, Alexis Simond, Marcel Bozon, qui m'ont initié à la montagne, puis à mon métier de guide, m'ont toujours enseigné :

« Grimpe d'abord avec ta tête. Rends-toi compte de ce que tu veux faire et de ce que tu peux faire ; l'alpinisme est avant tout une question de conscience. »

Ils me disaient encore :

« Attention, un tout petit peu trop, et c'est déjà trop ! »

Souvent une ascension est née d'un rêve, d'une exaltation, d'un désir spontané, parfois irraisonné : un joli nom, une forme, une histoire, un souvenir et nous voilà à l'ancre d'un sommet. Puis le beau projet devient attente, ferveur, préparation ; mais vient le temps où il doit devenir un calcul, le rapport précis entre le but-cime et l'itinéraire envisagé, les conditions de la glace et du rocher selon la saison, l'altitude et l'orientation, retour plus ou moins difficile, d'où, en fin de compte, l'importance totale des efforts à fournir — et les moyens de l'alpiniste — sa lucidité, ses possibilités (sa technique, sa vigueur morale et physique), sa connaissance de la haute montagne et du temps, son expérience, son sang-froid.

De ce rapport but/moyens découle la décision. L'alpiniste doit toujours se rappeler cette formule, déplaisante à énoncer dans sa sécheresse, mais capitale, car elle conditionne le départ. En cet instant, plus de charme dans ce monde enchanté, plus de poésie dans cet univers poétique ; d'un froid calcul dépendent peut-être la vie de l'alpiniste et celle de ses compagnons ; mais qu'il est beau ce dialogue intime entre l'homme et les forces de la nature ! Dans le silence de l'altitude, une conscience se révèle, réfléchit et décide : la peur est aussi laide que la témérité est stupide et risque d'être néfaste.

Tout au long de l'ascension, l'alpiniste sera encore appelé à réviser son jugement en tenant compte d'éléments nouveaux : son degré de fatigue ainsi que celui de ses camarades, l'heure et peut-être le retard, la neige qui s'est modifiée sous l'action du soleil et du vent, l'évolution du temps... Renoncer, alors que la cime n'est pas loin, demande souvent plus de courage que de continuer ; inversement, la seule issue est parfois de franchir le sommet pour trouver sur un autre versant soit l'accalmie, soit une descente moins longue ou moins difficile.

Ces raisonnements nécessaires, cette lucidité, cette clarté, loin d'entamer l'enthousiasme, le fondent et l'épaulent. Un échec est souvent plus créateur qu'une suite de succès. Cette confrontation secrète entre l'alpiniste et le monde qui l'environne, puis cet engagement sont d'une sobre grandeur ; sous l'écorce du montagnard l'homme naît en apprenant à se connaître et à se construire. Certes la haute montagne est belle, mais pour l'instant elle est un cadre exceptionnel pour l'apprentissage de la vie : neige et roc mitoyens du ciel, vent, soleil et tempête fertilisent deux hommes encordés pour le meilleur et pour le pire, dans la solitude blanche et le silence glacé.

Plus que sa réussite de grands exploits, j'apprécie qu'un alpiniste accepte ses limites ; les exploits prennent alors leur véritable proportion : le grimpeur a réussi ce qu'il y avait de plus difficile, mais en se rendant bien compte de ce qu'il faisait ; j'apprécie encore qu'il sache écarter sa passion, son envie brûlante de faire une belle première afin de juger sainement ; qu'il n'accepte pas de jouer bêtement avec sa vie : c'est si facile ! En face d'un danger on apprend peu de chose : devant la foudre, on fuit si on le peut ; c'est devant une difficulté, devant un obstacle que l'homme donne sa mesure et s'épanouit.

Au pied de chaque passage, l'alpiniste doit regarder, étudier, puis grimper régulièrement, avec calme, en liant ses mouvements, en économisant ses forces et en restant continuellement attentif.

Ensuite, une ascension n'est pas seulement une escalade de rocher ou de glace, mais un itinéraire à trouver, des passages à enchaîner, un horaire à tenir, le vent d'ouest, l'orage et la nuit à surveiller. Ainsi l'escalade n'est qu'une partie de l'alpinisme comme le grimpeur n'est qu'un aspect du montagnard. Il y a la technique à apprendre, mais aussi la connaissance de la haute montagne à acquérir ; il est assez facile de bien grimper, il est plus difficile de trouver son équilibre. L'important est d'arriver à bien se connaître : être capable, quoi qu'il arrive, de faire le point, sans crainte ni exaltation ; bien garder, à tout moment, « la tête sur les épaules » ; ne pas confondre ces deux notions si différentes : danger et difficulté — la première est morbide, la seconde est saine et virile. Les montagnards aiment la beauté, l'amitié et la vie, pour lesquelles ils ont du respect, et non le goût du risque facile et bête.

Au sommet, l'alpiniste pourra connaître un grave bonheur : il pourra contempler à perte d'horizon... Si un avion l'avait déposé sur la cime, la vue serait la même, mais elle ne serait pas aussi belle, l'effort et l'amitié sont les piliers de notre sport. « Pour bien voir, il ne suffit pas d'ouvrir les yeux, il faut d'abord ouvrir son cœur. »

Et la montagne...

La technique, c'est bien beau, mais est-ce que, dans tout cela, la montagne n'est pas un peu oubliée... ? et secondaire... ? comme dans le langage de certains jeunes alpinistes genre grimpeurs, souvent acrobates, de préférence rochassiers, rarement glaciairistes, peu aptes, de par leur conception au départ, à pouvoir éprouver une émotion d'ordre sentimental et esthétique ? Pour eux, dans les Alpes, les parois, murs, arêtes sont un terrain qui, mieux qu'un gymnase, est propice à leur agitation. Sur leurs lèvres arrivent constamment les mêmes mots : difficile, à vaches, degré, piton, directe.

Et de l'autre côté, se trouvent le contemplatif, l'herborisateur, le rêveur qui gravissent des sommets sans difficulté et méprisent souvent profondément la gent escaladeuse un peu par puritanisme et... un peu aussi parce qu'ils se sentent dépassés dans leurs réalisations.

La montagne n'est ni un roc à exercices, ni une pente de glace, ni une arène à plus de 4 000 mètres, ni le terrain de la difficulté de l'effort, parfois du danger, mais un peu de tout cela, et beaucoup de choses en plus.

L'alpiniste n'est ni un athlète, ni un artiste, mais un complexe des deux. C'est surtout un homme complet qui se réalise. Les jeunes alpinistes doivent être ainsi. Par leur amour large de la montagne, par leur compétence technique dans tous les domaines, par leur conception profonde de l'homme et de l'alpinisme, ils doivent savoir chasser l'héroïsme inconscient, l'acrobatisme sans tête, dominer la génération des spécialistes des passages « tordus » en école d'escalade et du pitonnage irrationnel.

En dehors du soi-disant spiritualisme des uns, et du

matérialisme des autres, ils doivent pouvoir faire la synthèse des deux.

Tout en grimpant...

Les montagnes — comme les mers, les rivières, les forêts, les déserts — sont nos terrains de jeux. En bas, au pied de la paroi, deux hommes mille fois minuscules, tout en haut le sommet. Mais lorsque nous aurons atteint le sommet, qu'on ne se méprenne pas : dans nos escalades faciles ou difficiles, il ne s'agit pas de « victoire sur un sommet ».

Peut-être pourrait-on parler de victoire sur soi-même ? C'est un bien grand mot aussi. Je pense que c'est plus simple et plus direct que cela : la naissance nous a donné un corps, des muscles, un cœur, une âme ; elle nous a apporté aussi, qu'on le veuille ou non, des ardeurs, des élans. Les montagnes — mais il n'y a pas qu'elles — sont des terrains où l'on peut utiliser ce que « gratuitement » la nature nous a donné de meilleur. Car il existe bien au fond de nous-mêmes le désir, le besoin et le plaisir de jouer et de respirer ; c'est-à-dire de courir, de sauter, de nager, de grimper...

Jouer ici ne veut en aucun cas dire jouer avec sa vie ou « vivre dangereusement ». Loin de moi évidemment l'idée de suivre la célèbre formule : « Bâtissez votre maison sur le Vésuve ». Il importe une nouvelle fois de bien faire la différence entre la notion et l'amour de la difficulté, qui est saine et virile, et la notion et (éventuellement) l'amour du danger, qui est facile, stupide et morbide.

Remonter une pente avalancheuse, traverser un couloir sous des chutes de pierres n'est pas difficile mais dangereux ; la pesanteur existe pour toute chose, y compris les rochers et les merveilleux cristaux de neige, et il est bête ou enfantin de parler de « montagne qui tue » ou de « l'alpe homicide », formules qui ont d'autant plus la vie dure qu'elles sont fausses. Ce qui est important pour un grimpeur c'est de connaître et d'accepter ces limites, lesquelles peuvent constamment varier.

Inversement, il y a également un autre mot bien à la mode de nos jours et qui est tellement triste, négatif, misérable : la sécurité. On est à l'époque des assurances en tous genres avec, bien dissimulée, une pointe de lâcheté. Est-ce cela la vie ? Ou encore l'existence ? L'homme peut être courageux et en même temps connaître un certain bonheur si on lui en donne l'occasion.

Il y avait un temps où l'on rêvait de vacances et de voyages. Or, depuis des années, le corollaire du mot « loisirs » est « organisation ». Ainsi, même si elles durent un mois, les vacances sont courtes. A ce point de vue, l'alpiniste a de la chance : une ascension ce n'est pas seulement un sommet que l'on gravit en quelques heures durant l'été, c'est d'abord des hivers entiers durant lesquels on déplie des cartes, on lit et on relit des livres : récits et notes techniques.

A bien des points de vue, une ascension c'est un espace à traverser. On rêve. Rêver, attendre, c'est déjà être en marche. C'est aussi une façon de retrouver la liberté. D'attendre ses ailes. Quand je pense que l'on a eu des velléités de vouloir réglementer l'alpinisme !

Une ascension c'est une fête. Il y a le paysage qui est là, mais c'est le grimpeur qui l'installe, l'ordonne en allant vers lui : départ sous les étoiles, naissance d'un jour, montée de la lumière, deux hommes qui, par leur venue en ce lieu désert de glace et de roc, leur donnent une autre vie, une nouvelle raison d'être là.

Le sommet n'est qu'une étape entre la dure montée et la dure descente car il faut revenir, dans les règles du jeu. Maintenant, en cas d'accident, il y a l'hélicoptère, et les pilotes — j'ai eu l'occasion de le constater — ont acquis une connaissance et une pratique absolument extraordinaires. On peut dire sans exagération qu'ils sont capables d'aller vous chercher n'importe où. Mais les grimpeurs (et même les marcheurs-promeneurs) le savent, ce qui a faussé les règles du jeu car une ascension c'est aussi un engagement.

Enfin, il faut revenir dans Chamonix, qui, au milieu de son béton, n'a plus guère que quelques petites places garnies de fleurettes bien alignées, dignes des monuments aux morts de sous-préfecture.

Pour ma part, j'ai la chance d'habiter au Mossous-d'En-Haut. Pour arriver chez moi, tout à coup, surprise chaque fois merveilleusement renouvelée, je dois traverser un grand espace vert : de beaux champs sans immeubles, sans tours, sans coupoles, c'est un peu déjà de l'altitude qui arrive jusque-là : je suis à l'aplomb de la coulée du Brévent. Je continue ma route en me disant : « Heureusement qu'existent les avalanches ; dommage qu'il n'y en ait pas plus ».

Avec Jean-François

Le refuge du Couvercle se trouve dans le plus beau cirque de montagnes du massif du Mont-Blanc, face aux Grandes Jorasses.

Le lendemain matin, alors que le soleil se levait sur le mont Blanc, en silence, nous montons, nous aussi, vers la lumière ; puis, par des portes de glace, nous pénétrons sur le glacier.

Désormais, je dois montrer à Jean-François ce qu'il y a de plus beau entre terre et ciel. Pour lui, je dois composer, en haute montagne, un « poème viril » ; un poème qui soit beau et qui le prenne. Et, tandis que silencieusement il me suit, en moi-même je pense : j'ai un métier merveilleux, mais, parfois, il est si difficile d'atteindre le cœur d'un adolescent.

Je ne dis rien, j'ai peur de « casser » le silence par un mot maladroit et inutile. Je sais que ce n'est pas avec des phrases que l'on convainc un enfant et que l'on gagne sa confiance et son amitié mais, comme un jardinier montre son parc, je montre à Jean-François ce monde de cristal que son père et moi avons si souvent parcouru.

Techniquement, il n'y a pas de problème. Jean-François est un garçon solide, sportif et réfléchi. Par le ski qu'il pratique l'hiver, il a l'habitude de la neige. Son père m'avait prévenu : Jean-François n'extériorise jamais sa joie, mais dans le silence, il réfléchit et, s'il continue, c'est que, secrètement, il est conquis. Cette confrontation entre Jean-François et le monde qui l'environne, puis cet engagement, sont d'une sobre grandeur. Certes la haute montagne est belle, mais, pour l'instant, elle est un cadre exceptionnel pour l'apprentissage de la vie. La vérité, pour un jeune garçon, c'est ce qui l'aide à devenir un homme.

Avec courage, avec calme, Jean-François affronte toutes les difficultés et j'apprécie que, déjà, il soit maître de son équilibre physique et moral. Il ne s'agit pas d'aimer les choses dangereuses : cela est facile et comme empoisonné. Il ne s'agit pas de jouer bêtement avec sa vie. En face d'un danger, on apprend peu de chose : devant la foudre, par exemple, on fuit si l'on peut. C'est devant une difficulté, devant un obstacle, que le jeune homme donne sa mesure et s'épanouit. Les montagnards aiment la beauté, l'amitié et la vie pour laquelle ils ont du respect, et non le goût du risque bête et malsain.

De sérac en crevasse, de mur de glace en dalle de rocher, de pont de pierre en arête de neige, nous avons, Jean-François et moi, construit notre montagne, composé notre poème. Maintenant, la dernière pente nous conduit au sommet, face aux plus hautes cimes. Jean-François a gagné le droit de contempler à perte d'horizon.

Le jardin féerique

Le cérémonial de la montagne

Il y a un cérémonial de la montagne.

L'alpinisme nous procure bien d'autres joies que le rude plaisir de l'escalade, et celui-ci serait bien pauvre s'il ne s'incorporait dans la démarche des hommes vers les sommets.

Avant de gravir une cime, le grimpeur la découvre, la regarde, la contemple.

Les montagnes ont une silhouette ; ciselées par les vents, par le froid, par les siècles, elles se découpent sur l'azur. Ainsi elles nous attirent.

Chacune a une heure où elle est particulièrement belle : ce n'est jamais midi, car alors elles sont toutes écrasées de lumière, c'est à l'aube ou au crépuscule quand le soleil les habille ou les fuit. Quelle générosité universelle le matin quand les rayons caressent les arêtes, quel élan vers la vie ! Quel abandon pathétique, le soir, quand la boule de feu tombe derrière la crête occidentale, comme si le ciel ne pouvait plus la porter.

Mais après un temps mort, la nuit couvre la terre. Se découpant, toutes noires, sur le ciel qui scintille, les cimes ont rejoint les étoiles, tenant le mystère dans leurs hauts murs. Quel silence alors !

Les montagnes sont changeantes, et leur visage sous la tempête est d'une beauté particulière.

C'est d'abord une bataille de couleurs ; puis, poussant leurs masses de nuages qui se déchirent sur les aiguilles ou qui roulent sur les dômes, les grands vents se heurtent à mort. Les vallées les canalisent, sur les montagnes ils se rencontrent.

Le vent d'ouest gagne souvent, installant ses brumes durables qui effacent tout.

Le vent du nord prépare un nouveau combat, un jour il accourt et nettoie le ciel en quelques heures : les montagnes nous sont rendues, luisantes de neige fraîche.

Les cimes ne sont pas seulement agréables à regarder, elles vivent. Auréolées de légendes, elles ont un nom et une histoire qui font écho dans nos cœurs et dans notre imagination. Ainsi ces aiguilles de roc, ces neiges éternelles, apparemment stériles, indifférentes, inutiles ont appelé les hommes, et ceux-ci les ont apprivoisées, donnant parfois jusqu'à leur vie pour elles.

Notre jeunesse avait besoin d'une révélation ; sur les montagnes, luttant contre la neige, contre la tempête, contre le gel, face au silence, il nous a semblé naître une seconde fois.

HIVER. Par une belle et froide journée, Louis Braconnay et moi remontons avec peine le glacier des Nantillons en direction du Grépon. Il y a différents itinéraires pour atteindre le sommet de ce pic, mais nous désirons y parvenir par le plus difficile : la fissure Knubel, rarement gravie en été, jamais en hiver.

Lorsque nous arrivons à son pied, nous nous arrêtons un long moment pour en étudier honnêtement l'escalade ; nous devons évaluer la difficulté à vaincre et la comparer, sans peur ni exaltation, à notre force et à notre technique.

Après avoir bien réfléchi, nous décidons de l'attaquer, conscients que nous devrons nous employer sérieusement, mais sûrs de le faire sans témérité inutile. Le montagnard ne va pas au-devant des dangers ; il doit en accepter certains — l'orage (et sa suite : foudre, neige, froid) est le plus important — et cela lui suffit.

Maintenant nous gravissons la Knubel ; quel plaisir de bien faire ce qui est très difficile, quelle sérénité en voyant nos bouts de doigts se poser, puis s'accrocher comme il convient sur les prises petites et rares, quelle joie de déboucher au sommet, calmement.

Dix jours après, nous sommes au col du Midi, en haut de la vallée Blanche. De là, gravir l'aiguille est un jeu d'enfant : une combe peu inclinée, une arête facile et les rochers terminaux débonnaires. En été, de nombreuses cordées visitent chaque jour ce sommet-belvédère ; en hiver cette ascension, réalisée déjà bien des fois, ne demande aucune acrobatie supplémentaire. Mais aujourd'hui, à quelques mètres de la cime, la facile arête de neige travaillée par les vents devient corniche instable. La progression reste aussi aisée : marcher sans la moindre difficulté, comme sur une route plate. Mais quelques mètres en dessous, la route est creuse, gâtée en profondeur, et risque fort de s'écrouler en avalanche. Si près du but, nous hésitons. Puis renonçons. Peu de temps après avoir réussi une « première » très difficile, nous interrompons une ascension qui devenait dangereuse.

La haute montagne nous a construits.

PRINTEMPS. Nous sommes bloqués au refuge Torino, à 3 350 mètres ; depuis trois jours la tempête sévit, interdisant toute sortie. Et pourtant nous désirons rentrer au col du Midi où l'on est sans doute inquiet sur notre sort. Pour cela il faut traverser la vallée Blanche qui s'étend sur une largeur de plusieurs kilomètres entre 3 000 et 3 600 mètres d'altitude. C'est un itinéraire facile que nous avons suivi plus d'une fois en toutes saisons, mais depuis trois jours, le vent, la neige et les nuages le balaient sans arrêt.

Tout à coup, à travers les fenêtres du refuge apparaît la silhouette de l'aiguille Noire de Peuterey. Vite, nous sortons : c'est bien une éclaircie : les montagnes sont visibles, le ciel nous est rendu. Nous partons heureux.

Brusquement, lorsque nous sommes à mi-chemin, voilà que les nuages se regroupent, couvrent les sommets et la neige se remet à tomber, effaçant toute trace. La visibilité se limite à quelques mètres... Nous nous fixons alors une direction, nous essayons de marcher en ligne droite. Au bout de quelques dizaines de mètres ce n'est plus possible : des crevasses barrent la route. Il faut les contourner. Des crevasses ? Il y en a dans tous les sens sur ce glacier immense. Comment alors suivre la direction que nous nous sommes fixée ? Nous croyons tout le temps reconnaître telle barre de séracs, tel chaos de la vallée Blanche : tout se ressemble. Qu'elle est illusoire la belle technique qu'enseignent les manuels pour ces situations ! Mais, bientôt, une force ou plutôt un instinct nous dirige : les pieds plus que les yeux impuissants nous conduisent. Nous découvrons ainsi que nous ne sommes pas des visiteurs ; après des années d'expérience, de vie intime avec ce monde que nous aimons tant, nous sommes de ce glacier, de cette neige, de ces nuages comme l'on est d'un pays, et nous retrouvons le col du Midi. Avant d'être l'ascension des sommets, l'alpinisme est, sans doute, la parenté avec l'altitude.

ETE. Paul Beylier, Paul Habran et moi quittons Courmayeur pour le Breuil où nous ne sommes jamais allés. Je n'aime pas les cordées de trois (tout au moins dans les courses de rocher), pour une raison de sécurité mais aussi de plaisir : à travers la corde il faut que je sente vivre mon compagnon ; or, si après le deuxième il y a un troisième, il est évident qu'il n'est pas rattaché directement au premier de cordée. Mais, aujourd'hui, tous trois nous sommes si heureux d'être ensemble ! La montagne va nous combler : c'est la première fois que nous allons voir le Cervin du côté italien et le gravir par l'arête de Furggen.

Partis trop tard de Courmayeur, nous ne pouvons, malgré une course folle, atteindre le Breuil à temps pour prendre le téléphérique du soir et aller coucher au Furggenjoch. Quant à monter à pied, la nuit est bien trop proche pour le faire. Force est de rester dans la vallée.

Nous rôdons dans Cervinia, ce village nouveau et sans âme qui a étouffé le Breuil et qui ignore sa cathédrale. En vain nous cherchons un signe, un souvenir. Pourtant, discrètement, le légendaire Cervin vit, voilé ce soir, dans un manteau de nuages bouffant comme une crinoline. Nous guettons la brise favorable qui le découvrirait. Nous ne parlons que de lui et de ceux qui l'ont aimé ; ne sommes-nous pas dans la vallée des Carrel ?

Quand, le lendemain matin, la première benne nous dépose au Furggenjoch, il est déjà 9 heures, et, pourtant, la mer de nuages comble encore à perte de vue les vallées italiennes. Devant ce spectacle exceptionnel, nous oublions longtemps que nous sommes venus aussi pour grimper.

Reprenant le sac, nous suivons la crête facile qui, du téléphérique, conduit au pied de l'arête du Furggen. A dix heures et demie nous y arrivons ; nous avons faim, mais il me semble aussi que nous désirons nous arrêter pour regarder encore la mer de nuages rouler et s'évaporer. De toute façon, plutôt que de déjeuner durant l'ascension, autant le faire ici où coule un filet d'eau.

Vers 11 heures, nous commençons l'escalade ; les cinq cents premiers mètres ne sont pas bien difficiles ; il faut utiliser la face est. Nous grimpons ensemble, joyeux comme des collégiens en promenade. Notre cœur est neuf, comme aux premiers jours de notre vie de montagnard.

A 4 000 mètres, la pente se redresse, et la neige, très fondante à cette heure tardive, dégouline abondamment. Peu après nous arrivons à l'Epaule, au pied du Grand Ressaut de Furggen. Nous faisons avec précaution une traversée sur la gauche fort impressionnante : nous passons ainsi de la face est, peu inclinée, sur un balcon aérien comme une nacelle dominant la paroi sud d'un millier de mètres.

Un moment je cherche la voie, hésite pour choisir le meilleur passage ; il nous faut traverser encore une soixantaine de mètres pour suivre l'itinéraire Piacenza qu'hier nous nous sommes proposé de gravir. Mais, d'un commun accord, mes deux compagnons me disent :

« Regarde, droit au-dessus de toi il y a un premier piton et, trois mètres au-dessus, un second avec un étrier ».

Bien sûr, je les ai vus ; mais nous ne sommes pas partis pour faire la voie directe, extrêmement difficile, de Louis Carrel, jalonnée par ces deux pitons. Je n'ai pas emporté le matériel pour cette ascension et, après ces heures de douce contemplation, puis d'escalade facile dans la face est, je ne suis pas attiré par une progression très acrobatique qui m'accaparerait entièrement ; et ce vide creusé d'un coup, sur la face sud, derrière moi, m'impressionne fortement. Dans les Dolomites, le long des parois verticales et parfois surplombantes comme à la Cima Grande ou au Spigolo Giallo, le vide est obligatoire dès les premiers mètres ; ici, en revanche, après des pentes rassurantes, nous voici projetés en plein ciel.

Mais, est-ce le sentiment de la voie esthétique, élégante, sans détour ? Déjà Habran se place pour m'assurer et m'aider à monter sur les épaules de Beylier qui me fait une courte échelle. Puis, pour m'inviter à décoller, Habran m'indique des prises que mes doigts aveugles ne trouvent pas. Enfin, j'atteins le premier piton, puis le second. M'accrocher à ces bouts de fer plantés par Louis Carrel, digne descendant du grand Jean-Antoine, me cause une émotion. Je me dis : « Si le pionnier avait pu voir le jeune guide juché sur les étriers pour parachever la conquête, quel bonheur, sans doute, eût été le sien ». Est-ce cela le résumé de l'histoire de l'alpinisme ?

Au-dessus, le rocher peu solide et pourtant vertical, ce rocher qui fait le miracle du Cervin, fière montagne, et qui ne donne pas la joie de grimper comme le granit franc du Grépon ou des aiguilles du Diable, ce rocher triste et difficile que le soleil a fui, me déplaît et j'ai envie de descendre vers mes compagnons pour reprendre notre projet d'hier : la voie de Piacenza bien moins dure. Mais descendre, il faut le pouvoir ; c'est bien plus délicat que de monter et, ici, ce n'est absolument pas possible : en essayant j'aurais bien des chances de tomber ; impossible aussi d'installer un rappel.

Ainsi, je n'ai pas le choix, je dois continuer. Peu à peu, mon esprit se fait à cette idée, s'adapte à cette pierre indifférente ; peu à peu du fond de moi-même je sens venir une force irrésistible : mes doigts se verrouillent dans une fissure, mes bouts de pieds se dressent sur de petits reliefs. Plusieurs fois je vois le rocher martelé : ce sont des traces de pitonnage laissées par les ascensionnistes précédents. Dans ce genre de passage, ou bien on plante le nombre de pitons nécessaires (mais je ne les ai pas), ou bien, malgré les prises minuscules, on s'élève d'un trait si on a reçu les « pleins pouvoirs ». Ainsi le joueur de football à qui, une fois, tout réussit : d'un bout à l'autre du terrain, il dribble, un à un, tous ses adversaires et marque un but incomparable. Cela n'arrive qu'exceptionnellement ; aujourd'hui, c'est mon cas. Je me sens maintenant en grande forme. En cet instant je ne pense plus au Cervin, ni à sa beauté, ni à son histoire ; je suis tout entier à mon escalade : je coordonne des mouvements rigoureusement précis qui sembleraient presque se faire seuls... J'arrive au relais : une sorte de niche. Un long moment mon regard erre sur la roche grise : je cherche une fissure franche où planter solidement le piton que j'ai conservé pour assurer mes compagnons. L'un après l'autre ils me rejoignent après ce dur passage ; nous sommes heureux de nous retrouver.

Par une gouttière sur la gauche, afin d'éviter le haut du ressaut, nous gagnons un couloir-cheminée dégoulinant et sombre. Cette traversée nous permet d'apercevoir l'ouest : un ciel de mauvais augure, chargé de nuages noirs qui attendent à l'horizon. Alors commence une course effrénée !...

Nous grimpons le plus rapidement possible : vire, couloir, cheminée... Mais comme j'atteins la crête sommitale, l'orage s'annonce sournoisement. Tandis que j'assure mes deux camarades, mes cheveux se raidissent, mon piolet puis le rocher se mettent à vibrer. Dans l'air, je sens par intermittence des épaisseurs de fluide électrique, poussées par le vent comme un mur imaginaire déplacé par à-coups.

Il est tard : 19 h 30, et nous sommes le 10 août ; à cette

époque les journées ont sensiblement raccourci, surtout par soir d'orage. Nous voulions descendre coucher à la cabane Solvay pour assister demain matin au lever du soleil sur le Cervin et sur les cimes du Valais. Mais la voie normale qui conduit à ce refuge, facile par beau temps, devient très délicate par tempête quand chaque alpiniste secoué par la foudre risque de dérocher sur les dalles glissantes qui se couvrent de neige. La tête du Cervin est alors un tremplin idéal ; là, sont tombés Croz, Hadow, lord Douglas, Hudson... nous connaissons par cœur la sinistre histoire !...

Nous allons vite tout en prenant de grandes précautions. Cela semble contradictoire et c'est pourtant bien vrai. Quelle force mystérieuse, secrète, comme endormie en nous, vient à notre aide ? Parallèlement aux difficultés accrues et à ce danger que nous n'aimons pas, nous sentons naître du plus profond de nous-mêmes des réserves d'énergie et d'adresse que tout homme porte en lui-même et qui ne se révèlent que dans les « grandes occasions ». Malgré la foudre qui claque, la neige qui nous aveugle, les rafales qui nous bousculent, nous éprouvons un grave plaisir : celui de rester maître de soi, calme et précis malgré les pièges ; il faut aller vite mais aussi éviter la moindre faute qui se payerait très cher.

Il est 20 heures, il fait sombre, en quelques instants la nuit arrive comme s'ouvre une trappe. D'un coup, nous sommes plongés dans un noir épais, sans fond. Notre descente est maintenant bien lente.

Au bout d'un moment d'étranges lueurs apparaissent en dessous de nous. Mes campagnons me crient :

« Le refuge est là. Regarde, on nous fait signe avec des lanternes. »

Comme je le souhaiterais ; mais je sais que « Solvay » est au moins deux cents mètres plus bas et que nous ne l'atteindrons plus. Mon seul souci est de fuir le plus possible la crête sommitale où se déploie le feu d'artifice des grands jours. Perdre de l'altitude, puis trouver une niche où s'abriter un peu ! Dans le noir, ne voyant rien, ne sentant rien que nos doigts et nos pieds aveugles posés sur des prises incertaines, nous attendons la lueur des éclairs pour faire deux ou trois pas. Mais lorsque la foudre raie le ciel, sa lumière brutale nous éblouit violemment ; puis de très loin, de très bas, forant la nuit comme une vrille, le noir revient. Alors, de mémoire, nous descendons un pied, une main, sur des prises entrevues pendant l'éclair.

Nous nous sommes arrêtés sous une sorte de dalle inclinée qui fait auvent : bivouac misérable. Pourtant nous aimons les bivouacs.

Depuis quelques instants les étranges lueurs se multiplient autour de nous : ce sont de curieuses aigrettes d'électricité. Certes, au cours d'orages, nous avons déjà vu des spectacles terrifiants : des boules de feu grosses comme des oranges, rouler le long de la paroi, rebondir, éclater dans un tonnerre assourdissant, ou, d'autres fois, le zigzag jaunâtre, puis mauve de l'étincelle, accompagné de l'odeur de soufre, mais jamais ces aigrettes délicates, fines, trépignantes, hautes d'une quarantaine de centimètres, et qui viennent, comme par enchantement, se piquer sur les rochers.

Quand la foudre claque sur le sommet du Cervin, elles s'éteignent brusquement. Puis, mystérieuses, elles reviennent sans bruit, comme des fées, et se multiplient jusqu'à la décharge suivante. Quel fantastique ballet elles dansent autour de nous !

Quelquefois nous sommes secoués par la foudre mais faiblement ; c'est sur la crête du Cervin qu'elle claque sans arrêt. Paul Beylier, ingénieur électricien, est à son affaire ; il nous fait un cours : « Le Cervin est un paratonnerre idéal. La masse d'électricité dont la terre est chargée s'écoule par les arêtes jusqu'à la cime où se fait la jonction avec l'électricité des nuages. » C'est si simple ! Et toujours ces aigrettes qui reviennent autour de nous. S'éteignent à chaque coup de foudre. Peu à peu reviennent. S'éteignent... Après le cours, viennent des chansons. Pourquoi, dans les moments difficiles, l'homme aime-t-il à chanter ?

Sous notre rocher nous sommes un peu protégés, mais si nous sortons une main hors de l'auvent, une aigrette vient prolonger chaque doigt. Mi-debout mi-assis, recroquevillés comme sur deux marches d'escalier, nos muscles s'ankylosent très vite ; quand nous changeons de position, une pelure lumineuse nous habille telle une pèlerine en poil de chameau et notre tête se couvre d'une toison d'étincelles. « Ces filaments d'or qui vous entourent sont d'une grande beauté », nous dit Paul Beylier. Très vite nous nous remettons sur notre gradin, sous l'auvent.

Ainsi abrités sur une montagne débordante de fluide, ayant admis que nous jouissons d'un spectacle exceptionnel, nous passons finalement une nuit fantastique. Nous avons retrouvé le bonheur que procurent les bivouacs en haute montagne.

Vers 2 heures du matin le fond des nuages crève sous nos pieds. Comme du fond d'un puits nous apercevons les lumières de Zermatt et, soudain, nous avons très froid. Là-bas, sous les toits de mélèze et d'ardoise, les maisons sont des nids de chaleur. Ici, nous grelottons, gelés jusqu'aux os. Au bout d'un moment Zermatt chavire, les nuages noient ses lumières et le feu d'artifice reprend !

Bientôt, annonçant la fin de l'orage, la neige se met à tomber. Des cristaux acérés tourbillonnent autour de nous, nous piquant le visage et s'infiltrant partout. En pleine nuit, la montagne blanchit d'une façon hallucinante. Au-dessus de nous le plafond de nuages se troue un instant : quelques étoiles apparaissent ; mais si loin, si incertaines, que notre regard, vite, se détache d'elles. Là-haut, au-dessus de la tempête, elles brillent pour rien, elles se gaspillent. Il se remet à neiger jusqu'au petit matin. Vers 5 heures, sur notre droite, naît une grisaille. Quelques lueurs s'élèvent, les hauts sommets se colorent timidement.

Pourtant des bouffées de vent frais étirent les nuages. Nous partageons quelques nougats, un peu de saucisson, des fruits secs et nous commençons la descente. Est-ce dû au prestige du Cervin, à cette crête immaculée, au silence total après le fracas de l'orage ? elle a quelque chose de solennel.

Nous sommes seuls.

Nous marchons attentivement, car la neige tombée durant la nuit dissimule le verglas visqueux qui recouvre la roche. C'est dans les règles du jeu, à nous de le savoir et d'en tenir compte. Nous ne sommes pas fatigués, pas davantage exaltés, mais heureux, comme la veille : il ne nous déplaît pas d'éprouver notre technique et notre vigueur.

Un moment, les teintes claires du levant pâlissent, le vent faiblit, le massif du Valais devient livide. Mais la bise reprend ; à travers les brumes, des trous de lumière réchauffent par places la montagne, peu à peu le temps s'améliore.

Il est midi quand nous arrivons à la cabane du Hörnli ; après les privations de la nuit, nous nous asseyons avec plaisir devant le déjeuner. Une joie irremplaçable est en nous. Goût amer de la bière, soupe brûlante, murs épais du refuge, fumet du jambon, vin du pays, que tout cela est sympathique et qu'il est bon de mordre dans un fruit ! Il est simple, le bonheur des hommes. Pour aboutir à ce bonheur, ma foi, bien accompli, la montagne, durant ces deux jours, vient d'accumuler ses ressources : la beauté du Cervin, son histoire, son escalade facile puis acrobatique, le beau temps puis la tempête, et ce déjeuner à la cabane du Hörnli ; mais avant tout il y a eu l'amitié de la cordée sans laquelle les merveilles de la nature risquent d'être froides et sèches.

AUTOMNE. Après deux semaines de grisaille et de pluie, le soleil a réapparu. Il fait scintiller les montagnes couvertes de neige fraîche : c'est une dernière invitation !

Quelle course allons-nous faire ? Nous sommes le 23 octobre, c'est bien tard. Un des plaisirs de l'alpiniste est d'imaginer les conditions et l'état de la montagne qu'il désire gravir. Durant ces quinze jours de mauvais temps, nous sommes restés, bien sûr, dans la vallée ; mais nous connaissons le travail des vents et de la neige selon la disposition des crêtes et des thalwegs, nous évaluons aussi le travail du soleil selon l'altitude, l'heure et l'orientation : « Ici, le vent du nord a dû souffler la neige : la paroi doit être sèche. Là, les tièdes rayons de fin octobre auront quand même stabilisé les pentes : l'avalanche ne risque pas de couler, mais dans les creux le rocher doit être couvert de verglas. » Notre joie intime est de nous sentir très proches du roc, de la glace et des éléments.

Nous partons, Bernard Pierre, Pierrot Knecht et moi, avec l'intention de gravir le mont Blanc par l'arête de l'Innominata : course de haute altitude, belle, sévère, pas très difficile techniquement et bien exposée.

A Courmayeur, c'est toujours un vif plaisir de saluer les amis.

Dans le Val-Veni, la neige est tombée très bas. Dès 1 500 mètres d'altitude, nous la rencontrons. Le Purtud, Peuterey, la Visaille, alpages si bucoliques, sont déjà déserts : les portes sont closes pour des mois ; plus de bruit, plus de sonnailles, les troupeaux sont déjà descendus.

Alors qu'en été le vallon de Gamba, plein sud, est une fournaise, aujourd'hui il est très agréable : l'air est frais. Nous remontons ensuite la crête de l'Innominata, le glacier du Fresnay et, à 6 heures du soir, nous arrivons au refuge-bivouac Eccles : minuscule cabane dans l'immense versant italien du mont Blanc !

Nous dégageons la porte bloquée par la glace. Quel bien-être ensuite de pénétrer dans cet abri. C'est tout petit : quatre mètres sur trois. Notre réchaud fait fondre la neige, la soupe chauffe. Nous sommes assis autour de la flamme, nous avons jeté une couverture sur nos épaules ; nous sommes à 4 000 mètres. Malgré le froid très vif, nous sortons un moment : le soleil se couche, la nuit habille la terre, un petit vent nous pique le visage et maintenant, sous nos pieds, le glacier miroite, répondant à la voie lactée. Que faisons-nous ici en cette saison ? Que venons-nous chercher si haut ? Notre réponse est dans notre sobre bonheur : amitié, contemplation ce soir, escalade demain.

Au petit matin, emmitouflés dans nos vestes en duvet et nos longues cagoules, nous remontons la longue arête. Les conditions sont telles que nous les avions imaginées ; l'ascension n'est pas beaucoup plus difficile qu'en juillet ; elle a plus de caractère. La montagne est déserte, les couleurs sont exceptionnelles : limpides, lumineuses, mais non clinquantes comme en été. Cette journée est un dernier cadeau ; il y a un peu de tristesse dans les reflets de la neige : ils contiennent l'au revoir de fin de saison ; ainsi on accompagne un ami qui part pour un long voyage.

A 6 heures du soir nous arrivons sous le sommet. Il est encore ensoleillé mais déjà froid. En bas, sur le glacier du Ruitor, les ombres sont très allongées. Nous nous hâtons ; un peu plus tard, nous arrivons à la cime. Chamonix, au fond de la vallée, a déjà éclairé ses lumières. Les premières étoiles clignotent dans le ciel. Il faut descendre, mais un instant encore nous regardons autour de nous, à perte d'horizon, la haute route des Alpes jalonnée des plus hauts sommets qui flamboient sous les derniers rayons. Puis, en courant, sous la nuit, nous rejoignons la cabane des Grands-Mulets.

L'attrait du mystère

L'attrait de l'altitude ne serait pas si grand s'il n'était l'attrait du mystère. Depuis des siècles, les neiges éternelles ont fait rêver les hommes. Autrefois « montagnes maudites » pour les paysans écrasés à leur pied, aujourd'hui « jardin féerique » pour les hommes modernes cernés de chiffres, de vitesse et de bruit, elles sont encore un monde à part, un monde au-dessus du monde. Les montagnes qui charpentent la terre sont les plus belles et, sauf pour les géographes, les plus inutiles formations de la planète : rien n'y pousse qui se vende, rien n'y vit. Dans leur stérilité, les montagnes sont seulement faites pour notre bonheur. Car l'homme ne se nourrit pas que de blé, de pétrole et d'acier.

Il doit aussi nourrir son cœur.

Du mont Blanc, d'abord on rêve.

Sur les bancs de l'école, comme tous les enfants, j'ai

entendu, pour la première fois, ce nom enchanté : MONT... BLANC !

Dans le livre de géographie, une image grisâtre reflétait mal la beauté et la grandeur de la haute montagne, mais qu'importe : si les adultes éprouvent le besoin de voir pour croire, les enfants ont le pouvoir de rêver... et, je le sais, mon rêve créait un mont Blanc conforme non à la réalité, ce qui est souvent secondaire, mais à la vérité. Le mont Blanc n'est pas une montagne comme les autres : c'est la plus haute de nos montagnes ; ses neiges sont éternelles et d'abord elle s'appelle : MONT... BLANC.

Qui a baptisé les montagnes ?

Pour le mont Blanc, ce fut sûrement un enfant ou alors un homme ayant conservé la fraîcheur de ses jeunes années. Plus tard, l'intelligence prend si souvent le pas sur le bon sens... Des esprits compliqués ou orgueilleux auraient bien trouvé une appellation moins sobre ou se rapportant davantage à eux-mêmes qu'à la montagne. Supposons un instant que le mont Blanc — c'est absurde — s'appelle autrement... Déjà il nous paraîtrait moins beau et nous l'aimerions moins. C'est absurde, et pourtant il n'y a pas si longtemps — un siècle environ — la sœur aînée du mont Blanc, Chomo Lungma, ce qui, en tibétain veut dire : « Mère déesse des Neiges », a bien été débaptisée et rebaptisée mont Everest parce qu'en 1852, année où les topographes anglais l'ont identifiée, sir George Everest était Surveyor general of India.

Pour notre bonheur d'enfant, puis de grande personne qui, vivant dans un siècle de fer, ont besoin d'images à rêver, mont Blanc est resté mont Blanc. Aucune autre montagne n'a un nom aussi beau : d'une telle clarté, d'une telle rigueur. Quelle nudité et quelle richesse dans ces deux mots ! A travers un sommet, ils définissent dans notre esprit la montagne entière, et répètent comme un écho : mont... Blanc.

Mon raisonnement, sans doute, est simple ; par cela il est juste. Un joli nom aide souvent les hommes à grandir.

Il était une fois, en bordure du ciel, un grand dôme de neige qui recouvrait les sommets et dominait la vallée. C'était le plus haut de tous ; avant même que les savants l'aient mesuré, on le savait : il était le premier à être habité par les rayons du soleil et, le soir, c'est encore sur ses pentes qu'ils s'attardaient après avoir abandonné toutes les autres cimes.

Un peu plus tard, la nuit venant, il soutenait le ciel, et parfois une étoile, lourde d'être seule, toujours suspendue, venait se poser sur ses crêtes et veiller avec lui ; les neiges éternelles sont faites de poussière d'étoiles...

Puis, le jour revenait : en maître et seigneur, le grand dôme de glace, un peu distant comme il convient, régnait sur les vallées ; il avait peu de rapport avec elles ; il distribuait les eaux, et là-haut il ne traitait qu'avec les vents, les astres et les tempêtes.

Le mont Blanc avant l'histoire

Alors que l'humanité, depuis des millénaires, connaissait la mer et le désert dont elle avait entendu l'appel, elle n'osait s'aventurer sur les glaciers et s'approcher de la « beauté terrifiante des monts ». Pendant des siècles et des siècles, les habitants des hautes vallées ont regardé le mont Blanc pour connaître le temps, la direction des vents, l'arrivée des pluies ; journellement ils ont levé leurs yeux vers les cimes, sans jamais en discerner le vrai visage. Ils ont été offusqués et dépités de cette énormité avec laquelle les ouvrages des hommes ne soutiennent aucune comparaison ; rebutés par cette aridité et cette désolation, scandalisés de ce désordre, et de ce gaspillage. Le mont Blanc était un gigantesque pavé de glace qui encombrait leurs prairies, leurs champs et... le ciel. « Ils n'ont pas soupçonné que l'austérité des grandes parois et des festons de neige avaient leur beauté et leurs charmes, et surtout que les belles arêtes, qui jouent avec le ciel et partagent la lumière, leur offraient un sens à déchiffrer. A l'occasion, par nécessité, les voyageurs franchissaient les cols les plus accessibles, mais ils n'éprouvaient pas la tentation d'aller plus haut. » Pétrarque avait été saisi de la « furieuse envie de monter au Ventoux », Pierre III d'Aragon avait gravi le Canigou, Antoine de Ville, sur les ordres de Charles VIII, avait escaladé le mont Aiguille et Léonard de Vinci, un certain Monte Boso, mais il ne s'agissait là que d'exceptions ; les cimes atteintes étaient des montagnes sans glacier, en bordure de grands massifs. Les barrières de glace, les hauts sommets de neiges éternelles, leur ont fait peur : ils ont frémi sous la menace, ils n'ont pas relevé le défi, non pas qu'ils fussent des timides, ce n'est pas le goût du hasard qui leur faisait défaut. Alors que des navigateurs « au cœur trois fois cuirassé de rouvre et d'airain » parcouraient les mers, alors que des conquistadores pénétraient dans les forêts du Nouveau Monde, alors que les cristalliers et les chasseurs de chamois n'hésitaient guère à prendre de grands risques à la poursuite de leur butin, il ne se trouva pas un curieux, pas un audacieux, pour songer à explorer les mystérieuses « glacières », les aiguilles et les monts. La raison en est sans doute qu'on ne pouvait tirer aucun profit de pareilles expéditions — encore que la tentation de l'or existât déjà —, mais aussi qu'on ne sentait pour elles aucun attrait : la montagne n'exerçait aucune fascination. Certes, le matériel et l'équipement pour aller sur les glaciers étaient inconnus, mais là n'est pas l'obstacle ; il eût été facile à créer : les maréchaux-ferrants du moyen âge auraient forgé des crampons, des piolets, des pitons, si on le leur eût commandé, mais le besoin n'existait pas. Enfin, la recherche scientifique n'avait pas commencé. Aucun savant n'avait embarqué avec les premiers navigateurs, n'était parti avec les conquistadores. La science était une affaire de cabinet et de bibliothèque. Or, à 3 000, à 4 000 mètres d'altitude et plus, quelle était la densité de l'air ? L'homme pourrait-il vivre ?

Le mont Blanc, là-haut, avait sa vie propre, solitaire, égoïste ; les hommes l'ignoraient, il ignorait les hommes, et, dans sa tour de glace, peut-être en souffrait-il ? A vrai dire, il était si près du ciel, ses neiges étaient si blanches, si étranges, lui-même était si solidement construit, inébranlable, bâti pour toujours, qu'il semblait plutôt appartenir à un autre monde qu'à la fragile terre des hommes, elle de porcelaine, lui charpenté de granit. Les tempêtes qui saccageaient les vallées passaient sur lui sans l'atteindre.

Parfois, il disparaissait dans les nuages qui, en même temps, comblaient les vallées ; ainsi, à l'automne, la nature entière semble se dissoudre, certains jours, dans les brumes acides et inépuisables, et peut-être qu'à la veillée les paysans rêvaient qu'au retour du beau temps, par un cadeau du ciel, ils ne trouveraient plus qu'une plaine fertile, à perte de vue..., mais, barrant l'horizon, il était toujours là, incorruptible, image de l'éternité.

Mont... Blanc ! De la simplicité au mystère, il n'y a qu'un pas.

Ne pouvant l'approcher, les petits hommes le peuplèrent de démons et de mauvais génies : « Il y a dans ce pays des montagnes d'une prodigieuse hauteur. C'est là où est celle que l'on nomme les "glacières" et que les habitants appellent la Montagne maudite, parce qu'elle est toujours couverte de neige et de glace. »

Les glaciers, autrefois, étaient beaucoup plus importants que de nos jours. Le glacier des Bossons arrivait non loin de la route actuelle, la mer de Glace atteignait presque la terrasse du Montenvers puis s'écoulait en une gigantesque cascade jusque dans la vallée, formant le glacier des Bois qui a complètement disparu. Là où maintenant s'élèvent des dizaines de paisibles villas et des chalets entourés de fleurs, imaginons un glacier s'avançant sur la plaine comme un tentacule vivant qui se déplaçait d'une façon d'autant plus effrayante que son mouvement était imperceptible, mais continuel, se fendillant, craquant, grinçant, jamais une seconde arrêté.

Ici, comme en aval ou en amont, sur ce versant comme sur ceux de Saint-Gervais, des Contamines, de Courmayeur, d'Orsières et de Trient, le mystère et la crainte étaient aux portes des fragiles maisons. Les glaciers de Taconnaz, de Bionnassay, de Miage, de Trélatête, de l'Allée-Blanche, de la Brenva, du Triolet, de la Neuvaz, de Saleinaz, du Trient, du Tour et d'Argentière étaient autant de pattes monstrueuses projetées sur les vallées par l'immense dorsale glaciaire qui couvre le massif du Mont-Blanc.

En fait, ces glaciers étaient une prise de possession de la haute montagne sur les vallées ; leur présence était, pour les paysans, une promiscuité redoutable et leur mitoyenneté un rappel constant de la menace.

Les chutes de séracs, les poches d'eau glaciaires qui se crevaient, et en hiver les avalanches de neige étaient des dangers considérables et provoquaient des catastrophes bien plus importantes que de nos jours.

Pourtant, quelques hardis cristalliers parfois s'aventuraient. Dans leur course ils contemplaient un instant les séracs aux teintes délicates et les crevasses béantes d'où ne venait qu'un silence mystérieux.

Il arrivait que ce silence soit cassé brutalement par un grincement insolite : les glaciers ne sont jamais immobiles et dans leur marche ils se craquellent lorsque changent leur inclinaison ou leur direction, ou encore parce que leurs bords sont freinés contre les rives de rocher. Ainsi, comme les fleurs, lentement, s'ouvrent les crevasses et, comme des pétales, se dressent les belles et terrifiantes tranches de glace.

Les montagnes de neige et de glace, bien plus que les fines aiguilles de roc, terrorisaient les habitants pourtant aguerris, âpres, durs, à l'image du climat et des sommets, mais presque punis d'être en ces lieux. Que l'on y songe : les habitants de cette vallée, lorsqu'ils levaient les yeux, n'apercevaient qu'une portion du ciel, entre deux hautes rangées de montagnes ; pas d'ouverture sur l'infini, pas de ligne horizontale où s'aérer l'esprit, d'où s'envole l'imagination, et peut-être l'espoir. Quel labeur, à chaque printemps, pour remonter la terre du dernier sillon ! Au-dessus, sur les pâturages et les bois, un lourd feston de glace pesait. Pourtant, depuis des siècles, avec courage, les hommes avaient bâti leurs nids ; partout l'homme s'adapte et peut trouver le bonheur. C'était parfois un bonheur fragile ; en hiver les grosses chutes de neige provoquaient de terribles avalanches qui rabotaient les forêts, ébranlaient les villages, implantés pourtant en dehors des coulées, et traversaient la vallée.

A la fonte des neiges, les chasseurs de chamois, tenus par leur passion, reprenaient leurs aventures ; dans les passages scabreux ils grimpaient pieds nus afin de mieux adhérer, les petits grains du rocher s'enfonçant dans la peau. Les cristalliers repéraient les veines de quartz qui indiquaient les fours à cristaux et parfois, pour les atteindre, ils n'hésitaient pas, venant du haut, à se pendre à des cordes. Mais le courage de ces hommes était terni par une crainte irraisonnée : si le jour ils prenaient des risques importants — où plus d'un trouvait la mort et disparaissait —, la seule idée de passer la nuit en haute altitude, sur la neige d'un glacier, les terrorisait. Les hauts sommets de neige, quel mystère pour les hommes d'alors !

Les grandes premières

En 1760, Horace Benedict de Saussure, naturaliste et physicien, a 20 ans. Il a ressenti un appel : « J'ai eu pour la montagne, dès l'enfance, la passion la plus décidée », écrit-il. De Genève, sa ville natale, il entreprend, à pied, le voyage aux « Glacières de Chamouny ». Le 24 juillet, il monte au Brévent. Ce jour-là, une grande aventure commence.

Pour la première fois, dans le cœur d'un homme, contre toute logique, un désir d'ascension vient de se former, rêve insensé, irraisonnable, irraisonné. De Saussure vient d'« inventer » le mont-Blanc-sommet-à-gravir, et de créer un mouvement, l'alpinisme.

A peine revenu à Chamonix, il fait publier un avis dans toutes les paroisses de la vallée indiquant qu'il donnera « une récompense assez considérable à ceux qui trouveraient une route praticable pour parvenir à la cime du mont Blanc ».

Durant les années 1761, 1763, 1767, 1780, quelques guides ont des velléités, aucun ne fait réellement une tentative. L'idée d'aller au mont Blanc est trop nouvelle, trop révolutionnaire.

En 1775, quatre guides bivouaquent en haut de la montagne de la Côte et atteignent le Grand Plateau, mais le mauvais temps et surtout la nuit arrivent, les quatre hommes s'en retournent à vive allure. Analysant cette tentative, de Saussure, qui suit avec attention tout ce qui touche au mont Blanc, souligne la difficulté capitale : faire la montée et la descente dans un même jour. « Je dis dans un jour parce que les gens du pays ne croient pas que l'on puisse se hasarder de passer la nuit sur ces neiges. » Vieille superstition datant de l'époque toute proche où le massif s'appelait Montagnes maudites et qui voulait qu'un homme restant une nuit sur un glacier, en altitude, n'en revienne pas.

En 1783, 1784, 1785, naissent des tentatives, mais celle qui va dénouer la situation a lieu le 8 juin 1786. Deux caravanes de guides, l'une montée par les Grands Mulets, l'autre par l'aiguille du Goûter, se retrouvent au dôme du Goûter. Puis devant le temps qui se gâte, c'est le retour. « Tous ne descendirent pas », écrit de Saussure. Un de ceux qui étaient montés par les Grands Mulets était un cristallier qui, au dernier moment, s'était joint à la troupe des guides presque malgré eux. « En revenant du dôme du Goûter, poursuit de Saussure, comme il n'était pas de trop bonne intelligence avec les autres, il marcha seul et s'éloigna pour aller chercher des cristaux dans un rocher écarté. Lorsqu'il voulut les rejoindre, ou du moins suivre leurs traces sur la neige, il ne les retrouva pas. » Ainsi, là-haut, à plus de 4 000 mètres, un homme est seul, il a été « oublié » par les autres qui sont tous descendus afin d'être dans la vallée avant la nuit.

A son tour, le solitaire commence la descente, mais au Grand Plateau, pris par l'orage et par l'obscurité, il doit s'arrêter. Assis sur son sac et sur ses raquettes, il va passer la nuit sur le glacier, mais il n'en meurt pas et même il en revient, détruisant ainsi la légende qui paralysait les montagnards ; désormais la route est ouverte, la course pourra, s'il le faut, se faire en deux jours.

Cet homme, aussi solide que décidé, ce cristallier qui se révèle posséder un sens extraordinaire de la montagne et de la marche sur glacier, à travers les crevasses et les séracs — si, crevant un pont de neige, il avait disparu, cela aurait alors renforcé la superstition et de combien d'années cela aurait-il retardé l'ascension du mont Blanc ? — c'est Jacques Balmat.

Un autre personnage, également un grand caractère, s'intéresse depuis quelques années au mont Blanc, c'est le médecin de Chamonix, le Dr Paccard. Comme de Saussure, il est passionné par les sciences naturelles et, comme lui, il rêve d'aller lire son baromètre au sommet. C'est un excellent montagnard, il a déjà fait plusieurs tentatives.

En fait, le médecin et le cristallier sont les deux hommes à la fois les plus compétents et les plus décidés, et ils présentent respectivement l'un pour l'autre le maximum d'avantages. Paccard qui est aussi fort qu'un guide, n'est pas financièrement intéressé, ainsi Balmat n'aura pas à partager la prime offerte par de Saussure ; et en partant avec le cristallier qui, à ce jour, est celui qui connaît le mieux les lieux, le médecin a le plus de chances d'être le premier scientifique à atteindre la cime. C'est ce qu'il veut. Ainsi les deux hommes sont faits pour s'entendre. Et c'est ainsi que, deux mois plus tard, le 8 août 1786, Paccard et Balmat réussissent la grande première, la première ascension du mont Blanc.

A 1 heure du matin, le gardien du refuge me réveille. « C'est l'heure », dit-il. Il n'est jamais agréable, au moment du meilleur sommeil, de s'extraire de la chaleur des couvertures, mais je n'hésite pas ; faut-il l'avouer ? Il y a un plaisir viril, et peut-être une pointe d'orgueil, à renoncer, d'un coup, à la douceur et à la facilité.

« Tiens, pour te "laver les yeux" », me dit encore le gardien, en me tendant une tasse de café.

Mais il y a encore un autre plaisir. Avant de partir en course, le guide ou l'alpiniste va interroger le ciel, le vent et la nuit et il y a alors, dans cette conversation muette et secrète, quelque chose de très prenant : une complicité puis un engagement. Je vais à la fenêtre du refuge et l'entrouvre. L'air frais me vient au visage, mais pour bien mesurer la température il faut toucher la neige ; je tends le bras et la sens sous mes doigts : la neige est bien « prise », le froid l'a resserrée, c'est bon signe. Au-dessus, les étoiles scintillent ; je les regarde... et je reçois un message : le fruit se prépare, dans quelques heures la nuit enfantera une belle journée.

En montagne, il faut toujours partir de très bonne heure : si la neige est ferme, elle tient bien et elle est bonne à cramponner ; plus tard, sous l'effet du soleil, elle est ramollie, profonde et risque parfois de couler en avalanche.

Nous déjeunons sans appétit ; il est trop tôt : mais il faut quand même manger pour préparer ses forces.

Enfin, nous nous dressons, nous disons au revoir au gardien. Puis nous refermons sur nous la porte de la cabane rendue à son sommeil. Sur la neige, nous nous enfonçons dans la nuit ; ainsi nous pénétrons dans un pays nouveau, étranger, qui peu à peu devient le nôtre et que l'on aime comme une patrie.

La neige crisse sous nos crampons qui « mordent » bien ; la nuit est légère, le froid vif nous pique au visage, à la main je tiens notre fragile lanterne qui répond aux étoiles fraternelles. Nos pieds plus que nos yeux dirigent nos pas : nous marchons comme des chats, et peu à peu s'établit le rythme silencieux de la marche en cordée. Ces départs au cœur de la nuit sont d'une grande beauté : victoire de l'esprit sur la matière, poésie, effort physique, goût de la nuit et de tout ce qui la compose, nuit vivante que nous reconnaissons à quelques bruits légers, au froid, à l'air ; plus que le jour, en cet instant, la montagne est « jardin féerique ». Nous sommes à plus de 4 000 mètres d'altitude et nous le ressentons au plus profond de nous-mêmes : aux battements de notre cœur, dans nos muscles, mais aussi dans nos pensées, dans cette méditation qu'est la marche, à cette heure, en ces lieux ; nous naviguons dans le mystère de la nuit.

Nous gravissons le versant ouest de notre sommet ; plus haut, il s'épure en arête. Ainsi, en même temps, nous nous élevons en altitude et nous allons vers l'est. Vers 4 heures, à d'imperceptibles signes, je sens que, devant nous, très loin derrière la cime convoitée, derrière encore les crêtes qui cernent l'horizon, un complot s'organise... Comme les fleurs qui ne durent qu'un jour, les étoiles, de ce côté-là, sont déjà fanées. Un peu plus tard, à son tour, notre lanterne devient misérable. L'arête ouest que nous gravissons est encore dans la nuit, mais au loin une lueur essaie de s'établir, indécise. Pour nous, ayant fait notre place dans la nuit, et dans sa vie secrète, admis par elle comme dans un temple, nous éprouvons une sorte de tristesse de la sentir menacée ; c'est le moment où dans l'air du tout petit matin il y a un souffle d'incertitude : la nuit hésite à mourir, le soleil à venir.

Pourtant, au fur et à mesure que nous nous élevons, comme par une fenêtre qui à chaque pas s'ouvre davantage, nous devinons qu'à l'est le levant se prépare. L'arête ouest qui se dresse devant nous jusqu'au sommet nous cache la partie centrale de l'horizon, mais par-delà l'arête sud, à notre droite, et l'arête nord à notre gauche, nous pouvons apercevoir les plus lointains sommets sertis de clarté.

Alors, tandis que nous gagnons de l'altitude, une idée simple et étrange me vient, et je dis à mon compagnon :

« Comme nous, mais de l'autre côté, le soleil avance et monte vers notre sommet ; tâchons de l'atteindre en même temps que lui ».

C'est peut-être un jeu, mais d'abord une fête : allons à la rencontre du soleil ! Très loin, par-delà le rideau des Alpes orientales, le jour se construit ; un jour semblable aux autres, et, pourtant, premier à être vu avec autant d'attention, un jour immense, sans défaut, que rien ne peut arrêter, interrompre, retarder, une fête pour la terre entière.

L'air se rafraîchit encore ; quand les étoiles ont pâli, quand, venant de l'est, la nuit pousse le jour, c'est le moment le plus froid, la glace se resserre et parfois les pierres se craquellent. Je surveille la progression de la clarté. A voir devant nous, à cent kilomètres, de nouvelles cimes s'auréoler de lumière, je calcule l'ascension de la boule de feu, toujours cachée, mais présente ; nous réglons notre marche sur son avance invisible. Non loin du sommet, malgré l'altitude et l'essoufflement, nous accélérons le pas, de peur d'être en retard ; par notre faute, la fête serait un peu ratée. Gravissant cette arête de neige, légère et aérienne comme un voile soulevé par le vent, nous trouvons en nous des forces nouvelles. Je ne sais pas bien décrire le jeu de nos muscles, l'état de notre âme, mais nous sommes heureux ; nous faisons le plein emploi de ce que la beauté de la vie nous a donné. Un instant, je pense aux pionniers, puis, tandis que nous gravissons les derniers mètres, alors que nous arrivons là où plus rien ne monte, nous recevons en plein visage la tendresse des premiers rayons. Puis ils irradient notre sommet, puis les pentes. Nous sommes contents, comme des enfants un peu graves. Il est simple, le bonheur des hommes ! Dans le ciel, quelques étoiles clignotent encore une fois, puis s'effacent. A nos pieds, les murailles de glace et de pierre fuient, luisantes. Devant nous, charnu, vivant, s'élevant sans à-coups, sûrement, le soleil prend, sans discussion, possession de l'espace, au gré des brèches et des pics qu'il franchit, retranchant de la nuit des pans de neige et de rocher.

Nous sommes au sommet du mont Blanc.

Combien de fois l'ai-je gravi, le grand dôme de neige, l'atteignant à toute heure du jour et de la nuit, par les routes classiques ou par les grandes voies italiennes, en été ou en hiver, à pied ou à skis, par beau temps ou par tempête ? Combien de fois suis-je arrivé en bonne forme ou à bout de fatigue, sur cette longue arête de neige ciselée au gré des vents ?

Mais d'abord, en ai-je assez rêvé ?

La traversée du mont Blanc

Mon ami Haroun Tazieff est chez moi ; notre même amour de l'aventure, notre même façon de la comprendre, nous a, depuis longtemps, rapprochés, et Tazieff est là pour réaliser un magnifique projet dont il rêve depuis des années : la plus grande traversée du mont Blanc. Commencer par l'ascension de la face nord de l'aiguille de Bionnassay, puis poursuivre par les arêtes vers le dôme du Goûter et le mont Blanc. Là, construire un igloo pour passer la nuit, puis continuer encore par le mont Maudit, le mont Blanc du Tacul et, derrière la chaîne des aiguilles, atteindre le Montenvers en descendant la vallée Blanche.

Ainsi Tazieff, homme des volcans, ne rêve que de glace.

En fin de journée nous montons au refuge de Tête-Rousse à 3 167 mètres où nous allons passer la nuit ou du moins une partie de la nuit.

Quand au petit matin le soleil éclaire la paroi, haute de plus de mille mètres, nous sommes déjà sur le glacier, minuscules bonshommes parmi les cubes de glace.

Peu à peu, la pente se redresse et nous voilà dans la paroi proprement dite. C'est un vaste glacier, qui descend en cascade du sommet, formant des tranches de glace, des ressauts raides entremêlés de grandes cassures.

Tazieff a déjà réalisé nombre de courses malgré un gros handicap : un pied sérieusement blessé il y a dix ans et qui, sans une volonté extrême, serait vite devenu paralysé. Sur terrain plat, ce pied blessé le gêne et encore plus sur pente forte et avec des crampons ; mais Haroun ne dit rien : le bonheur d'être en montagne lui fait oublier son malaise.

Bientôt, nous arrivons au sommet de l'aiguille de Bionnassay à 4 051 mètres. Le ciel est d'une pureté extraordinaire, l'air est vif, même assez froid, ce qui est signe de beau temps.

Nous nous arrêtons un instant, puis poursuivons par la crête frontière extrêmement aérienne et cornichée. Au sud, sur l'Italie, la pente fuit sur quatre cents mètres de hauteur ; au nord, un gouffre de neuf cents mètres plonge sur la France.

Par cette crête, nous continuons la montée vers le

dôme du Goûter et le mont Blanc. En approchant de la cime du mont Blanc comme du sommet du Cervin, inévitablement on pense aux pionniers. Mallory écrit : « Une bise fraîche et vivifiante semblait devenir plus forte comme il foulait les longues pentes, plus douces à mesure qu'il approchait du but final. Il sentit le vent souffler autour de lui, avec sa vieille et étrange harmonie. Ses pensées devenaient moins conscientes, moins continues. Il écoutait, plus qu'il ne pensait ou sentait ; il écoutait des voix lointaines à peine modulées... Le dôme majestueux reposait sur ces merveilleux contreforts solides et fins, au-dessus des abîmes de glace, des tours et des aiguilles ; lieu vers lequel tend le désir et où s'apaisent les aspirations ; infiniment haut, exquis, lieu de paix, d'initiation... Une expérience passée lentement au crible merveilleux, pour qu'il n'en reste plus que l'essentiel...

« Que pouvait-il rester de plus que ce savoir infini : l'effort a valu la peine qu'on s'est donnée ? On doit vaincre, réussir, gagner le sommet ; il faut connaître la fin pour savoir qu'on pourra y arriver, qu'il n'est pas de rêve qu'on ne puisse tenter de réaliser. Est-ce là le sommet qui couronne la journée ? Comme il est frais et calme ! Nous n'exultons pas, mais nous sommes ravis et joyeux, gravement étonnés. Avons-nous vaincu un ennemi ? Aucun, sauf nous-mêmes. Avons-nous gagné un royaume ? Non et si pourtant. Nous avons atteint à une satisfaction complète, accompli une destinée... Lutter et comprendre, jamais l'un sans l'autre, telle est la loi. Ainsi, nous n'avons fait qu'obéir à la loi ancienne ? Oui, mais c'est la loi suprême et nous comprenons un peu plus. »

Tazieff ne désirait pas coucher au refuge Vallot mais passer la nuit dans un igloo au sommet du mont Blanc. C'est une idée un peu enfantine mais également merveilleuse.

Haroun bâtit, moi je lui apporte les blocs de neige. C'est un travail fatigant à cette altitude, mais c'est aussi un jeu.

Sans rien dire, je m'amuse en voyant Tazieff, ce volcanologue, ce scientifique jouer comme un enfant à tailler des blocs de neige, à construire sa maison dans un paysage de rêve. Mais mon compagnon a raison : les montagnes aident les hommes à réveiller en eux des rêves endormis.

Tazieff creuse encore un peu le fond de l'igloo puis le froid est si vif que je le rejoins.

Avant de s'endormir, il faut gratter la neige incrustée dans les reliefs des Vibram puis tenir les chaussures contre son corps pour éviter qu'elles ne gèlent. Puis, vient la nuit. Sous notre coupole de glace nous ne voyons pas les étoiles mais c'est en nous-mêmes qu'elles brillent.

Au petit matin, le mont Blanc est le premier sommet à recevoir les rayons du soleil : c'est le plus haut.

Nous avons bien dormi et, à regret, nous quittons l'igloo ; on ne quitte pas volontiers le toit qu'on a construit et qui vous a protégé.

Par le mur de la Côte, nous atteignons le col de la Brenva. Les jours de tempête, c'est l'endroit le plus venté du massif. C'est pour cela qu'il y a ces corniches, ces murs de glace, ces plis et ces vagues dans la pente du mont Maudit.

A la descente, la pente est raide, mais la neige est bonne et Tazieff descend avec sûreté. A nouveau nous sommes vraiment des petits bonshommes perdus dans la grande pente de neige. Au début du siècle était publié un livre : *Petits hommes, grandes montagnes*. Depuis une dizaine d'années, les « exploits » ont été mis fort en avant et parfois on a eu tendance à inverser les adjectifs, mais au fond de nous-mêmes, nous savons combien nous sommes légers et minuscules dans la haute montagne.

Nous traversons le mont Blanc du Tacul, puis arrivons au col du Midi, cet immense plateau glaciaire où commence la vallée Blanche.

Les montagnes du souvenir

Nous errons sous le sommet du mont Blanc, battu par la tempête. Quel mensonge, ce matin, les brumes de bon augure qui caressaient le Val-d'Aoste !

Le mauvais temps nous a pris tandis que nous arrivions en haut de l'éperon rocheux de la Sentinelle-Rouge. Là, à 4 500, le beau pilier de granit se perd dans l'immense calotte glaciaire qui coiffe la cime. Comme nous l'abordions, les brouillards noyèrent la montagne. D'un coup, plus de visibilité ; au-dessus de nous, une barre de sérac fendue d'une rimaye ; tout autour, des pentes qui se ressemblent, rabotées maintenant par le vent d'ouest qui amène sans cesse une inépuisable cargaison de nuages noirs.

Le grésil tombe si violemment qu'il s'enfonce dans la neige ou rebondit sur la glace. La foudre claque de plus en plus près : l'éclair cisaille les nuages, l'air tremble, la lueur est blafarde, puis c'est la dégringolade assourdissante du tonnerre et l'odeur de poudre tandis que les nuages sans fond nous emprisonnent de nouveau. Nous n'avons qu'une idée en tête : gagner le sommet, avancer jusqu'au moment où plus rien ne montera autour de nous, puis choisir la bonne arête pour la descente. C'est le seul moyen d'en sortir. Beau raisonnement, seul valable. Mais qu'il est vaste ce mont Blanc battu par la tempête ! Nous sommes des aveugles perdus dans un désert. Il est déjà tard, et la nuit est vite là les soirs d'orage.

De toutes mes forces, je rassemble des souvenirs, je trie des histoires que j'ai entendues et je pense aux anciens. Nous ne sommes pas les premiers à être pris par le mauvais temps ; certains ont longtemps tourné en rond avant de disparaître, d'autres ont trouvé le refuge Vallot et notre force est en eux : ce qu'un homme a fait, un autre peut le faire. Voilà notre encouragement ! Arc-boutés contre le vent, tantôt enfonçant dans la neige croûteuse qui casse sous nos pas, tantôt glissant sur la neige farineuse qui roule sous nos pieds, nous avançons le mieux que nous pouvons...

Nous avons trouvé le refuge Vallot ; un refuge bourré de caravanes stoppées par la tempête, une tour de Babel à 4 000 mètres : Allemands, Américains, Autrichiens, Belges, Français, Italiens, Néo-Zélandais, Suisses, montés par les Grands Mulets ou l'aiguille du Goûter, stagnent là, depuis ce matin, attendant l'éclaircie qui leur permettrait d'aller au sommet !

Parmi eux, deux de nos amis ; quelle chance de les retrouver ! Ces rencontres, ces poignées de main, ces veillées communes au hasard des courses sont une des meilleures joies de notre sport. Dire qu'en parcourant le même massif on passe parfois des étés entiers sans se voir ! La chaîne du Mont-Blanc est si grande ! Ce sont les gardiens de refuge qui sont les postiers de l'amitié.

« J'ai bien des "bonjours" à te donner ! »

Et pendant un quart d'heure, devant la soupe qui chauffe, monte un grand élan de camaraderie :

« Paul est passé hier, il revenait de la Dent ; c'est la première fois qu'il la faisait par la face sud.

— Ça lui a plu ?

— Oui. James et Maurice ont couché ici il y a deux

soirs ; ils comptaient passer le col pour aller à la Noire. Marc aussi est passé, il allait avec Roger au col de la Fourche... »

Dans les refuges peu fréquentés, une phrase lapidaire, sur le registre de la cabane, remplace les commentaires du gardien. Peu importe ; avant d'aller dormir sur les bat-flanc, notre esprit court d'une montagne à l'autre pour saluer les camarades qui peuplent ce désert glacé.

Ce soir, notre chance est grande. Nous sortons de la lutte tendue contre la tempête, contre le froid, contre la nuit qui arrive pour trouver l'amitié de deux compagnons. Ne serait-ce que pour ces moments-là, la montagne nous paie bien de nos peines !

Nous n'avons plus rien à manger, surtout plus rien à boire et ici, à 4 000, il n'y a que de la neige et quelques rochers. Ils nous font partager leurs richesses : un peu d'eau tiède et de potage, puis une couverture et deux chandails bien secs.

Au petit matin, la tempête cogne toujours contre le mont Blanc. Par moments, il semblerait que le refuge va être laminé par les rafales. Sans visibilité, nous descendons ; mais, du col, nous devinons un temps meilleur derrière le dôme du Goûter. Quand nous arrivons au Petit Plateau, la neige cesse de tomber et le vent a faibli. Nous enlevons nos cagoules et, comme chaque fois que je descends du mont Blanc, je regarde devant moi ces récifs de pierre noire qui émergent de la glace : les rochers de l'Heureux-retour. Délicate appellation donnée par les premiers ascensionnistes !

La fin de notre course d'hier, si difficile, est maintenant oubliée. Simplement, je songe aux pionniers avec un plaisir mêlé de tendresse et de fierté (comme on peut être fier d'aïeux illustres et généreux) ; j'imagine Paccard, Balmat, de Saussure et les autres revenant en ces lieux après avoir gravi la montagne dont ils avaient rêvé et je me dis : « Petits hommes face à la Montagne maudite, ils n'étaient pas sans courage. Ils ont créé la famille des montagnards : ils sont les fondations de la maison. »

Je me dis encore : « Ils ont préparé le bonheur de notre jeunesse. Ils nous ont épaulés dans les coups durs » ; hier encore : « Ce qu'un homme a fait, un autre peut le faire », était leur encouragement. Nous avons réussi des ascensions plus difficiles que les leurs, nous avons exploré des massifs lointains, mais grâce à leur héritage : ils ont tracé la voie.

Nos escalades et nos bivouacs accrochés aux pitons dans les « faces nord », parfois nos nuits terribles, debout sur deux étriers de corde comme au Grand Capucin du Tacul, ou au fond d'une crevasse comme à l'Annapurna, ressemblent aux tentatives et aux premiers bivouacs de Jacques Balmat quand la haute montagne était sans refuge ; nos campements himalayens sont frères des campements de Whymper sur les arêtes du Cervin.

« Là où il y a une volonté ; là il y a un chemin » a été la règle aussi bien pour de Saussure suant sous sa perruque que pour Mummery gravissant le Grépon, pour Comici bardé de pitons et d'étriers dans la face nord de la Cima Grande di Lavaredo que pour Hillary et Tensing escaladant le Toit du monde, tous, ne s'arrêtant, comme Regnard dans son voyage en Laponie, « que là où la terre leur manqua ». A l'alpiniste habillé de soie, protégé de voilettes a succédé le monstre himalayen, travesti sous un masque, chargé de bouteilles d'oxygène. Mais sous une carapace différente, l'homme n'a pas changé.

Nous sommes de même sang.

La cime exemplaire

« Le plus bel objet dont ce site présente la vue, c'est la haute et fière cime du mont Cervin, qui s'élève à une hauteur énorme sous la forme d'un obélisque triangulaire d'un roc vif, et qui semble taillé au ciseau. » Ainsi s'exprime Horace Benedict de Saussure lorsqu'en 1789, au cours de ses voyages dans les Alpes, il va du Breuil à Zermatt, en traversant le col du Théodule où il va bivouaquer. Toutes les cimes du Valais sont autour de lui, mais il a choisi.

Très impressionné, il ajoute : « Je me propose de retourner là une autre année pour observer de plus près et mesurer ce magnifique rocher. Mais ce n'est pas en y portant le baromètre qu'on le mesurera ; car ses flancs escarpés ne présentent aucune possibilité d'accès et ne donnent même pas prise à la neige. »

Beauté et inaccessibilité sont les deux sentiments que de Saussure ressent à la vue de l'étonnant et imprenable Cervin. Depuis cette époque, ou plus exactement depuis la première ascension en 1865, des millions de personnes l'ont admiré, des milliers l'ont gravi ; les quatre arêtes et les quatre faces ont été escaladées, des voies directes ont été tracées et l'on a même fait le tour de la tête du Cervin. Pourtant rien n'est changé : chaque fois que l'on arrive à Zermatt ou au Breuil et qu'on lève la tête pour voir enfin la cime dont on a rêvé des jours et des nuits, et que, déjà, on s'avance vers elle, car elle est aimantée, on est saisi jusqu'au plus profond de soi-même.

On emprunte un sentier, on s'approche ; un pas, encore un autre, et tout autant que le corps, l'esprit est en marche : on vient de quitter le village, son animation et sa sécurité, pour franchir une enceinte, invisible, mais que l'on sent fort bien, pour pénétrer dans un silence, entrer dans une intimité. On s'arrête, on écoute, on ressent une certaine qualité des choses : le goût de l'air, le soleil autour de la montagne, l'ondulation des prairies, la cambrure des moraines, la courbe des glaciers. Les autres cimes sont belles, le Cervin est présent. On scrute la façon dont il partage les vents, dont il déchire les nuages ; on l'interroge. Il règne et il gouverne. Sa forme simple, ses arêtes sans détour sont la condition de sa solitude : pour vivre seul, si l'on veut rester droit, il faut être doublement fort. Le Cervin n'est protégé par aucune autre montagne, c'est un tempérament, il ne partage pas l'air qu'il respire.

Un instant, un souffle de vent couche l'herbe alentour ; là-haut, la bise se lève. Et l'on songe à la vocation des grandes secousses millénaires : soubresauts et plissements, convulsions, poussées et effondrements qui ont donné ce sommet, image de volonté, né d'un hasard heureux... ou d'un ordre précis, aujourd'hui offert aux hommes, espéré et inattendu comme une surprise qui jaillirait de sa trappe terrestre !

Le miracle est permanent : notre satisfaction esthétique est immédiatement relayée par l'émotion : le rapport beauté-inaccessibilité est indissoluble. Plaqué contre une autre montagne, serrant de près le mont Rose, le Weisshorn ou les Mischabel, le Cervin malgré ses lignes exemplaires ne serait plus ce phare extraordinaire, cet élan de pierre, cette aspiration de la terre vers le ciel.

Seul, mais avec des lignes à la fois moins régulières et moins pures, avec — supposons-le un instant — des arêtes très belles mais égarées, dissymétriques, tortueuses, ramifiées, alourdies de tours, encombrées de gendarmes, le Cervin, malgré sa solitude, deviendrait une montagne comme les autres, alors que de par sa place et sa rigueur il est unique au monde. « Quelle force n'a-t-il pas fallu pour rompre et pour balayer tout ce qui manque à cette pyramide ? Car on ne voit autour d'elle aucun entassement de fragments ; on n'y voit que d'autres cimes, qui sont elles-mêmes adhérentes au sol et dont les flancs également déchirés indiquent d'immenses débris, dont on ne voit aucune trace dans le voisinage. Sans doute ce sont ces débris qui, sous la forme de cailloux, de blocs et de sable, remplissent nos vallées et nos bassins où ils sont descendus, les uns par le Valais, les autres par la vallée d'Aoste, du côté de la Lombardie », dira encore de Saussure lors de son second voyage en 1792, au col du Théodule. Face au Cervin, face à l'œuvre accomplie au cours des millénaires, comment ne pas rêver ?

Le sculpteur disposait d'un bloc de pierre immense et magnifique ; mais de ce bloc, écartant tout partage, il n'en tirerait qu'un sommet.

Jusqu'alors il avait taillé — ou devait-il le faire des sommets rocheux, monts, aiguilles, pics, clochers et clochetons, dont beaucoup étaient très beaux, surtout par telle paroi extraordinaire comme la face ouest des Drus, la face nord des Grandes Jorasses, de l'Eiger ou de la Cima Grande di Lavaredo, par telle arête si pure ou si forte comme le Spigolo Giallo della Piccola ou l'arête sud de la Noire de Peuterey. En fait, ces sommets étaient très beaux, mais ils étaient remarquables surtout et d'abord par certaines parties de leur architecture ou de leur décoration qui arrivaient à prendre le pas sur l'ensemble de l'œuvre : certains versants étaient sublimes, d'autres avaient été oubliés ou négligés, soit que le sculpteur eût manqué de place ou qu'il se soit laissé influencer. Il avait concentré son génie sur des pans de sommet, au détriment en quelque sorte du sommet lui-même. Quand on regarde les Drus, on « voit » la face ouest, quand on regarde l'aiguille Noire de Peuterey, on « voit » l'arête sud. Cette fois, il voulait créer, non pas une addition de parois et d'arêtes, certaines très belles et d'autres mineures, accrochées à un même sommet, mais un sommet équilibré et harmonieux, parois et arêtes égales sans être les mêmes, au service du sommet, non à leur propre service ; plus tard, chez les hommes, on pourrait appeler cela l'esprit d'équipe. Quand on regarderait le Cervin, et d'où qu'on le regarde, du nord, du sud, de l'est, de l'ouest, on ne verrait que lui ! Après, longtemps après en s'y employant, on s'apercevrait qu'il a, comme les autres cimes, des arêtes et des faces.

Le sculpteur était prêt à jouer le jeu : ce sommet ne serait pas un géant, il aurait de la grandeur ; son altitude serait raisonnable, sa forme serait pure et équilibrée, forte et harmonieuse. Il savait qu'il ne pourrait réussir par la virtuosité ou la puissance, mais par la simplicité, le dénuement presque. Et même, autant que créer un sommet, il voulait en montrer l'âme.

Quel rêve fou !

Combien de fois déjà avait-il essayé, sans jamais aboutir, sans jamais réussir ? Du moins, au cours de ses multiples expériences, il avait appris que le chemin de l'équilibre et de la simplicité, celui de la goutte d'eau, de la pointe de cristal, est le plus dur à trouver... et à suivre.

Il centra son sujet : de Zermatt ou du Breuil, des sommets du Valais, sans qu'il soit plus haut qu'eux, et même de plus loin, il fallait qu'on « le » voie.

Puis, avec une décision et une vigueur dont jusqu'alors il avait été incapable, il fit le vide tout autour, très loin, sacrifiant la possibilité d'une dizaine d'autres cimes ; ce sommet serait seul et solitaire ! Longtemps, il dégagea. Il eut la force de ne pas s'attendrir, puis il déblaya les copeaux de pierre et, le vide fait, il connut la paix ; mais il éprouva presque aussitôt le poids de la responsabilité : après un tel gaspillage, l'œuvre issue du bloc qui restait devait être exemplaire.

Un instant effrayé, puis heureux, car il était fort, il se mit à l'ouvrage, bien décidé à créer la montagne de rêve. Et pourtant, tout de suite, lui qui avait réussi des merveilles, se sentit maladroit et d'abord non orienté. Son dessein était si simple qu'il n'arrivait pas à le fixer : face à la pierre il se découvrait impuissant, ne sachant comment l'attaquer. Certes, il ne manquait pas d'expérience, il avait construit, taillé des milliers de parois majestueuses, d'arêtes finement dentelées, mais il savait bien au fond de lui-même que, cette fois, là n'était pas son chemin.

Le soir étant venu, il se coucha face aux étoiles, s'endormit, rêva une nouvelle fois et de toutes ses forces s'accrocha à son rêve.

Au matin, quand loin à l'est le soleil se leva, le vent du nord soufflait très fort, viril et froid. Il voulut rassembler ses pensées ; cependant, plus il essayait de le faire et de les ordonner, plus elles s'échappaient. Il regarda le ciel ; certains jours de tempête, les nuages, un instant, avaient pris la forme de cette montagne idéale ; mais les nuages, comme les rêves, se déforment si vite ! Le vent était glacial ; pour se réchauffer, il se mit à l'ouvrage : l'acier du ciseau collait à ses doigts. Alors il sentit tout à coup que ses doigts prenaient vie, et qu'un instinct les conduisait : une force vive coulait en lui, désormais quelque chose d'incorruptible l'animait. L'espoir de ce sommet, si longtemps porté confusément en lui, sous son ciseau peu à peu allait naître : il le sentait et en éprouva une grande joie, une chaleur, et il pensa que le bonheur était cela. Alors, pour ne pas s'égarer, de la rigueur il fit sa règle : corps et âme il se donna à son œuvre, sa volonté n'était que là, sa passion devint totale.

Plus que lui-même, son ciseau agissait. Sous les coups spontanément donnés, il réglait l'altitude de la cime, il dégageait le faîte, donnait l'inclinaison aux parois et, à leur intersection, les arêtes se formèrent. Tout en taillant, il tournait autour du bloc : c'était la première fois qu'il pouvait ainsi travailler, cela aussi il le découvrait et c'était merveilleux ; maintenant, après coup, il était encore surpris et encore effrayé de son audace : avoir tout rasé, tout balayé alentour ; mais aussitôt il se rappela son rêve en deux points : ce sommet seul et solitaire, très beau parce que très simple.

Effectivement, il s'aperçut qu'il était en train de tailler quatre parois, face aux points cardinaux, et il eut peur, un instant, que trop de régularité ne le conduise à une inacceptable monotonie. En somme, dans ce genre, il était débutant, comme un enfant. Cependant un enfant n'a peur de rien, alors que lui avait tellement d'expérience. Il réfléchit, ou plutôt il songea ; son œuvre devait être unité, non uniformité. Inversement, accepter la fantaisie risquait de lui faire perdre le contrôle des parois qui se creusent ou se gonflent, des arêtes terriblement individuelles, et qui ne cherchent qu'à paraître au détriment de l'ensemble.

Il savait ce qu'il ne voulait pas faire, mais comment créer ce dont il rêvait ?

Ailleurs, plus d'une fois, il avait eu des faiblesses, des tentations, des préférences. Angoissé, il fit une fois encore le tour du bloc. Le vent violent soufflait très fort. Il reprit son ciseau et, retrouvant la paix, se remit à tailler. A nouveau ses doigts plus que lui-même le dirigeaient. Peu à peu, devinant ce qu'il souhaitait, il rejoignait son rêve : créer une montagne, non des arêtes et des faces, multiples et diverses, facilement autonomes. Aucune paroi, aucune arête ne devait être privilégiée ou bâtarde, toutes égales, mais non interchangeables, chacune ayant sa raison d'être, son caractère, son orientation, sa façon de jouer avec le soleil, le vent et les tempêtes, d'accueillir les étoiles ; aucune n'étant en rien très remarquable, sauf par son profil pur et ascétique, acceptant l'abnégation de ne concourir qu'à l'élégance et à l'harmonie de la montagne entière. Créer une montagne, non des festons, c'était bien là son dessein.

Ainsi, il maîtrisait les arêtes, facilement vaniteuses, toujours prêtes à se montrer, à se vouloir proéminentes, bien visibles, à se mettre en avant, à saisir leur chance pour elles seules, promptes à fuir, à se retrouver, à courir, à se plier, à se tordre, à se multiplier, à disparaître, à rebondir, tel un serpent de pierre qui glisse entre les doigts.

Il contrôlait les parois, facilement orgueilleuses, qui, pour s'élargir tentent de repousser, d'écarter les arêtes. Il en arrachait toute décoration, faisant paraître à nu la force de leur ligne, le frémissement de leur échine au passage du soleil et des vents.

Il revenait aux arêtes, aventureuses par vocation, surveillant qu'aucune des quatre, rompant les amarres, ne s'étire, s'allonge, s'égare ou se répande, échappée pour prendre égoïstement l'avantage et, tirant à elle l'édifice, n'en compromette l'équilibre et le fasse basculer.

Il éliminait les piliers, les colonnes, les éperons, il rasait les tours et jusqu'aux dentelles de roc, si belles en soi, mais qui, pour elles seules aussi, cherchent à attirer le regard, à retenir l'attention, efféminées, précieuses, ailleurs admirables, ici déplacées.

Une seconde fois il connut la paix : son rêve était là, face à lui, d'où qu'il le regarde. Ecartant toute aventure, refusant mille possibilités, il éprouvait la joie du renoncement ; son art avait été de réduire, de maîtriser, aussi bien ses velléités que celles de la pierre, jusqu'à ce que telle arête ne se remarque plus, jusqu'à ce qu'il n'y ait plus des arêtes raccordées à une cime, et des parois suspendues entre elles, mais un ensemble équilibré et harmonieux, d'une vigueur extraordinaire, et comme sorti de terre, sans effort, tel quel.

Un grand guide savoyard : Michel Croz

Chaque jour de beau temps cet été il y aura entre cinquante et cent personnes au sommet du Cervin ! Pourtant il y a seulement cent ans il était encore un défi ! Il y a cent ans l'invincible Matterhorn régnait sur le monde des alpinistes ; sa conquête était à l'ordre du jour, mais nul ne parvenait à arracher la victoire.

Un homme résolu, à la volonté farouche, Edward Whymper, rôdait à ses pieds, mais pour réussir il lui fallait d'abord un grand guide. Et c'est pourquoi, en cette année du centenaire du rattachement de la Savoie à la France, je voudrais parler de Michel-Auguste Croz, par qui fut permise en 1865 la première ascension.

Whymper a d'abord pensé à l'excellent guide valdotain Jean-Antoine Carrel. Il lui arrivera de partir avec lui, de pousser des tentatives, mais Carrel, trop indépendant, rêve de la victoire, sans partage, pour son pays.

Whymper va donc se mettre en quête d'un autre leader capable de le conduire au sommet. « Je pensai naturellement à Michel Croz. M. Matthews, auquel je demandais des renseignements sur son compte, me répondit que c'était un “grand caractère”, et conclut en me disant : “Il n'est heureux que quand il se sent à plus de 3 000 mètres d'altitude”. Je sais maintenant ce que voulait dire mon ami. Plus Croz pouvait déployer toutes ses facultés, plus il était heureux. Quand il s'élevait au-dessus de la foule des hommes ordinaires, dans les circonstances qui exigeaient l'emploi de sa force prodigieuse et de la connaissance incomparable qu'il avait des glaces et des neiges, alors seulement on pouvait dire que Michel Croz se sentait complètement et réellement heureux.

« De tous les guides avec lesquels j'ai voyagé, Michel Croz est celui que j'ai préféré. Il faisait son devoir de tout cœur. Nul besoin de le presser, ou de lui rappeler deux fois le même ordre. Il était fait si cela était possible. De tels hommes ne sont pas communs, et quand on les rencontre on les apprécie à leur juste valeur. »

Ainsi parle Edward Whymper, l'homme qui sans doute a le mieux connu cet être d'exception qu'était Michel Croz, et il est à souligner que l'Anglais était précis, sévère et parfois dur dans ses jugements.

Michel Croz était né le 22 avril 1830 au village du Tour, en haut de la vallée de Chamonix. Les trente premières années de sa vie se déroulèrent sans éclat. Il faisait le porteur, parfois le guide. Il vivait avec son frère Jean-Baptiste, ses deux sœurs et d'autres parents de la famille. A la montagne il désirait consacrer sa vie ; il ne se mariait pas. Il attendait sa chance de montagnard. Elle vint en 1859 quand, au milieu de la saison, M. Matthews l'engagea pour faire l'ascension du mont Blanc. Tout de suite Matthews remarqua son habileté et, avant de quitter la vallée, il le retint pour l'année suivante.

Mil huit cent soixante marque le début de la vraie carrière de Michel Croz ; il va accompagner les meilleurs amateurs dans les plus grandes courses et souvent dans les plus belles « premières ». D'abord avec Matthews, Hawkins, Tuckett, puis avec Moore, Adams-Reilly et surtout Whymper il va passer les meilleurs moments de sa courte vie. De grands amateurs ont trouvé un grand guide, dont le bonheur sera de les conduire partout où ils le désirent. « Nous étions heureux d'avoir un pareil homme pour chef d'expédition, dit encore Whymper. Un guide moins habile et moins hardi aurait pu hésiter à entreprendre cette descente au milieu d'un épais brouillard. Croz lui-même aurait été autorisé à s'arrêter s'il eût été moins splendidement robuste. Il nous disait par ses actes : "Là où il y a de la neige ferme on peut toujours marcher ; là où il y a de la glace on peut se frayer un chemin, c'est une simple question de force ; cette force, je la possède. Vous n'avez qu'une chose à faire : me suivre". »

De 1861 à 1864 Croz réussit de magnifiques premières. Il serait fastidieux de les citer toutes : la plus belle par son importance et son esprit est celle de la barre des Ecrins.

« Almer était en avant de quelques mètres ; avec la modestie qui le caractérise, il hésita à escalader la pointe la plus élevée et se retira pour nous laisser passer à la place, écrit Whymper. Un cri unanime désigna Croz, à qui nous devions la plus grande part du succès ; mais Croz déclina cet honneur, et nous nous avançâmes tous vers le sommet. » Tout cela est tellement sympathique et reflète admirablement l'esprit de la cordée. Comme nous sommes loin des discussions et des disputes pour savoir qui est arrivé le premier ! Certes, de grandes premières étaient réalisées, la technique se créait, puis se perfectionnait, c'était l'âge d'or de l'alpinisme : l'ambiance de ces grandes réussites devait être extraordinaire.

En début de saison de l'année suivante, Croz fit encore avec Whymper la dent Blanche, la première des Grandes Jorasses, la traversée du Dolent, dont la descente est acrobatique.

Puis, à l'instant où la conquête du Cervin va devenir imminente, les deux hommes doivent se séparer. Whymper le savait : en avril il a reçu de Croz la lettre si simple et si noble qu'il cite dans son livre.

« ... Enfin, monsieur, je regrette beaucoup d'être engagé avec votre compatriote (le révérend Ch. Hudson) et de ne pouvoir vous accompagner dans vos conquêtes, mais dès qu'on a donné sa parole, on doit la tenir et être homme », car un esprit noble gouvernait le corps si solide du guide chamoniard.

Ainsi Croz va conduire son nouveau client, le révérend Ch. Hudson au sommet de l'aiguille Verte en faisant la première ascension par l'arête du Moine.

Mais, quelques jours plus tard, Whymper, qui tourne encore autour du Cervin, retrouve Michel Croz à Zermatt, avec le révérend qui, lui aussi, désire tenter l'ascension du Matterhorn.

La présence de Croz est l'élément décisif pour que Whymper accepte l'idée de partager la victoire. Le 14 juillet 1865 une cordée trop lourde — une cordée de sept — attaque la prestigieuse montagne.

« Ainsi Croz et moi redevînmes une fois de plus compagnons de route », écrit Whymper. Au milieu de la grande bagarre pour atteindre le sommet, il y a une grande tendresse dans ces paroles. A 1 h 40 de l'après-midi les deux hommes connaissaient un bonheur indicible au sommet du Cervin. Après « une heure bien remplie de vie glorieuse », ce fut la descente et presque tout de suite la catastrophe si souvent racontée, au cours de laquelle Michel Croz, Hudson, Hadow et lord Douglas trouvèrent la mort.

Depuis, Michel Croz repose dans le cimetière de Zermatt, et sur sa tombe on peut lire :

« A la mémoire de Michel-Auguste Croz né au Tour, vallée de Chamonix, en témoignage de regrets de la perte d'un homme brave et dévoué, aimé de ses compagnons, estimé des voyageurs. Il périt non loin d'ici, en homme de cœur et guide fidèle. »

Intimité et respect

Je suis allé au Cervin bien des fois aussi pour tourner des films et faire des photographies avec mes amis Tairraz ; il n'y a rien de tel pour bien connaître une montagne. Il faut se lever tôt et se coucher très tard, car c'est seulement lorsque la lumière est tangentielle, donc au tout petit matin et en fin de journée, que les reliefs apparaissent. Il faut aussi être patient, pour attendre le bon éclairage et grâce à cela on découvre bien des visages à une même arête d'une même paroi. Il nous est arrivé de rester dix jours d'affilée entre la cabane du Hörnli et le sommet ; parfois nous revenions à la cabane, parfois nous couchions à Solvay. Nous avions vu vivre le Cervin et défiler les innombrables caravanes qui, l'une derrière l'autre, sagement, hâtivement, se suivent dans les passages délicats, telle une chenille inépuisable, et se regroupent ailleurs. Un matin, en l'espace de dix minutes, quinze personnes se trouvaient sur la petite plate-forme du refuge Solvay, au pied de la plaque

Moseley. Elles étaient sur deux rangs ; certains en profitaient pour manger un peu, d'autres pour gagner une ou deux places en avant. La plaque était escaladée par deux grimpeurs en même temps, s'élevant presque de front. Je me souviens, l'un d'eux, presque au départ, glissa. Ne s'étant fait heureusement aucun mal dans sa chute, tout de suite il repartit pour ne pas perdre sa place. Le Cervin, certains jours, est si encombré ! Et encore, ce jour-là, le temps couvert n'était pas favorable. Mais déjà le refuge ! Il nous est arrivé de trouver le refuge du Hörnli plein à craquer, et d'être refoulés de l'hôtel parce qu'il était trop tard. Nous sommes donc repartis, mécontents et... avons retrouvé la paix en gravissant le Cervin, seuls, sous la lune. C'était une nuit merveilleuse. Nous étions bien entraînés, chacun ayant fait plusieurs fois l'ascension, nous n'étions pas encordés, du moins jusqu'au Solvay. Nous allions, chacun à notre pas, portés par le silence et par nos rêveries.

Maintenant, c'est la fin de septembre. Le temps est magnifique ; Paul m'a téléphoné : il a quatre jours de vacances. Allons à Zermatt ; en cette saison il ne doit pas y avoir trop de monde au Cervin : nous ferons la traversée classique, montée par l'arête du Hörnli, descente par l'arête du Lion.

Nous suivons la marche du soleil.

Avec plaisir, nous retrouvons le village valaisan qui, malgré l'invasion, a su garder du caractère. En descendant du train, devant le Bahnhof hôtel, nous voyons Bernard Biner, l'œil rieur, toujours plein de charme, toujours prêt à rendre service ; plus haut nous rencontrons un groupe de guides, et parmi eux Eddy Petrig, avec qui, si souvent, j'ai été encordé, puis Bernard Seiler, voix grave, haute stature, qui perpétue la tradition : autant de « bonjours » sympathiques. Puis nous partons pour le refuge. Bien des choses ont changé depuis la « grande époque », depuis les allées et venues de Whymper, mais au fur et à mesure que l'on monte, malgré soi, malgré tout, chaque fois on en est imprégné : le Cervin pèse de toute sa présence et de tout son passé.

Le refuge est un merveilleux lieu de rencontres, parfois voulues, parfois inattendues ; les caravanes montent, descendent, traversent l'Italie... Le Cervin n'est pas qu'une pyramide, il est une ambiance.

Le lendemain matin, ou plutôt encore en pleine nuit, nous sommes déjà sur pied. En montagne, bien sûr, il y a la joie de grimper, mais avant cela il y a la joie de participer aux grands spectacles, aux grandes choses de la nature : l'est se colore, le soleil est annoncé, bientôt il touchera la cime.

Maintenant, nous nous élevons sur l'arête : à droite le Weisshorn, le Zinalrothorn, l'Ober Gabelhorn, la dent Blanche ; derrière nous les Mischabel et le mont Rose, le Lyskamm, Castor et Pollux, le Breithorn ; à gauche, le Théodule et l'Italie. Il fait grand beau. Nous sommes heureux de grimper, détendus, sur ces rochers faciles ; cependant le plaisir n'est pas limité à la seule escalade : plus qu'une ascension, c'est un pèlerinage. Le Cervin ? c'est d'abord un nom qui résonne dans notre cœur ; c'est la montagne historique par excellence. Sur ces rochers, les fondateurs de notre famille ont tracé la voie, et nous pensons à eux, comme l'on pense à des grands-pères à la fois durs et généreux.

Nous atteignons le refuge Solvay, posé là, sur l'étroite arête : petite construction qui a sauvé tant de vies. Nous continuons, tantôt Paul, tantôt moi, en tête de la cordée. J'aime grimper en premier, mais j'aime aussi donner cette preuve de confiance, ce plaisir, à mes compagnons, chaque fois qu'en sécurité ils peuvent le faire. Bien que nous soyons en fin de saison, il y a encore une douzaine de cordées qui font l'ascension, cordées de guides et de sans-guide, cordées de Suisses, d'Allemands, de Japonais, d'Américains... La plupart montent, quelques-unes descendent déjà. Au fond de moi-même je pense : « On fait l'ascension du Cervin pour bien des raisons ; mais d'abord parce qu'il est "le Cervin". Il ne faut pas le gravir dans l'espoir de faire une intéressante escalade : souvent le rocher est mauvais, et après avoir gravi la pente de neige qui conduit à l'Epaule, quand on arrive à la tête du Cervin le rocher devient meilleur, mais il est alors parcouru par des câbles ; non, gravissant le Cervin, il faut, au fond de soi-même, se laisser conduire par le charme de cette cime enchantée ; et si, un court instant, on pense à l'escalade proprement dite, on peut aussi se rappeler qu'ici, sans câbles, sont passés Michel Croz, Whymper et leurs compagnons. »

Au-dessus, des pentes moins raides conduisent au sommet suisse. Aujourd'hui, il fait beau, ce n'est pas comme le soir où nous sortions de Furggen, et nous avons tout notre temps, car nous désirons passer la nuit sur la montagne.

En fin de journée, par la crête fort aérienne qui domine de part et d'autre face sud et face nord, gouffre et précipice, et qui passe par la petite brèche où se trouve la croix, nous allons au sommet italien. Nous suivons la marche du soleil. L'air est pur. Quelle paix en ces lieux !

Maintenant, nous préparons le bivouac. Dix mètres sous le sommet italien se trouve une petite plate-forme accrochée là comme un balcon en plein ciel : ici nous allons passer la nuit. Nous désirons bivouaquer afin de tout connaître de notre montagne, et plus tard d'entendre dans la nuit les pulsations de sa vie. Ne pas se contenter de passer : monter au sommet plus ou moins vite, descendre de même, mais demeurer un peu sur la cime enchantée.

Nous sommes seuls. Dans la journée, en pleine saison il n'est pas rare que plus de cent personnes fassent l'ascension, certains jours, je l'ai vu. A l'automne et encore plus le soir, la prestigieuse montagne retrouve ses vraies dimensions, sa merveilleuse solitude, son incorruptible silence, et le mystère vient à nouveau l'habiter.

Dans les vallées, il fait déjà très sombre. Ici, à 4 470 mètres, nous recevons les dernières tendresses du soleil.

Paul, si heureux d'être là, retrouve sa belle gaieté. Là-bas, à l'horizon, dans une gloire de nuages, le soleil, sans faiblesse, poursuit son chemin. Longtemps nous restons muets ; chacun à sa méditation.

Au tout petit matin, comme des îles d'un autre monde, les montagnes émergent des nuages, tandis qu'à l'est, dans notre dos, une grande fête se prépare : le retour du soleil qui redonne la vie.

Sans nous presser, par l'arête italienne nous repartons...

Ainsi, de jour et de nuit, par beau temps et par tempête, vite ou lentement, accaparés par l'escalade ou plongés dans l'histoire, goûtant le paysage et goûtant l'amitié, nous avons gravi, habité, descendu ces rochers stériles et apparemment indifférents. Là est notre part d'amour. Elle se noie dans la somme extraordinaire de temps, d'énergie, de courage, de lutte, de générosité, que tous les hommes ont portée au Cervin. Et peu importe qu'ils aient gravi la face nord ou la voie normale, l'arête de Furggen, directement par les surplombs, ou qu'ils les aient contournés : les moyens et les chemins sont différents, la démarche est la même. Un jour un aveugle a gravi le Cervin ; comme cela est compréhensible !

La terre, dans son extraordinaire gestation, a fait aux hommes le don d'une montagne admirable. Plus que n'importe quelle autre, ces hommes, en retour, l'ont aimée !

Du Cervin, d'abord on en rêve

Comme beaucoup d'autres, combien d'années ai-je dû attendre avant de le voir et de le gravir ?

Années de révélations, de découvertes intérieures, d'approches passionnées ; penché sur les livres et les cartes, sur les gravures et les photographies, on lit, on regarde, et très vite on n'est plus seulement spectateur enthousiaste : déjà on appartient à la cime enchantée.

Années d'attente qui ne sont pas des années perdues, car c'est le temps perdu pour elles qui rend les montagnes si belles.

On nous croit distraits, nous sommes fervents. Nous sommes à l'ancre, attendant de partir ; pas encore parti, pourtant déjà en marche : bien avant qu'on s'encorde, la course est commencée. Au long des hivers, au long des étés, l'homme pétrit, construit, crée sa montagne. Les grands désirs sont faits de virilité et d'un peu de mélancolie. Et puis, il faut trouver le compagnon dont le cœur bat au rythme du nôtre, sans quoi, du moins pour moi, la course perd de sa substance. J'admire les alpinistes solitaires, je comprends leur passion exclusive, mais là n'est pas mon chemin.

Durant la course, nous ne parlons guère, ni même au sommet, mais la corde, lien matériel et bien plus que cela, est entre nous : pour un guide, un sommet est bien plus beau quand il le regarde dans les yeux de ses compagnons.

J'aime les courses en automne, l'air est plus léger, les teintes sont plus pures. Combien de fois ai-je remonté des thalwegs rendus au silence et dont l'ombre et le froid se sont déjà emparés, le givre les recouvre, mais là-haut, on débouche dans un paysage de lumière : lointain campanile de Val-Montanaïa, Drus sauvages, Innominata au mont Blanc, arête sud de la Noire et bien d'autres, gravis plus en saison et même la saison bien finie ; la dernière visite puis la nostalgie. C'est alors une fertile gestation.

Parfois, pour calmer l'impatience, il y a une hivernale, le rocher est glacé, les doigts sont froids, le mérite est grand mais le charme est autre.

Alors vient le début de saison : le sang bouillonne en nous, l'appel devient irrésistible.

En ces dernières journées de juin, c'est la première fois que je vais à Zermatt et dans le Valais : je vais voir, puis gravir le Cervin. Nous sommes en 1949, voilà onze années que je fais de la haute montagne, onze années qu'après l'avoir regardé dans les livres, je l'ai aperçu, entrevu, deviné, depuis le Dauphiné, le massif du Mont-Blanc ou l'Oberland.

Le petit train monte lentement, accroche la crémaillère, la quitte, s'arrête dans les gares ; le paysage est beau, la nature renaît, la campagne est aimable, mais aujourd'hui quelque chose de plus fort est en moi que l'on n'apaise pas avec de belles cartes postales ; depuis l'automne, précis, le grand projet est en moi : la paroi nord du Cervin.

A mes côtés, le compagnon. Il grimpe bien, mais il n'est pas seulement un bon grimpeur, c'est un montagnard « parent » avec la neige, le vent et les étoiles. Pour le Cervin cela est doublement important : pour l'ascension proprement dite et son aspect technique, mais aussi pour que nos cœurs battent à l'unisson de la montagne que nous allons gravir. Raymond Simond aime escalader, mais aussi il aime aller « aux cristaux ». Il a gravi le Spigolo Giallo, il aime l'odeur de la pierre, mais aussi le parfum de la forêt où il habite, il aime le silence et les murmures de la nature.

Souvent, il regarde le ciel, pour rien ; pour le plaisir.

Raymond Simond habite un des plus beaux endroits de la haute vallée de l'Arve : en haut de la plaine des Tines, contre la forêt. Il n'est pas guide, il est hôtelier. Il aime l'alpinisme et, malgré un travail absorbant et saisonnier, il n'est pas rare de le rencontrer sur un sommet. Mais la première raison pour laquelle j'ai du plaisir à aller avec lui, c'est qu'il a un amour large des choses de la montagne. Bien sûr, il grimpe, mais il va aussi « aux cristaux ». Il a fait la Verte par le Nant-Blanc, mais il monte aussi au lac Blanc et dans les aiguilles Rouges. Il aime l'odeur du bois, à la coupe, en automne, il connaît les champignons et les fleurs et il aime sa forêt.

L'année passée, par une de ces journées d'automne qui sont comme un dernier cadeau du ciel, nous faisions l'arête sud de l'aiguille Noire de Peuterey ; maintenant, en ces premiers jours de l'été, nous rêvons de la face nord du Cervin. Comme moi, Raymond aime les sommets lointains ; de ne pas les avoir constamment sous les yeux est, peut-être, un attrait de plus. Le 26 juin 1949, nous quittons Chamonix pour Zermatt.

En route, je pense à cette carte reçue, un jour, de Max Chamson.

« Retour de ce merveilleux tas de cailloux. »

Au dos, il y avait une photographie du Cervin.

Et il me semble, aujourd'hui, mieux comprendre

l'apparente contradiction de ces quelques mots : « Merveilleux tas de cailloux ».

Sans doute, l'alpiniste va en montagne pour grimper, et souvent ses efforts ont été récompensés par une très belle escalade. Mais à force de grimper pour grimper ne risque-t-on pas d'oublier quel sommet on gravit ?

Pour Raymond et pour moi, le Cervin a renouvelé ce plaisir de choix qui vient de l'attirance directe, irraisonnée d'une montagne et fait de toute l'ascension un pèlerinage. Son escalade n'est pas toujours intéressante, son rocher est mauvais. Des câbles prostituent ses arêtes, son ascension est longue, fastidieuse par endroits, mais tout ceci heureusement est ici secondaire.

C'est la première fois que je vais à Zermatt et dans le Valais. Raymond est déjà venu : il a fait Furggen. Moi, je n'ai jamais vu le Cervin, si ce n'est en photographie. A peine l'ai-je entrevu du mont Blanc ou de l'Oberland.

On craint toujours d'être déçu. Si ce n'était pas vrai, si ce n'était pas tout à fait ce que l'on a imaginé ; souvent l'exactitude correspond si peu à la vérité !

La vérité, c'est la cime idéale, seule, unique, exemplaire. C'est 1860, le regard de Carrel et celui de Whymper, les années d'attente, Croz et sa droiture, c'est 1865, la victoire et la catastrophe, l'enthousiasme et l'abnégation de l'abbé Gorret, c'est Penhall, Mummery, Guido Rey, Crétier, Carrellino, Mazzotti, les frères Schmid partis à bicyclette, c'est aussi l'innombrable quantité d'alpinistes qui, depuis la première, sont montés là-haut, c'est aussi la fidélité d'Edouard Monod-Herzen, qui, à 79 ans, retourne au Cervin pour la treizième fois. La vérité, c'est le Cervin et tant d'amour des hommes !

Whymper tournant en rond.

Whymper, Carrel, et les autres...

Nous sommes leurs héritiers.

A 1 heure du matin, le 27 juin, nous longeons en silence la base des séracs qui protègent la face nord. Nous sommes descendus trop bas mais, trouvant un défaut, nous nous insinuons parmi les énormes cubes de glace et gagnons le plateau supérieur. Il fait très froid : c'est bon signe. Nous sommes seuls, même sur l'arête il n'y a personne en ce début de saison.

Au petit jour, nous franchissons la rimaye. La rimaye est une cassure qui marque un changement dans l'inclinaison de la pente ; elle est aussi une cassure dans nos sentiments : on quitte les lignes douces de l'approche pour gagner d'un coup les lignes redressées de la paroi ; on passe de la marche tranquille à l'escalade sévère : le passage de la rimaye est une séparation entre deux mondes. D'abord nous nous élevons ensemble, très vite, en cramponnant sur la pente très raide ; la neige est dure à souhait, mais en haut elle devient détestable : poudreuse, légère, ne tenant pas sur un fond de glace vive. Nous sommes venus en début de saison pour qu'il n'y ait pas de chutes de pierres et pour être seuls ; nous aurons la sécurité, mais, inversement, la montagne est en mauvaises conditions : dans cette face nord si froide la neige n'est pas encore transformée. Il faut tailler : cela aussi fait partie de notre métier et ne nous déplait pas ; la taille d'une marche en un minimum de coups de piolet est un beau travail en soi. Avant que la pente vienne buter contre les rochers, nous traversons à droite pour gagner le couloir, passage clef du tiers médian, le plus difficile de cette face nord. Cependant, nous ne faisons que le traverser : il nous paraît trop dangereux, nous allons essayer de gravir la paroi à droite, qui le sépare de l'arête de Z'Mutt ; paroi très raide, plus difficile que le couloir, mais aussi moins dangereuse. En montagne, il y a un plaisir intime, secret, à deviner, à pressentir les choses. Peu après que nous eûmes traversé ce couloir, une avalanche de pierres — nous la voyons mal, nous l'entendons bien — rebondit dans le fond du couloir d'où se dégagent une poussière de neige et une odeur de roches brisées.

La muraille n'est pas verticale comme une paroi calcaire, mais l'escalade est aussi exposée : jamais de replat. Oh ! l'éternelle promesse d'une petite plate-forme qui recule à mesure que l'on grimpe vers elle. Dans cette vaste face nord, il n'y a pas de passage bien défini, tout se ressemble ; pas de figure géométrique comme dans les parois du massif du Mont-Blanc. A part quelques grandes lignes, tout à droite l'arête de Z'Mutt, à gauche le couloir, au-dessus l'Epaule, rien de marquant. Nous ne pouvons pas dire : « Nous venons de gravir la fissure de cinquième degré, ou le dièdre de soixante-quinze mètres ». Il n'y a pas de « fissure de cinquième degré » à trouver et à gravir ; il n'y a pas de « dièdre de soixante-quinze mètres », de dalle caractéristique, de cheminée de deuxième ou de sixième degré. Non. Simplement nous errons au mieux du terrain, sur cet immense plan incliné. Nous ne connaissons pas le bonheur de venir à bout d'une grande difficulté qui marque une étape dans une ascension, comme la tour Grise aux Grandes Jorasses, ou la barrière de toits au Piz Badile. Nous faisons un travail obscur et patient. Mais nous sommes pris par un charme étrange, un peu fou, par le vertige d'être noyés dans une masse de pierres gelées. Le jeu est d'entrer librement dans la prison qu'est la paroi nord du Cervin. Puis d'en échapper. Et l'intérêt est d'y trouver le plus sûr chemin.

Il n'y a pas de point d'assurance sur ces dalles raides et croulantes, retenues par le gel, brillantes de verglas, reliées entre elles par des plaques de glace noire sous une belle apparence de neige poudreuse. Nous ne plantons pas de pitons : ils entrent mal ou trop facilement et tiennent peu. Tout au plus, j'en ai fixé deux dans une traversée ; Raymond les a sortis à la main. De temps en temps, la belle pyramide s'émiette un peu : des avalanches de pierres tombent en sifflant. Vu de loin, le Cervin apparaît incassable dans sa sobriété et sa rigidité de pyramide. Il semble que les vents, plutôt que de l'user ou de le faire basculer, l'aiguisent. Mais, le gravissant, on ne comprend pas que ce tas de cailloux soudés par la glace ait tant d'élan. Rien ne tient. Immenses feuillets posés les uns sur les autres comme de vertigineuses piles d'assiettes. Tout est comme suspendu et la vie même semble être un sursis.

Et pourtant, quel sacrilège d'imaginer un Cervin tronqué, usé, arrondi, comme les montagnes alentour ! Non, en escaladant cette cime enchantée, ce fragment de la terre dressé vers le ciel, on prête volontiers à ces pierres une vigueur magique : ne jamais vieillir, rester toujours debout, demeurer à jamais la tentation de notre planète vivante vers le ciel.

Dans cette face nord il n'y a pas de couleurs, seulement une teinte uniforme qui a le reflet de la glace. Nous grimpons avec les crampons et nous les garderons durant toute la course parce que la paroi est très enneigée. La lutte, jamais extrême, est toujours soutenue. Pas un quart d'heure de répit, pas cinq minutes, pas un instant : toujours des plaques vitreuses, des couloirs et des chandelles de glace noire enrobées de neige immaculée, toujours des piles de feuilles de roc posées en équilibre l'une sur l'autre. Ah ! merveilleuse pesanteur ! Il ne faut jamais tirer sur une prise, sinon elle vient comme un tiroir qui s'ouvre et compromet l'équilibre de la maison entière. Depuis longtemps, Raymond a cassé une pointe antérieure de son crampon gauche, cela ne l'empêche pas de continuer, aussi sûr. Idéal compagnon, toujours content, toujours à l'aise sur ce terrain jamais très difficile, continuellement délicat, terrain « haute montagne », mélange intime de glace et de roc, l'un colmatant l'autre.

Les dernières pentes sont moins raides, nous sommes maintenant à 4 300, deux cents mètres sous la cime. Les heures ont passé, dures et heureuses ; bientôt ce sera la fin du jour, pour nous la fin de l'ascension. Cette impression nous est donnée par des tas de signes que nous connaissons bien et que nous retrouvons, familiers et sympathiques, chaque fois que nous allons atteindre un sommet : on émerge d'un gouffre, autour de soi, tout devient plus léger, plus aérien : les choses et les sensations, le goût de l'air est plus sec, la matière de pierre et de neige se rétrécit pour faire place au ciel, et, ici, cela est d'une extraordinaire réalité. Tandis que nous montons, les deux arêtes : Z'Mutt à droite, Hörnli à gauche, se sont resserrées autour de nous. Etant donné la pureté géométrique du Cervin, son volume de pyramide, la forme triangulaire de ses parois, la régularité de la pente de la face nord, cette impression de rapprochement entre l'arête de Z'Mutt et l'arête du Hörnli, ce besoin pour les deux arêtes de se sentir côte à côte au moment d'atteindre l'azur infini, est d'une belle intensité. Nous grimpons le long de la bissectrice et nous allons arriver au sommet, tandis que derrière nous, sans qu'il soit nécessaire de nous pencher pour le voir — nous le sentons au fond de nous-mêmes et cela est encore plus fort —, la pente de la face nord plonge en s'élargissant entre les deux arêtes qui fuient en divergeant pour s'ancrer l'une au nord-ouest, l'autre au nord-est, et tenir entre elles, bien tendue, à peine concave, la grande toile de pierres gelées qu'est notre paroi.

A 9 heures du soir, nous atteignons la crête faîtière.

A notre altitude, le soleil, pour le Cervin et pour nous, donne ses derniers rayons. Tout en bas, l'obscurité a gagné les vallées, une traînée de lumière annonce la rue de Zermatt ; de l'autre côté, sur le Breuil, un peu de poussière d'étoiles éclaire, encore incertaine, quelques maisons et des chalets. Il est tard, et bien que nous soyons en juin, la nuit n'est pas loin. Sous nos pieds, la grande pente fuit. La paroi nord ? quelle désagréable escalade, quelle merveilleuse ascension !

Fragiles, au sommet de la montagne qui pointe vers le ciel, nous assistons au coucher de la terre ; puis, avec elle, nous basculons dans la nuit.

Prélude aux grandes courses

La face nord des Grandes Jorasses

A 3 heures du matin, notre lanterne anime un désert de neige : le glacier de Leschaux. Il fait froid, c'est bon signe. Nous marchons vite, nos pas crissent sur la neige qui gèle.

Je suis heureux. Va naître le jour attendu ! Face à nous, découpant sa masse noire sur la nuit cloutée d'étoiles, la paroi nord des Grandes Jorasses nous écrase. Tout à l'heure, demain, après-demain, nous serons accrochés à la muraille. Cela est démesuré et, par moments, m'impressionne. Quelle disproportion entre notre lanterne vacillante et cet énorme cube de roc glacé !

Et pourtant, lentement, je m'installe dans mon métier : je me dirige dans le noir, je saute ou contourne des crevasses, mes doigts nouent une corde.

A notre gauche, c'est la naissance du jour, c'est le moment le plus froid de la nuit, l'heure sans couleur et sans ombre, l'heure où l'acier du piolet colle aux doigts.

Nous passons la rimaye et escaladons l'échine de rochers glacés qui émerge du glacier.

En haut, les premiers rayons jaillissent à travers les brèches. Frendo taille la traversée, puis je prends la tête de la cordée. Tandis que derrière moi la corde se déroule, je prends lentement possession de ce royaume de pierre. J'éprouve une joie secrète qui vient de mon corps bien entraîné et de mon esprit joyeux accomplissant son rêve : je suis dans la Walker. Mes mouvements sont précis et efficaces. Je m'élève de trente mètres, Frendo me rejoint, je repars, il me rejoint de nouveau : voilà la manœuvre que nous allons constamment répéter pendant plusieurs jours ; ainsi vont alterner les instants de solitude et de présence. Nous sommes deux hommes dans une muraille verticale, qui se rencontrent de temps à autre : au hasard des longueurs de corde.

Nous arrivons bientôt à la première grande difficulté : une barrière de dalles rayée de rares et minces fissures. Son escalade est une récréation de choix. Mais mon plaisir est un peu gâché par la paire d'espadrilles que j'ai chaussées et qui ne tiennent pas. Pourtant je suis tellement heureux aujourd'hui que cette contrariété ne m'atteint guère. Je grimpe, j'enchaîne mes mouvements ; mes pieds, mes mains se posent là où, me semble-t-il, ils devaient un jour se poser. Je suis à ma place, et cette impression me procure une grande sérénité. En une heure, la fissure de trente mètres est gravie. A son tour, mon compagnon l'escalade, récupère les pitons que j'ai dû planter et me rejoint.

Nous traversons les bandes glacées et, après trois longueurs de corde, arrivons au pied du « dièdre de soixante-quinze mètres ». Il est beau dans sa sobriété : deux dalles disposées comme un livre ouvert, comme un angle de mur, mais sur soixante-quinze mètres de haut, avec deux surplombs à vingt-cinq et à cinquante mètres. Voilà cet instant tellement attendu : je vais escalader le grand dièdre de la voie directe. Pour ce faire, j'ai rendu léger ce corps maladroit. Entre mes jambes, quatre cents mètres de vide, mais qui ne pèsent pas. Par moments, le granit est si compact que je dois recourir à l'escalade artificielle pour progresser. Puis, à bout de corde, sous le surplomb — un véritable toit — je plante un piton, m'y accroche ; je tire les sacs et assure Frendo qui tout en grimpant doit récupérer les précieux bouts de fer. Voilà nos gestes familiers. Quand il m'a rejoint, il se campe le moins mal possible, un pied sur une petite prise, l'autre dans un étrier de corde et il me fait la courte échelle pour me faire gagner deux mètres : étrange pyramide collée à la paroi surplombante qui s'étire ensuite pour, de nouveau, se regrouper.

Tout à coup, tandis que je gravis le tiers supérieur du dièdre, des gouttes se mettent à tomber. Comme tant d'autres fois, préoccupé par l'escalade très difficile, nous n'avons pas vu arriver les nuages. Ce n'est pas un orage violent et passager, mais le mauvais temps qui vient de l'ouest, une tempête sérieuse.

Le beau granit d'il y a cinq minutes se transforme en plaque glissante et dans le fond du dièdre court une petite cascade. Agrippé au rocher, les bras en l'air, mes manches sont deux entonnoirs et mon anorak une gouttière. Je suis trempé.

Que faire ? Je reste calme comme je l'étais au départ. Je sais que sur ce rocher glissant, je dois redoubler de vigueur dans mon escalade. Ici, le dièdre se resserre en cheminée : je grimpe en opposition, je tiens grâce à mon dos et à mes pieds, qui, dans une poussée contraire, veulent écarter cette gorge. Mes espadrilles, à plat sur la dalle verticale, partagent, comme l'avant d'un bateau, l'eau qui dégouline. Je grimpe pour atteindre le relais. Je suis triste. Les Jorasses ? La Walker ? Pour aujourd'hui, c'est fini.

C'est le retour ! Ne trouvant pas le moindre replat

pour nous arrêter, nous devons descendre en trois grands rappels de vingt-cinq mètres chacun, le « dièdre de soixante-quinze mètres » que nous venons de gravir avec peine. Que d'efforts annulés en un rien de temps ! Maintenant, il neige. Les cordes mouillées gèlent et durcissent.

Au pied du dièdre, une petite banquette est comme suspendue. Nous balayons la neige qui la recouvre. Il est 19 heures. C'est le bivouac. Nous plantons deux pitons pour nous y accrocher pendant la nuit. La neige lentement recouvre tout, lentement use la vie. Misérables, pliés en boule, recroquevillés sur notre minuscule carré de pierre en pente, muets... La Walker nous échappe, et la joie de grimper ! De tomber sans bruit, la neige semble organiser un silence éternel.

C'est dur de s'habituer au contact de vêtements trempés et que le froid raidit comme une armure ; c'est dur de s'habituer à claquer des dents, de remuer ses pieds pour éviter qu'ils gèlent, d'agir avec adresse pour enlever la neige qui s'accumule entre son dos et la paroi, d'en faire tomber le moins possible dans son cou ; c'est dur de chanter pour ne pas s'endormir...

Au petit matin, il fait toujours mauvais. C'est le retour le long de cet éperon blanc et glacé comme des draps à l'étendage un matin de janvier ; ce sont des descentes en rappel interminables sur les cordes gelées, une glissade vite arrêtée : Frendo m'a retenu. Le glacier... le refuge... le centre-école de Jeunesse et Montagne où je rentre en retard. Je n'avais pas demandé de permission de peur qu'on me la refuse. Vainqueur, on m'aurait fait remarquer mon retard, mais aujourd'hui on m'explique que l'on doit me punir. Peu importe, certains jours rien ne vous atteint. Je regrette le demi-tour forcé, mais je ne suis pas triste. Tout de même, je l'ai pétri dans mes doigts le beau granit de la Walker ! Cette aventure nous a ravis : en plus de l'escalade difficile, je viens de connaître ce qu'est un méchant coup de tabac dans les Jorasses. Nous nous sommes bien battus ; nous avons renoncé, non par faillite d'alpiniste, mais à cause du temps.

Certains avaient été arrêtés par une dalle ou un surplomb, d'autres avaient péri. Nous, nous en revenions. Pendant mes huit jours d'arrêt de rigueur, je me promis d'y retourner.

Mon rêve m'habita de nouveau.

Il nous a fallu attendre deux ans pour que la paroi redevienne en conditions. Plus que tout autre versant, les faces nord, froides et verglacées, attirent et retiennent la neige : elles voient si peu le soleil !

Le 14 juillet 1945, nous sommes de nouveau à l'attaque. Cette fois, je n'éprouve aucune appréhension. Comme il y a deux ans, mais avec plus d'aisance, nous quittons le refuge de Leschaux pour nous glisser dans la nuit, à grandes enjambées. Frendo est pessimiste, je suis optimiste pour deux.

Il y a deux ans, nous avons fait l'épreuve de nos forces, mais cette fois nous voulons réussir. Je sais que d'autres alpinistes convoitent aujourd'hui cette course. Sans doute, les montagnes ne changent pas et restent aussi belles : telles que les voient nos yeux, mais d'abord notre cœur ; et la Walker est encore maintenant la course la plus sérieuse des Alpes. Mais j'ai trop rêvé de cette paroi depuis des années pour une simple ascension, c'est la découverte que je désire. Dans toute ascension, il n'y a pas que l'escalade et le panorama, il y a aussi le mystère.

Certes, Cassin, Esposito et Tizzoni en ont fait la première ascension il y a sept ans, mais le charme est presque comme si la paroi était encore vierge. Cassin ?

On ne sait rien de lui, sinon qu'il est très fort. Cassin, grimpeur extraordinaire des Dolomites, n'a fait ici que passer.

En revanche un grimpeur de chez nous redécouvrant la paroi détruirait le mystère. Ce ne sont pas quelques pitons laissés dans des fissures qui rendraient les Jorasses moins belles ; sans doute subsisterait le charme, mais un peu voilé. Parfois, il suffit de la frôler pour faner une fleur.

Le ciel est pur, d'un noir léger : c'est le beau temps !

Nous retrouvons l'attaque, nous allons de rendez-vous en rendez-vous : l'échine de roc, la pente de neige, la traversée, la première barrière de dalles. Je suis en grande forme. Quel plaisir de faire seulement ce qu'il faut pour progresser. C'est comme une dissimulation de la force. Il me semble libérer une vigueur inépuisable, accumulée depuis des ans.

Nous atteignons la petite banquette du bivouac de notre tentative, mais il n'en reste qu'un peu de papier argenté. Je revois la nuit blanche... C'était la nuit passée : bruits escamotés, pierres qui dévalent dans le couloir, neige si légère que l'on dirait un décor. Une nuit longue d'heures qui ne rendent plus le soleil.

Aujourd'hui, le ciel est si léger que l'on sent les étoiles derrière.

Au-dessus de nous le « dièdre de soixante-quinze mètres ». L'escalader est un enchantement. A son sommet, se termine le parcours en terrain connu. Ici, notre dernier piton ; nous le retrouvons comme une étape.

Nous devrions manger : il est 15 heures. Nous n'avons rien absorbé depuis 3 heures ce matin. Mais le pain et le chocolat que nous essayons de mâcher ne veulent pas descendre. Notre regard est fixé là-haut, sur les grandes dalles de la tour Grise. Alors, vite nous repartons. Grimper nous rassure. Jusqu'à la nuit, nous ne nous arrêterons pas.

A 21 heures, nous préparons le bivouac sur un minuscule relief de la tour Grise : un tout petit replat, mais qui fait tellement plaisir à voir. Nous n'en n'avons pas rencontré depuis des heures. Un replat ? A peine pour s'asseoir, les jambes pendantes, au-dessus du grand couloir central. Vaguement assis, accrochés aux pitons, nous passons une nuit pénible et glaciale, mais exaltante : nous sommes dans la Walker, il fait froid, donc c'est le beau temps !

Au matin, l'escalade reprend. Le rocher est glacé et nos mouvements manquent de souplesse. La difficulté est extrême : nous nous heurtons aux dalles lisses de la tour Grise.

Hier, nous en avons contourné la base, grâce à une traversée ascendante. Nous avons grimpé comme une fourmi autour d'un arbre grâce à l'écorce, mais maintenant l'écorce s'amenuise. Chaque longueur de corde, chaque mètre, chaque pas, parfois quelques centimètres, sont un constant problème. Mon corps, ma vie, tout mon être doivent s'adapter à ce rocher indifférent, mais qui les transforme. A la perfection de la roche, nous devons opposer l'efficacité de notre technique et de notre vouloir.

Je me souviens en particulier d'une fissure surplombante : un léger coup de sabre qui entaille le granit bombé. Elle est nettement repoussante. J'ai essayé ailleurs, mais ailleurs, il n'y a même pas de fissures. Là est la seule solution. D'en bas, Frendo m'appelle, mais que lui dire ?

La cordée est quelque chose de merveilleux pour son esprit de charité. Et pourtant, je suis seul pour arriver à bout de cette fissure, je suis seul pour l'escalader. Vingt mètres en dessous de moi, mon compagnon. Quelle chute, si je glissais ! La corde est là, belle, et pourtant inutile. Mais je ne saurais grimper sans elle, sans amitié ; cette corde réchauffe le cœur.

Je m'engage, tout le corps rejeté en arrière par le surplomb, retenu au rocher par les mains qui se verrouillent dans la fissure. Je voudrais faire vite, car cette escalade est très athlétique. Et pourtant, mes pieds tiennent peu, leur adhérence est précaire, insignifiante et en même temps très importante. Le corps se courbe sous le surplomb. Les mains se plantent, se crispent, doivent tenir dans la fissure.

Et quand j'atteins le relais et que Frendo m'y rejoint, c'est encore des fissures et encore des dalles. Vers 15 heures seulement, nous arrivons en haut de la tour Grise. D'abord nous avons soif. Depuis hier soir, nous n'avons rien bu. Nous aurions faim si nous n'avions pas si soif. Frendo, parti en reconnaissance sur le côté gauche de l'éperon, là où un peu de neige a pu rester accrochée, revient brandissant joyeusement la gourde pleine d'eau. Mais il est trop heureux dans ses mouvements et l'aluminium mouillé lui glisse dans les doigts. Voilà sans doute le moment où nous souffrons le plus de notre impuissance : tenir cette gourde qui portait notre joie, la voir tomber, rebondir, ne plus la voir, mais l'entendre encore un peu, la deviner absorbée par le vide ! Puis le silence indifférent.

Les biscuits, le chocolat, tout ce que nous essayons de manger sèche un peu plus notre gorge assoiffée. Nous devons les cracher et reprendre le sac. Heureusement, l'escalade est toujours très belle et bien qu'un peu moins difficile, suffisamment délicate pour nous occuper l'esprit. Vers le milieu de l'après-midi, nous arrivons sous le grand ressaut à l'altitude de 4 000. De nouveau, il faut s'employer à fond. Après un couloir de glace et un névé triangulaire, nous sommes arrêtés par une cheminée. Elle est en rocher friable. Frendo qui a plus que moi l'habitude des montagnes en mauvais rocher, essaie de la gravir. Il traverse de quatre mètres sur ma droite, puis s'engage dans la dépression. Il plante un piton, qui n'a pas l'air de tenir. Maintenant, il est presque au sommet de la cheminée, il cherche à se rétablir au-dessus d'un gros bloc coincé qui fait surplomb quinze mètres au-dessus de moi. Un moment, il hésite ; puis se décide. Juste à l'instant où il fait son rétablissement, je le vois partir à la renverse avec le bloc dans les bras. Sa chute dure l'espace d'un éclair, et pourtant j'ai l'impression qu'elle se déroule assez lentement. La lucidité et la rapidité d'exécution sont étonnantes dans des cas comme celui-là. Dès que je vois Frendo tomber, je récupère extrêmement vite de la corde entre lui et moi de manière à limiter sa chute. Puis, quand il passe à mon niveau légèrement sur la droite — le piton n'a pas tenu — je me dis : « Je ne dois plus tirer de la corde entre lui et moi, sinon elle va filer dans mes doigts, je ne pourrais plus le retenir ». Très vite, je glisse la corde autour d'un petit feuillet qui est devant moi, puis je prends un peu de corde molle dans ma main droite afin d'amortir le choc et qu'ainsi la corde ne se casse pas dans un arrêt brutal au contact du feuillet.

Tout a tenu. Frendo est arrêté dix mètres plus bas. Au total vingt-cinq mètres de chute presque libre.

Alors se fait un grand calme. Un seul bruit trouble le silence total : le marteau échappé des mains de mon compagnon qui rebondit avec un son clair en ricochant le long de la paroi.

Frendo récupère ses esprits, se rend compte de sa chute. Il a relativement peu de mal : une entorse à la cheville gauche, le bout des doigts râpé et une violente douleur aux côtes due au choc de la corde qui l'a retenu. Il me rejoint comme il peut. Comme nous pouvons, nous soignons tout cela.

Puis je lui passe les cordes, et calmement reprends l'escalade. Ce n'est pas la peine que j'essaie de passer là où mon camarade vient de tomber. Je pars sur la gauche en pleine dalle. La difficulté est extrême et, en plus, le rocher est mouillé par une pluie fine qui commence à tomber. Je ne crois pas exagérer en disant qu'il eût suffi de deux ou trois centimètres carrés de prises en moins pour m'empêcher de passer. J'arrive sur une petite platcforme, je plante un solide piton et assure mon camarade de mon mieux.

Toutes ces manœuvres nous ont fait perdre beaucoup de temps. Il est 20 heures, nous devons bivouaquer sur place. Nuit pénible, surtout pour Frendo.

Au petit matin, nous reprenons l'escalade. Tout de suite, elle est extrêmement difficile, verticale, aérienne en diable. Nous grimpons dans un léger brouillard. Mais nous éprouvons tout de même une grande joie, une joie un peu sauvage : celle qui correspond, je crois, à ce besoin que chaque homme porte en lui-même : le besoin, au moins une fois dans sa vie, de se surpasser.

En même temps, la cime approche. Malgré le brouillard, nous la sentons très près de nous. A midi du troisième jour, franchissant la corniche terminale, nous débouchons au sommet des Grandes Jorasses, à la pointe Walker.

Ainsi, des rêves naissent les grandes joies de notre vie.

Mais, des rêves, il en faut toujours. Je les préfère aux souvenirs.

Avec des compagnons différents, le guide est chaque jour en montagne. Depuis une quinzaine il fait beau, je grimpe sans arrêt. Mais cet après-midi, tandis que nous descendons des aiguilles du Diable, le soleil lentement se dilue et se noie dans les nuages troubles qui raient l'ouest. Mon compagnon, Michel del Campo, est presque joyeux de ce mauvais temps qui s'annonce : ses vacances étant terminées, il aura moins de regret en quittant Chamonix. Mais je pense à René Mallieux ; avec lui, je dois aller bivouaquer demain au pied de la face nord des Drus pour en faire l'ascension le jour suivant, 14 août. Retarder la course n'est pas possible. Le 15 août, c'est la fête des Guides et je dois être là. Beau temps, mauvais temps, le massif du Mont-Blanc est désert : les guides de Chamonix et de Courmayeur sont dans leur vallée pour leur fête annuelle ; là-bas, comme chez nous, existent la même règle et la même tradition.

Le soir, sur la place de la Poste, je retrouve René. Nous errons dans Chamonix, faisant, par habitude, la tournée des baromètres ; mais, dans toutes les stations de montagne, ces instruments scientifiques sont toujours soupçonnés de promettre un ciel pur même quand l'ouest libère sa réserve de nuages.

Le lendemain, il pleut. René est navré ; je sais que depuis des années il désire gravir cette face nord.

Dans l'après-midi, il y a une éclaircie, le soleil se montre un peu ; on aperçoit même les sommets. Par chance, en altitude il n'a pas neigé. Nous regrettons de ne pas être partis, mais, peu après, le ciel se couvre de nouveau et, cette fois, le baromètre descend. Nous allons de pâtisserie en pâtisserie et du bureau des guides au café d'en face. Une idée me trotte par la tête, mais je n'ose la formuler. Toutefois, je demande à René :

« Es-tu en grande forme ? Pourrais-tu grimper vite ?

— Très vite, s'il le faut. »

Un moment, il hésite, puis il ajoute :

« Pourquoi ?

— Il y a une solution à tenter. Si demain il fait beau, prenons le premier train du Montenvers, à huit heures et demie, et tâchons de faire la course dans l'après-midi. »

Il est des instants denses de joie : je vois la tête de René s'illuminer d'un sourire ; la course est commencée ! Notre bonheur nie l'évidence d'un crépuscule de plomb.

« A demain matin, huit heures un quart, à la gare du Montenvers. »

Ainsi nous nous quittons.

Mais dès que je suis seul, le ciel lourd m'apparaît sans espoir ; pas une étoile.

Je dîne avec Michon, et, plus tard, des amis m'emmènent à l'« Outa » où ils vont fêter leur départ. A 2 heures du matin quand nous sortons, quelques étoiles clignotent. A sept heures et demie, quand mon réveil sonne, il fait « grand beau ». René va être au train !

Je prépare mon sac, enfourche mon vélo, arrive en trombe à la gare du Montenvers. René est là, heureux et impatient.

Je déjeune dans le train, un touriste me prête son journal, allons-nous vraiment à la face nord des Drus ?

A un virage après Caillet, les Drus apparaissent plus beau que d'habitude : déjà, ils nous appartiennent un peu.

A neuf heures un quart, nous sommes au Montenvers. Le cicérone commence son boniment. Les « pirates » vont attendre les touristes en bas du sentier. Nous traversons la mer de Glace en nous hâtant. A midi et demi, nous pique-niquons sur l'herbe des dernières terrasses. Trois quarts d'heure après, nous nous encordons et passons la rimaye : l'escalade tant désirée commence...

La nature n'est que traditions : la roue des saisons, de la nuit et du jour, du soleil et de la tempête. De même l'alpinisme : le réveil difficile, le coup d'œil au ciel par la fenêtre du refuge, le petit déjeuner avalé sans appétit, le départ à la lanterne, le lever du soleil, les mille et une choses de la course, le retour vers midi, la flânerie sur la terrasse du refuge...

Aujourd'hui, à l'heure où les gens paisibles prennent leur café, à l'heure où d'habitude les alpinistes ont terminé leur course, j'éprouve un certain malaise à attaquer : une sorte de crainte, comme celle qui devait troubler les hommes à l'époque où la montagne n'était faite que pour les démons et les dieux.

Mais le beau temps revenu comme un don, il fallait l'épouser et nous voilà, en manches de chemise, à une heure indue, dans la face nord des Drus. Pourtant il fait bon en cet après-midi d'août ! La paroi est à l'ombre, mais une douceur ambiante respire la gaieté au lieu de la sévérité et du froid du tout petit matin. Un charme étrange se dégage : sûrement la montagne va nous livrer des secrets ; cet après-midi a la beauté de l'automne.

Nous grimpons vite, très vite même ; il le faut ! Demain matin je dois être à Chamonix pour la fête des Guides. Cela apporte un côté piquant à notre ascension. Aller vite pour aller vite nous a paru souvent idiot, mais aujourd'hui c'est autre chose : nous n'avons que ces quelques heures pour gravir les huit cents mètres de paroi. René n'a pas exagéré quand il m'a dit qu'il était capable d'aller vite : il est constamment sur mes talons. Vers 15 heures nous arrivons à la Niche, ce coup de pouce d'un géant dans la glaise de notre montagne. Nous nous arrêtons pour la regarder, et aussi la face ouest qui s'élève comme une trombe de pierre des moraines jusqu'au ciel.

« D'ici dix ans, elle sera gravie », dis-je à René.

Nous mangeons quelques dattes, des raisins de Corinthe, une orange — fruits de soleil dans l'air frais des faces nord —, puis reprenons l'escalade. Nous grimpons avec plaisir et facilité. Sans à-coups, nos mouvements s'enchaînent, coulent comme l'eau d'une source. C'est le propre de toutes les techniques sur un corps bien entraîné d'abolir la difficulté pour ne procurer que la joie d'un travail bien fait et pour lequel on est préparé. Enfants, nous grimpions aux arbres ; cet instinct, peut-être avons-nous su le conserver ? Et il me semble que si l'on nous arrêtait brusquement pour nous poser la question inévitable : « Pourquoi allez-vous en montagne ? », aujourd'hui nous répondrions aussitôt : « Nous sommes faits pour cela ».

Instinct, amour du rocher, technique... Nous grimpons sans être accaparés par des problèmes d'escalade. Ainsi tout est bénéfice : tout en surveillant l'ascension, l'esprit joyeux peut vagabonder. Quel délicieux après-midi ! Pas d'incident, pas d'accident au cours de cette ascension qui n'est que sympathie.

L'air est frais, bienveillant, fraternel. Le soleil caché derrière la face ouest nous épargne sa chaleur accablante, mais d'être là, proche, il répand la sérénité. Tout en bas, le train du Montenvers continue de grignoter sa crémaillère, le torrent continue de courir, le glacier d'avancer imperceptiblement, la cascade de déchirer sa nappe d'eau en une frange échevelée... Tout près ; le rocher a une bonne odeur de rocher, et ces innombrables grains de granit continuent de s'incruster amicalement dans nos doigts et dans nos Vibram. Tout cela est bon, rassurant, comme l'ombre d'un chêne. Ce monde est fait pour nous. Nous sommes en paix sur ce coin de planète. Bien sûr, gravir une muraille de pierre nous plaît, mais l'intelligence et les moyens physiques sont amers et ne paient pas s'il y a sécheresse de cœur.

Je grimpe le premier parce que c'est mon métier, mais tout autant que moi, René est de la cordée. Presque toujours nous grimpons ensemble : pour aller plus vite et parce que la confiance est réciproque.

Quand, six mois auparavant, je suis allé à Bruxelles, pour faire aux membres du Club alpin belge cette conférence que son vice-président, René Mallieux, m'avait demandée, j'avais deviné en lui ce vieux désir : faire la face nord des Drus ! Plus âgé que moi, René était à Chamonix en 1935, l'année de la « première ». Depuis, l'idée de gravir à son tour la paroi s'était formulée en lui. La guerre était venue, il avait fallu ranger ce désir ; l'hiver passé, il somnolait, je l'avais réveillé.

Qu'ils sont simples et sans éclat, les moments qui fondent le bonheur et l'amitié ! Ils sont si naturels qu'ils ne paraissent pas évidents.

La joie de René est de réaliser ce projet vieux de neuf ans, la mienne est de l'y aider. Je suis content d'être aux Drus, mais là ou ailleurs, mon bonheur est d'emmener un compagnon. Que serait le guide sans celui qu'il conduit ? Beau temps, mauvais temps, facile, difficile, j'ai besoin de chanter le même hymne que lui. Là est le meilleur cadeau de nos montagnes. Gravissant un sommet, un homme fait son travail, un autre est en vacances et le luxe de leurs efforts est leur amitié.

Maintenant, nous sommes assis l'un à côté de l'autre sur une terrasse de granit. Il neige légèrement. Il fait nuit. Tandis que nous terminions l'ascension, l'orage s'est déclenché. Nous sommes passés sous le sommet par la vire de quartz pour rejoindre la voie normale et commencer la descente. Mais après deux rappels, nous avons dû enfiler nos cagoules de bivouac et nous arrêter. Cette neige contrarie nos projets, mais n'est pas tellement déplaisante. La pluie est désagréable ; mais la neige, c'est tout autant la montagne que le soleil et un ciel pur. Les nuages ne doivent pas être très épais. Il ne fait pas tout à fait noir ; nous baignons dans une délicate luminosité : derrière les nuages, il y a la pleine lune, nous le savons.

Vers 10 heures, le froid s'amorce. Comme les nappes de brouillard au-dessus des rivières quand le soleil du matin les dissout, la couche de nuages s'étire, puis va combler la vallée de Chamonix et nous sépare du monde. La lune apparaît, blonde, dans le ciel noir ; sous sa lumière, la neige fraîche étincelle comme une poussière d'étoiles. Maintenant, il fait très froid. Recroquevillés dans nos duvets, assis côte à côte, les « os de la terre » nous font comme un berceau. Dans notre cœur, nous tenons tout le ciel ; nous suivons le sentier des étoiles sans nombre. Une légère bise se lève. Nous pensons aux premiers hommes qui ont gravi les montagnes. Mille huit cents mètres plus bas, en bordure du glacier, les petits lacs du Tacul ont des reflets de pierres précieuses. Sur notre droite, dans la vallée, la mer de nuages, frissonnante sous le vent, couve Chamonix endormie.

Le lendemain matin, quand nous arrivons dans le pays, la cérémonie au cimetière et la bénédiction des piolets ont déjà eu lieu ; j'aurai une amende pour être en retard.

L'après-midi, je grimpe aux Gaillands pour la démonstration d'escalade de la fête des Guides.

La face nord de l'Eiger

L'Eigerwand jaillit comme un trouble-fête des prairies aimables qui entourent la Petite Scheidegg : il est sombre, froid et ne dégage aucune joie.

Aucun glacier, aucune neige éternelle ne le séparent de la planète : c'est un pavé dans un champ de fleurs. Toujours à l'ombre, il ne participe pas au grand voyage quotidien de la terre autour du soleil ; seuls, quelques rayons lèchent sa crête et la réchauffent un peu. L'Eiger encombre l'horizon d'un paysage si bucolique. Haut de mille six cents mètres, creusé comme une poitrine de malade, souvent voilé de brumes ou cerné de nuages, sa vie est tellement différente de celle des fleurs et des bêtes.

Montagne hautaine, non par suprême élégance, mais parce qu'elle respire la terreur, faite de dalles compactes et de cheminements tortueux travaillés par la glace, sa structure n'est pas simple. A son pied traînent ses débris : d'immenses éboulis. Puis une petite barre le ceinture, supportant des entablements ruinés jusqu'à 2 800 mètres : c'est le tiers inférieur de la paroi. Le tiers médian est constitué par la zone des trois pentes de glace ; quant au tiers supérieur, il se redresse verticalement, comme une paroi dolomitique, jusqu'à la crête de neige du sommet.

De temps en temps, la gigantesque paroi torturée par le gel se fendille : alors d'immenses avalanches se répercutent dans le couloir ; c'est la façon dont l'Eigerwand se signale tandis qu'alentour les bergers d'Alpiglen soufflent des mélopées dans leurs cors et leurs trompes.

Tout de pierre noire et de glace vitreuse, il crève dans sa solitude : personne ne l'aime.

Et pourtant des hommes sont morts pour le conquérir !

A 8 heures du soir, le petit train à crémaillère de Lauterbrunnen nous dépose à la station Eigergletscher, Jean Bruneau, Paul Habran, Pierre Leroux, Guido Magnone et moi. En un rien de temps, nos sacs gonflés de matériel encombrent le restaurant vide de la station. Après avoir dîné, le gardien nous accompagne au dortoir ; sur le pas de la porte, avant de s'en aller, il nous demande :

« A quelle heure dois-je vous réveiller ?

— A 2 heures. »

Il vient de deviner, il nous dit :

« Vous allez à l'Eigerwand ? » Et sans attendre de réponse, rieur et triste, sans même consulter le ciel et le froid, il ajoute :

« Si vous allez à l'Eigerwand, le temps va se gâter. C'est une tradition. »

Nous n'en croyons rien et restons une joyeuse équipe tels que nous sommes partis, ce matin, de Chamonix. Nous choisissons le matériel et la nourriture pour la course, chacun prépare son sac, puis nous nous couchons.

Ce sont toujours d'étranges nuits, celles qui précèdent nos grandes batailles. Nous sommes cinq, nous étions gais ; mais maintenant avant de trouver le sommeil, chacun rêve, en silence, à l'immense paroi, là, très près de nous, indifférente.

Demain, aurons-nous plus de chance que lors de notre première tentative ? Il y a quinze jours, nous sommes déjà venus, Leroux et moi. La forme était excellente, nous savions que pour cette ascension, plus que pour n'importe quelle autre, il faut aller très vite, car la tempête traditionnelle peut s'abattre à l'improviste sur la paroi avec une violence inouïe et dont il est impossible de se préserver. En trois heures, nous avions gravi le tiers de la paroi, y compris la fameuse traversée Hinterstoisser, quand, tout à coup, de brutales chutes de pierres ont stoppé notre élan. Nous avons étudié d'où elles venaient. Elles partaient de mille mètres plus haut : de l'arête sommitale réchauffée par les rayons de soleil. Nous avons attendu dans l'espoir qu'elles cessent : elles ne tombaient pas sans arrêt, mais souvent. Un moment, nous nous sommes dit :

« Essayons, on verra bien. D'autres sont passés dans des conditions similaires. Pourrons-nous revenir une autre fois ? Nous sommes guides tous les deux et avons des engagements. »

Ah ! la tentation de passer quand même.

Nous avons hésité. Puis renoncé.

Ainsi l'enfant se voit arracher le jouet qu'il préfère. Puis nous avons éprouvé une grande paix intérieure, connaissant une vertu autre que celle de la seule conquête d'une grande montagne.

Pourvu que demain il fasse bien froid et qu'ainsi il n'y ait pas de chutes de pierres. L'alpiniste peut essayer de vaincre une difficulté, fût-elle de sixième degré, mais contre un danger qui ne dépend pas de lui, il ne peut rien. Toutes ces idées me préoccupent ce soir et m'empêchent de m'endormir. Pourtant, depuis cette tentative, nous avons renoué avec la chance. Pierrot a fait la Walker, Guido la face ouest des Drus, Jean est en grande forme, Paul et moi étions aux Grandes Jorasses il y a quelques jours. Ces courses réussies sont d'ailleurs la raison pour laquelle, au lieu d'être deux, nous sommes cinq cette fois pour l'Eigerwand. Cinq, c'est beaucoup pour une telle ascension, mais la pratique de l'alpinisme n'est-elle pas d'abord prétexte à l'amitié ?

Et tandis que je m'endors, heureux, je rêve aux Grandes Jorasses où, il y a quelques jours, j'ai conduit Paul.

Au pied de la Walker, pendant les premières longueurs

de corde, il était impressionné, il me l'a dit plus tard ; c'est normal et pour son propre plaisir c'était très bien ainsi. Puis peu à peu, le doute a disparu ; à la place est né un bonheur grave et léger. Je savais que la traversée des bandes de glace était délicatement aérienne, que peu après, la vue était tout à coup fantastique sur le dièdre de soixante-quinze mètres et que son escalade correspondait bien au gabarit de grimpeur de mon compagnon. Je ne disais rien, mais chaque fois j'attendais son sourire. Je savais, qu'habitué au calcaire des Ardennes où chaque dimanche il va s'entraîner, il aimait l'escalade fine, et je pensais : « Les dalles lisses de la tour Grise vont lui plaire ! » Plus haut, je me disais encore : « Paul n'a jamais passé une nuit dans une grande paroi, mais il aime trop la nature pour ne pas apprécier ».

Un peu avant la tombée du jour, à 4 000 mètres, nous avions installé notre bivouac. L'air vif promettait le beau temps. Il faisait très froid. Une grande paix régnait sur la terre et dans le ciel.

Le soleil redorait la planète quand nous nous réveillâmes ; l'escalade reprit comme un hymne à la vie. Paul était heureux. Je me sentais bien. Pour moi aussi les Jorasses étaient neuves.

Pourquoi, demain, n'aurions-nous pas la même chance ?

A 3 heures du matin, nous quittons la station Eigergletscher, ne souhaitant qu'une chose : le froid qui promet la journée belle et qui retient les pierres branlantes dans leur piège de glace. Une heure après, au bas de la paroi, nous faisons les gestes vénérables, mille fois répétés : sortir la corde, la déplier, s'encorder, commencer à grimper. Nos deux cordées, bien en forme, progressent à vive allure ; nous savons tellement que dans cette paroi rapidité égale sécurité !

A 6 heures, nous arrivons à la traversée Hinterstoisser. Malgré un léger verglas, nous la franchissons rapidement : Leroux et moi la connaissons bien pour l'avoir escaladée dans les deux sens il y a quinze jours, à l'occasion de notre tentative.

Mais tout à coup, au-dessus de moi, j'entends des voix. Ce n'est pas possible... Rapidement je m'élève, et une quarantaine de mètres plus haut, je vois effectivement deux alpinistes, puis encore deux autres.

Ainsi dans cette paroi gravie très rarement, nous sommes neuf ! Même du temps des tentatives, jamais il n'y a eu autant de monde à la fois dans la face.

Paul me rejoint. Effondrés, nous nous arrêtons pour réfléchir et regarder grimper les deux cordées qui nous précèdent : elles progressent très lentement ; de bon matin, nous venons de les rattraper alors qu'elles ont déjà bivouaqué une fois dans la paroi.

Notre bonheur est gâché. Le plaisir d'être seuls et l'intérêt de trouver le chemin n'existent plus. Suivre ces deux cordées va être peu agréable. Finie la rapidité ! A moins qu'elles nous laissent passer ? Plus d'une fois, j'ai cédé la place à des cordées plus rapides ou plus pressées que la mienne.

Allons voir. Nous reprenons l'escalade et rejoignons les quatre alpinistes ; nous sommes exactement deux longueurs de corde au-dessus de la traversée Hinterstoisser. Nous faisons connaissance. Devant nous, deux très jeunes Allemands, deux frères : Otto et Sepp Maag ; de la main, ils nous désignent les deux autres grimpeurs : Buhl, Jochler, autrichiens. Connaissant Buhl de nom, je salue joyeusement le premier, mais c'est le second qui me répond et j'en suis étonné.

Peu après, Paul Habran et moi manifestons aux Allemands qui nous précèdent notre désir de passer. En vain.

Nous n'insistons pas car de toute façon derrière nous, Jean Bruneau, Pierre Leroux et Guido Magnone, du seul fait qu'ils forment une cordée de trois, ne pourront jamais doubler.

Nous suivons...

Je suis arrivé au relais où Jochler et Sepp Maag tenaient la corde. Je les ai remerciés, et, dans un sourire, ils m'ont donné quelques tapes amicales dans le dos. Otto, qui était quelques mètres plus bas, nous a rejoints tandis que Jochler monte vers Buhl.

Maintenant, vite, nous faisons venir Magnone, Habran, Leroux et Bruneau. Nous les assurons très sec, nous les tirons presque, je sais trop ce que c'est ! Notre corde de nylon est restée souple, et de part et d'autre cela facilite nos manœuvres. Un à un, ils arrivent, contents d'être extraits de ce puits de misère. Et quand toute l'équipe est réunie, plane de nouveau le bonheur d'être ensemble. Maintenant, il faut préparer le bivouac. Il continue à neiger.

Les Autrichiens s'installent une longueur de corde au-dessus. Les deux jeunes Allemands, usés jusqu'à la trame, restent avec nous et notre relatif confort de vestes en duvet mouillées. Ils n'ont aucun matériel de bivouac, aucun vêtement en dehors de leurs chemises légères, de leur anorak de toile, d'un gilet court et du chandail, qu'hier, j'ai donné à Sepp. Et, depuis hier soir, ils n'ont rien mangé. Nous-mêmes, nous sommes trempés ; il y a longtemps que la neige, fondue au contact de la peau, coule le long de notre dos et de nos bras. Partis avec le projet de ne bivouaquer qu'une fois, nos provisions, qu'heureusement nous avions prévues largement, commencent à être rares. Tous les sept, les jambes pendantes ou posées dans des étriers de corde gelée, nous

nous asseyons sur ces deux misérables replats : deux marches d'escalier, usées, arrondies, inclinées vers le vide, suspendues, par hasard, à la paroi colossale. L'une, la supérieure, est relativement grande : large de trente à quarante centimètres, longue d'un mètre cinquante ; nous arrivons à y tenir à cinq : Jean Bruneau est tout à droite, les deux Allemands sont entre lui et moi, et sur ma gauche, Pierre Leroux vient de réussir à s'asseoir. Sur la toute petite marche en dessous, Paul Habran et Guido Magnone sont serrés, l'un contre l'autre, leur dos contre nos jambes. Pour rester accrochés au cas où l'un de nous glisserait ou s'endormirait, nous sommes tous attachés à des pitons comme une chèvre à un pieu. Nous nous sommes recouverts de la petite toile de vinyle que Guido a eu la bonne idée d'emporter : fixée aux pitons et posée sur nos têtes, elle nous fait comme un toit. Les avalanches continuent de couler dans le couloir. Ici, elles sont rares et légères : elles crépitent et glissent sur la toile de vinyle, mais une partie réussit à s'entasser entre notre dos et la paroi.

De temps en temps, le vent d'ouest amène une couche de neige poudreuse qui s'infiltre partout : dans le cou malgré la cagoule, dans les poches, dans les manches, entre les vêtements, dans les gants, dans les chaussures... Notre bivouac a une allure de village pillé par la tempête.

Pourtant, malgré notre inquiétude et cette promiscuité, une petite gaieté règne parmi nous : nous sommes nombreux, nous nous sentons encore forts. Paul et Guido font l'inventaire de nos provisions. Pierrot, avec des gestes d'équilibriste, pose une gamelle de neige sur le réchaud installé sur mes genoux et que je maintiens avec difficulté. Les boîtes d'allumettes sont mouillées, mais après bien des échecs, une petite flamme hésite, vacille, fait son trou à travers tant d'humidité et comme une petite reine sème un peu de joie parmi les hommes. Otto et Sepp sont heureux d'être avec nous. Jean, de sa voix calme et rieuse, nous annonce : « La tradition est dépassée ». Nous partageons, comme des frères, quelques bonbons, quelques morceaux de sucre, des débris de biscuits, un peu d'eau tiède faite de neige fondue.

Vers 2 heures du matin, il y a un coup de barre brutal dans l'atmosphère : la neige s'arrête de tomber, en revanche l'air devient glacial. La grande bagarre qui depuis un moment se déroulait au-dessus de nos têtes, est terminée : le vent d'ouest a faibli, le vent du nord a gagné ; il refoule les nuages, les tasse dans la vallée, réinstalle les étoiles dans le ciel, mais aussi un froid mordant sur la terre. Demain il fera beau, mais, pour l'instant, chaque coup de vent est un coup de hache ; dans un bruit de claque, il vient percuter contre la paroi, ébranlant notre campement de porcelaine. Nous grelottons violemment, les vêtements mouillés raidissent, les pieds gèlent, tout devient dur et cassant, le froid cisaille nos corps recroquevillés, racornis, somnolents. Les avalanches espacées qui coulent encore sont aussitôt dispersées en poussière par la bise glaciale qui apporte l'espoir, mais nous use lentement. La paroi, toute blanche, est presque lumineuse dans la nuit. Il faut surtout ne pas s'endormir ! Car si l'on s'endort, on ne lutte plus ; et si on ne lutte plus, on risque de s'endormir définitivement. Qu'il tarde à franchir l'horizon, ce jour tant attendu ! Ce sont les heures les plus dures. Morts de fatigue, il faut veiller, comme dans la crevasse sous le sommet de l'Annapurna. Et la nuit est éternelle.

Pourtant, ayant refusé de dormir et de mourir, il arrive un moment où nous voyons naître un paysage blanc de silence et de lumière. C'est le troisième jour. L'Eigerwand, montagne de pierre noire, est devenu de neige immaculée. Le soleil reste caché derrière l'arête de Mitteleggi, mais d'être là il nous rassure. Le froid est très vif. Il doit faire –10 °C. La paroi est livide, mais non sans beauté. La mauvaise nuit de l'inaction est terminée, l'escalade va reprendre. Demain, à notre déjeuner, nous aurons des croissants et du café au lait.

Encore plus aujourd'hui que les autres jours, j'aimerais faire mon chemin dans ce monde étrange, difficile, et pour lequel j'éprouve de la sympathie : le monde des sommets et des éléments. Mais vingt mètres au-dessus de nous, les Autrichiens se préparent à gravir le ressaut qui nous domine. Prévoyant que la lutte sera sévère, ils nous demandent des pitons. Ils assurent Sepp qui leur monte tout ce que nous avons. Puis Buhl attaque. Tout de suite, il se trouve sur un terrain très difficile ; sous la neige, le rocher est recouvert d'une gangue luisante : un verglas dur et épais qui le tapisse uniformément. Les pieds patinent, les mains dérapent, les fissures sont calfatées, les prises nivelées, les pitons entrent mal, le marteau tape, enfonce, creuse, se fatigue, tape à côté, écaille à peine le verglas épais, tout le corps glisse, reste pendu à un piton, se reprend, se rehausse, la respiration haletante est un moment suspendue ; le marteau dégage une prise, fait tomber un pan de neige qui recouvrait une dalle, nettoie une autre prise, le pied pique une pointe de crampon dans le verglas, les doigts gourds libèrent une cassure de sa glace, y plantent encore un piton. Buhl gagne cinquante centimètres, un mètre à ses pieds glissent encore une fois, tout part, les pitons tiennent. Le froid est terriblement froid, le ciel est clair, les doigts sont insensibles, les pieds sont gelés, les muscles sont raides, la machine est ankylosée, les vêtements sont une armure, la corde est une tige de fer. Mais le cœur et la volonté veillent, incorruptibles. Buhl avance lentement et avec une merveilleuse ténacité arrive à franchir le ressaut. Jochler le rejoint et continue en premier. Les Allemands suivent et à mon tour je démarre. Chacun se tire aux cordes pour aller plus vite. Un éperon rocheux dégagé de la paroi telle une proue de navire permet un bon relais pendant quelques instants. Vue d'ici, la paroi est fantastique. Pierrot et Jean sont encore au bivouac : fragile nid perdu dans ce gigantesque panneau de neige. Comment avons-nous pu tenir à sept, une nuit entière, sur ce misérable replat où, à deux, ils ont l'air si mal à l'aise ? Cela nous remplit de confiance pour la suite ; nous venons de là, au-dessus plus rien ne peut nous arrêter.

Un rappel pendulaire nous dépose dans un couloir, mais il est au soleil et la neige chauffée s'effondre ; entraînant des pierres, les avalanches reprennent, de neige non plus poudreuse, mais humide et lourde. Dans la traversée, Guido perd un crampon ; dans le couloir, un piolet s'échappe des mains d'un Allemand. A chaque longueur de corde, un piton assure les grimpeurs.

Nous progressons lentement, mais peu à peu la pente devient moins raide et nous allons plus vite. Il faut faire très attention dans ce couloir dangereux. Une pierre blesse Guido à la lèvre ; Paul l'assure efficacement. Enfin, nous sommes sur la pente terminale ; le bas est en neige soufflée, le haut en glace vive. Avec ardeur et plaisir, je taille des petites marches pour le pied gauche de Guido, démuni de crampons. Cela nous retarde un peu, mais peu importe. Les Allemands et les Autrichiens ont déjà atteint le sommet et commencé la descente quand j'atteins la corniche de l'arête de Mitteleggi. Je ne les vois plus. Mes camarades me rejoignent.

Gravir les cent derniers mètres de cette arête est un

enchantement. Vers 18 heures, nous sommes au sommet de l'Eiger. L'air est frais, mais il a bon goût, cet air du sommet. A perte de vue, la mer de nuages roule ses vagues de mousse blanche. Les hautes cimes ont grande allure sous leur parure de neige fraîche ; seules, comme des continents éternels, elles émergent d'une marée qui aurait noyé la terre.

Paul nous fait une surprise. Hier soir, au bivouac, il a un peu triché dans la distribution, il ne nous a pas tout donné ; maintenant, il vide son sac et nous livre les ultimes réserves : encore quelques bonbons, quelques morceaux de sucre, des biscuits brisés.

« J'avais gardé cela, au cas où il aurait fallu bivouaquer encore une fois », dit-il, la mine réjouie.

Mais la lutte est terminée. Nous nous regardons l'un l'autre, avec une certaine émotion ; durant ces trois jours, personne n'a faibli et la bonne humeur n'a cessé de régner : nous sommes restés une joyeuse équipe. Pourquoi, après une si dure ascension, sommes-nous si heureux ? Durant trois jours, nous n'avons rencontré que difficultés, froid et tempête, toutes choses qui repoussent l'homme. Ce n'étaient pas seulement des surplombs aériens, des dièdres acrobatiques ; à eux seuls ceux-ci nous auraient-ils procuré semblable joie ? Je ne le pense pas, et maintenant, il me semble mesurer la pauvreté d'un Eiger réussi par beau temps. Nous n'avons fait aucune folie, aucune imprudence, nous étions préparés pour réussir. A travers cette ascension, cette neige, cette tempête, nous venons de connaître, du fond de nos entrailles et de notre cœur, une grande plénitude : une vie débordante dans la parenté des éléments, un sens de la camaraderie, un goût des choses qui sont tels que, lorsqu'on les a goûtés, on les trouve irremplaçables.

Un moment encore nous contemplons ce monde à part

qu'est la haute montagne. Toute fatigue est effacée. En bas, comme une chatte caressée, la mer de nuages fait le dos rond sous la main du vent.

Mais il est tard. Il faut songer à quitter ce sommet. Il ne nous reste que deux heures pour atteindre la station Eigergletscher avant la nuit. En courant, nous descendons la voie normale ; comme ce matin, comme hier, comme avant-hier, la vie bouillonne en nous.

La vie, ce luxe de l'existence !

La Cima Grande

L'érosion a sculpté les Dolomites. Mais elles apparaissent plutôt comme jaillies de la terre. Mélange fantastique et brutal, de sous-bois enchanteurs semblent naître ces tuyaux d'orgue pétrifiés. Pas de glaciers intermédiaires. Peu de neige éternelle : le ciel est trop doux et les parois sont trop raides pour qu'elle puisse s'accrocher et tenir.

On a souvent comparé les Dolomites et les Alpes occidentales. Comme les fleurs, les montagnes sont telles que la terre nous les donne. Autant comparer la gentiane et l'edelweiss. Chaque massif a sa forme et ses couleurs, chaque rocher son grain et son odeur de pierre. Les plaisirs que nous offre la montagne sont, chaque jour, changeants et variés ; à nous de les comprendre et non de les limiter. N'allez pas au Cervin dans l'espoir de faire une intéressante escalade de rocher ; son charme est ailleurs : dans son histoire et dans son allure. Dans les Dolomites, il est presque toujours inutile d'avoir un piolet à la main ; faites plutôt un pacte avec le vide effrayant qui sera votre compagnon le plus proche dans l'ascension d'un spigolo ou d'une grande paroi. Ailleurs les parois sont abruptes, parfois très raides ; ici, elles sont géométriquement verticales, et certaines, non moins géométriquement, surplombantes.

Mais alors, que peut faire l'alpiniste face à de semblables parois ? L'homme est partout le même. Sensible à la rêverie des sous-bois, au secret des forêts comme à l'appel de la muraille, qu'elle soit de glace immaculée ou de pierre rouge. « Là où il y a une volonté, là il y a un chemin »... est vrai aussi bien à Cortina d'Ampezzo qu'à Chamonix, à Bolzano qu'à Courmayeur. Ici, les grimpeurs portent des pantalons de velours ; à Zermatt des culottes de drap épais. Mais la pâte humaine ne change pas.

Les Dolomites ont besoin de la bonté du soleil. Sans lui, elles sont fades, ternes, apathiques, tantôt gris sale, tantôt jaune délavé. Mais il suffit d'un rayon pour les faire naître : sous l'effet bienfaisant de la chaleur, elles frémissent, se colorent et, bien que verticales, deviennent très attirantes.

Dans cette débauche de lumière, seules les faces nord gardent leur réserve. Par reflet de la clarté alentour, une légère teinte claire les habille, mais, incorruptibles, elles conservent, dans leur solitude, une réelle grandeur.

La face nord de la Cima Grande di Lavaredo est une des plus illustres et des plus typiques de toutes les grandes faces nord des Dolomites. Quelques-unes sont plus hautes ou plus difficiles ; mais, est-ce son nom, sa situation, son histoire, la personnalité de ses premiers ascensionnistes ? Elle est la paroi la plus désirée et la plus gravie.

Dans la pratique de l'alpinisme, une importante partie du plaisir vient de la découverte. Pour cela, sans doute, tous les alpinistes rêvent d'Himalaya ; pour cela aussi, j'ai toujours désiré connaître des massifs nouveaux, faire des courses loin de Chamonix que j'habite chaque été.

Depuis longtemps, sur moi, les Dolomites exerçaient leur charme ; il me fallait y répondre. En ce début de juillet 1948, ma femme, Jean Deudon et moi allons vers ce pays de lumière, mais, hélas ! comme partout ailleurs, nous n'y trouvons que la pluie. Les rochers ont une couleur de fête manquée. Entre deux averses, nous escaladons les tours de Sella. Puis, selon nos projets, nous nous dirigeons vers la Cima Grande ; nous avons envie de la voir autant que de la gravir.

Profitant d'une éclaircie de fin d'après-midi, nous montons au refuge Longérès. Il est désert, sombre, triste. Personnc, que le gardien et quelques servantes.

Tandis que nous mangeons la minestra, la pluie se remet à tomber, fine et durable ; à ce bruit régulier, nous sommes maintenant habitués. Mais tout à coup un fracas considérable nous attire à l'extérieur : de la paroi de la Cima Grande, des blocs gros comme les tours de Notre-Dame se détachent, roulent, rebondissent, éclatent, labourent le pierrier, entraînant à leur suite une vague d'éboulis, et longtemps encore rabotent la pente jusqu'au fond du thalweg. Il fait très sombre, pas de ciel, pas d'étoiles, même plus de sommet de la Cima Grande ; les nuages gonflés, lourds, fatigués, pèsent contre la planète. Quel fracas malgré cette ambiance humide qui étouffe les bruits ! Les Tre Cime di Lavaredo ne se montrent pas sous leur meilleur jour. Mais, depuis, je n'ai jamais revu une avalanche de pierres aussi importante et surtout je me suis rendu compte que ce n'est pas là le vrai visage de ces montagnes lumineuses.

Le lendemain matin, le temps s'est un peu remis : il ne pleut plus.

« Allons voir », me dit Jean.

Peu à peu, sous un soleil timide, les Tre Cime reprennent vie.

A la Forcella, nous nous arrêtons, stupéfaits : de profil, en enfilade sur la même ligne droite, les faces nord des Tre Cime nous écrasent de leurs surplombs et de leurs dalles vertigineuses. Nous avançons dans ce sanctuaire de cimes élancées et de pierraille gisante. Après la pluie de la nuit, l'eau, qui s'est infiltrée à travers les murailles calcaires, résurge le long des grandes dalles qui semblent saigner d'un sang gris et noir. Même par beau temps, il ne serait pas possible de grimper. Pour nous enlever tout remords, il se remet à pleuvoir. Triste été que l'été 1948.

La Cima Grande et, en particulier, sa face nord, ne serait pas si belle et si prenante, si elle ne s'inscrivait dans la trinité des Tre Cime. Elle perdrait beaucoup si elle était seule. L'une — même la Grande — sans les autres, ne serait qu'un énorme bloc triste, comme il peut en exister ailleurs.

Le triomphe du versant nord des Tre Cime di Lavaredo est celui des lignes simples. Du pierrier horizontal émergent les faces nord verticales. Contraste sans détours, il semble que le géant qui les a créées disposait d'un bloc de pierre informe posé sur la crête, et que d'un maître coup de hache il a taillé et rigoureusement aligné le versant nord ; puis, trouvant son œuvre encore trop lourde, il a creusé de deux petits coups discrets les brèches profondes de chaque côté de la Grande et ainsi nous a donné trois sommets rivalisant d'élégance et de pureté. Les copeaux de pierre, comblant le haut du Val-Rimbon, ont donné le Pian da Rin et introduit cette ligne plate comme pour aggraver la verticalité des parois. A terre, les débris ; debout, la montagne vivace. A vrai dire, voilà l'œuvre de la mer et du temps pour le plus grand bonheur des alpinistes.

Pendant longtemps la face nord de la Cima Grande a été le « problème » des Dolomites, et la date de sa conquête coïncide avec l'époque « face nord » de toutes les Alpes, comprise entre 1931 (face nord du Cervin) et 1938 (Walker et Eiger).

Un nom, entre tous les autres, reste attaché à cette paroi : celui d'Emilio Comici. Triestin d'origine, montagnard d'adoption, le premier il a « cru » en la face nord de la Cima Grande. Petit, agile, musclé, rêveur, romantique, il a été un des plus grands grimpeurs des Dolomites. A son nom, celui des frères Dimai de Cortina doit être associé.

L'altitude de la Cima Grande di Lavaredo n'est que dc 2 998 mètres et la hauteur de sa face nord n'est que de cinq cent cinquante mètres, mais les deux cent vingt premiers mètres sont rigoureusement surplombants et le reste est vertical.

Est-ce possible d'escalader une dalle régulièrement en dévers sur deux cent vingt mètres ? L'homme disposait de sa volonté, mais il dut d'abord créer une technique adaptée à ce genre d'exercice : la technique de l'escalade artificielle. Grâce à une suite quasi continuelle de pitons plantés avec peine et auxquels il se confiait entièrement, il parvint à s'élever.

Après bien des tentatives, les 13 et 14 août 1933, Comici et les frères Dimai réussirent à escalader la formidable paroi. Résolu, le problème allait devenir clef de voûte pour la conquête d'autres murailles. En même temps, bien qu'ayant perdu son mystère, la Cima Grande continuait d'exercer son charme. La première ascension n'avait fait que l'accroître et maintenant encore, parmi les grandes parois, elle est la plus recherchée et la plus escaladée par une jeunesse enthousiaste et romantique comme par des alpinistes confirmés ; ils viennent y chercher une ambiance un peu merveilleuse, un peu pathétique et une sorte de consécration.

Je suis comme les autres ; depuis longtemps, moi aussi, je subissais le charme, et mon voyage avec Jean Deudon n'avait fait que l'accroître.

En cette fin de saison 1949, je monte au refuge de Longérès rejoindre Gino Solda. C'est un des meilleurs grimpeurs des Dolomites, mais d'abord un homme très sympathique. Il me rappelle le compagnon de ma première ascension à la barre des Ecrins, Henri Moulin : vigoureux et bon. Il a 40 ans et une solide expérience de guide, mais encore l'enthousiasme d'un jeune garçon. Il a réussi les plus grandes courses des Dolomites ; pour d'autres ce serait un exploit, chez lui c'est naturel : ses moyens physiques exceptionnels et sa décision le lui permettent sans effort. Mais il me semble que ses premières qualités sont sa gaieté et son bon cœur.

Il me présente à deux camarades : Mazzetta, un jeune guide d'Auronzo et Roland Stern, un étudiant autrichien, qui, demain, viendront avec nous à la face nord de la Grande.

Je me souviendrai toujours de cette soirée. Nous sommes d'abord allés faire un tour au refuge des Tre Cime, pour voir une fois de plus la grande paroi et nous promener pour le seul plaisir de nous promener en montagne. Cela, d'ailleurs, a une allure d'école buissonnière : Solda est guide comme moi. Notre métier est, pour nous, le plus beau du monde, mais aujourd'hui, sans souci, sans responsabilité, nous marchons, nous sautons, et demain nous grimperons comme des collégiens. Nous avons 20 ans. Et maintenant, revenus au refuge Longérès, nous regardons la nuit descendre lentement.

Les dernières heures du jour sont pathétiques dans les

Dolomites. Le soleil joue un jeu terrible avec les grandes façades de pierre ; le rocher, qui ne vit que par lui, passe par des couleurs fugitives et que l'on voudrait retenir tandis qu'il s'échappe, chavire, tombe dans la trappe de l'horizon. Alors, sur les parois, s'établit un silence d'abandon, puis de mystère, tandis que les bruits familiers de la terre : murmure des insectes, sonnailles, vent léger, commencent à se faire entendre ; en confidence, les lumières d'Auronzo et de Misurina répondent aux étoiles qui se placent dans le ciel. Le froid vient. Les hommes ne parlent pas, mais ils ressentent une fraternité née d'un même amour des choses de la montagne. Et plus tard, devant la soupe, Solda nous communique sa gaieté.

A sept heures et demie du matin, nous voici au pied de la paroi. Bien que nous soyons partis volontairement tard, c'est encore trop tôt : le calcaire de la Cima Grande est froid comme le marbre d'une table de café. Quatorze septembre ! Le soleil se lève maintenant trop au sud pour que même des rayons tangentiels puissent encore réchauffer un peu la paroi. La nuit a été fraîche ; en haut, dans la cheminée, nous trouverons du verglas.

Ce n'est pas sans émotion que je m'encorde avec Solda, puis que je le vois commencer à grimper. Il a déjà gravi une fois la face nord avec Gervasutti ; je mesure toute la chance que j'ai d'être avec lui aujourd'hui. J'accorde toujours autant d'importance au compagnon auquel je me lie, qu'à la course que nous faisons.

Tout de suite, nous sommes dans l'ambiance : une traversée sur la gauche nous projette en plein vide, déjà la paroi se creuse sous nos pieds. Il n'est plus besoin de se retourner pour apercevoir le pierrier ; désormais il est là, entre nos jambes.

Les guides de Chamonix ont l'habitude de mettre le

pied sur la glace ; à voir grimper Solda et Mazzetta, on peut dire que ceux des Dolomites ont l'habitude de mettre le pied sur le vide. Durant toute l'ascension, il ne se passera rien : pas d'orage, pas de glissade, pas de coup dur ; il ne se passera rien si ce n'est cette découverte : des hommes jouent un ballet fantastique sur un plateau de pierre vertical ; ils sont chez eux, là est leur vocation.

Le vide effrayant n'est plus un boulet sous mes pieds, mais un agréable compagnon. Le pierrier lointain qui s'encadre entre mes jambes fait partie de mon univers familier. L'appréhension du début m'a tout à fait quitté. J'ai maintenant l'impression d'avoir posé une carcasse pesante. Gino est content. Par moments, tout en grimpant, il chante. S'il savait combien je suis heureux d'être là !

Il y a quelques mois à Vicenza, comme je lui demandais : « Comment est-ce possible de gravir une paroi rigoureusement surplombante sur deux cent vingt mètres ? », en riant, il me répondait : « Tu verras ».

Maintenant, arrivés en haut des plaques jaunes, il me dit, amusé :

« Si tu laisses tomber une pierre, non seulement elle ne touche pas la paroi, mais elle s'écrase sur le pierrier, à plus de vingt mètres du bas de la muraille ».

C'est vrai : tout à l'heure j'ai déjà essayé. Et je m'émerveille que, pas une seconde, il ne pense : « Si nous tombons, nous ferons comme la pierre ». Il sait cela, mais cette idée morbide ne l'effleure pas. C'est pourquoi j'ai tant de plaisir à être avec lui. Nous ne sommes pas des trompe-la-mort, ni des aventuriers. Nous n'aimons pas avoir peur. Nous aimons la vie et notre métier.

Au-dessus, la paroi change d'inclinaison : de surplombante, elle devient verticale. Je passe en premier jusqu'au niveau de la grande traversée où, pour me permettre de faire des photos, Gino reprend la tête ; il la conservera jusqu'au sommet où nous retrouvons le soleil. Cette course a un parfum de fin de saison, l'automne est proche. Heureusement, une fois encore Gino nous communique sa joie.

Puis, décordés, nous descendons la voie normale en courant. Aujourd'hui nous n'avons pas à bivouaquer. Les étoiles, c'est en nous-mêmes qu'elles brillent.

Le Grand Capucin

Des Alpes aux Pyrénées, des Pyrénées aux Alpes, d'une montagne à une autre, ainsi est la vie du montagnard. A peine a-t-il gravi un sommet qu'une aurore naissante le trouve parti vers de nouvelles aventures. Le montagnard est fidèle chaque matin à la fidélité du soleil. Cette vie c'est mon métier. Certains jours il est dur, mais quel métier ne l'est pas, d'une façon ou d'une autre ? N'est-ce pas une chance de se trouver ici, dans ce grand paysage sauvage, au moment où les premiers rayons vont atteindre le sommet du mont Blanc et ramener la vie sur la terre ? N'est-ce pas une chance que les montagnes m'aient fait rencontrer des compagnons de tous pays, toutes professions, toutes cultures ?

Konrad Kirch et moi montons aujourd'hui vers le Grand Capucin, cette flèche de granit qui est à la fois un appel et un défi. Konrad est allemand. Il est juriste ; il aime aussi grimper, faire des expéditions, descendre des rivières, camper, bivouaquer. Il habite Wessling, petit village au loin de Munich, au bord du lac, en Bavière, pays riche en beaux paysages et en grimpeurs ardents et passionnés.

Nous avons hésité entre plusieurs projets avant de

choisir le Grand Capucin ; choisir une course, y rêver alors qu'on en est loin, c'est déjà être en train de grimper.

Le Grand Capucin, déjà dans sa partie inférieure, c'est un immense bastion fait de dalles presque sans prises. Dès les premières longueurs de corde, l'escalade est très difficile, le rocher est compact, c'est-à-dire présente peu de prises ; de plus, bien souvent, au-dessus, il est barré par des lignes de surplomb qui semblent pendre du sommet. Dès les premières longueurs de corde, le grimpeur est en pleine dalle et en plein vide, mais s'il est bien entraîné et bien en forme, en fait, s'il éprouve la sensation d'être à sa place, sensation qui, en même temps que l'envie de gagner lui donne la joie de grimper, alors le vide qui pesait sous ses pieds devient au contraire léger, tandis qu'au-dessus de lui, le granit n'en finit pas de se redresser.

Alors que dans les massifs calcaires, il y a assez souvent des parois verticales et même des parois en surplomb, cela est très rare dans les massifs granitiques et c'est ce en quoi le Grand Capucin est exceptionnel.

Grimper, ici, c'est s'élever sans prétention mais aussi sans faiblesse ; avec respect mais joyeusement, toujours, au fond de soi-même, en étant sinon égal, mais, pour sûr, « accordé » au rocher.

L'itinéraire n'est pas un itinéraire direct, élégant, mais il a une autre qualité : c'est un itinéraire de compréhension, et le premier mérite de Bonatti, avant d'avoir réussi cette magnifique première, est d'avoir deviné et trouvé le cheminement.

En effet, après l'attaque et la traversée du couloir, l'itinéraire s'insinue souvent au fond de dièdres par de minces fissures à peine marquées entre les grandes dalles monolithiques, compactes, magnifiquement lisses, et, plus haut, entre les lignes de toits qui rayent horizontalement la paroi.

Dans le bas, la paroi est très raide, puis peu à peu elle se redresse encore pour devenir verticale, et dans sa partie supérieure elle est en surplomb, au sens géométrique du mot, à tel point que si du sommet on laisse tomber un piton ou un étrier, ils vont droit en bas, sur le glacier, sans toucher la paroi.

Etant donné la raideur du Grand Capucin, étant donné aussi l'absence de prises sur ce granit compact et monolithique, très vite il faut recourir à l'escalade artificielle, c'est-à-dire aux pitons, aux mousquetons, aux étriers.

Cependant, dans cette ascension magnifique, et pour qu'elle soit plus belle encore, notre désir, notre jeu, est de la gravir avec le minimum de pitons, c'est-à-dire en poussant au maximum les possibilités de l'escalade libre. D'ailleurs, dans tous les domaines, quelque chose qui est libre est bien plus beau que quelque chose qui est artificiel. Etre le moins possible prisonnier des pitons.

Très souvent le grimpeur est en dévers, et cela est encore augmenté par le poids des sacs qui nous tirent en arrière. Les sacs inévitablement sont lourds : matériel d'escalade, un peu de nourriture, surtout de quoi boire, matériel de bivouac et, aujourd'hui, matériel de prises de vues.

Konrad a un travail ingrat, car, en plus de son escalade, il doit récupérer le matériel.

Sur notre gauche, le Trident, 3 640 mètres.

Une fissure, en escalade libre, très belle, très difficile, prises minuscules, au-dessus du grand vide, va nous conduire sous le premier grand toit.

Nous avons pris de l'altitude ; sur notre gauche, le Trident semble s'être enfoncé dans le glacier.

Deux longueurs de corde au-dessus, c'est une nouvelle traversée, cette fois en pleine dalle grâce à cette mince fissure. Cette traversée va nous conduire dans un dièdre-cheminée, assez court, pas très difficile, mais très athlétique et assez pénible surtout à cause du sac. Et par ce dièdre-cheminée, nous allons arriver au pied du mur de quarante mètres qui est le passage clef de l'ascension du Grand Capucin, aux deux tiers supérieurs de cette extraordinaire tour de granit.

Il y a des sommets, et c'est précisément le cas du Grand Capucin, où beauté et difficulté sont étroitement liées, s'identifiant même l'une à l'autre. Et, au-delà de la forme et de l'allure exceptionnelles de cette montagne, la beauté, en escalade, c'est parfois une paroi idéalement verticale, lisse, parfaite, où les prises seraient presque des malfaçons. Une paroi peut nous paraître d'autant plus belle qu'elle a moins de prises et qu'elle demande au grimpeur plus d'adresse, d'agilité.

C'est peut-être là une forme de recherche de la perfection dans ce sport, en tout cas de la difficulté.

Cependant, il ne faut en aucun cas être un grimpeur « forcé », intérieurement s'entend — que l'on escalade d'ailleurs du sixième degré ou du troisième degré —, mais un grimpeur « à sa place », du bonheur plein la tête, plein les jambes, au bout des doigts ; toujours en équilibre sur les pieds, disposant de ce qu'est la lucidité née de l'expérience et du bon sens, c'est-à-dire une imagination de gestes, le goût d'oser à bon escient, l'élan du cœur, le courage non pas sombre mais clair, non pas exalté, illuminé ou contraint, mais serein, léger, établi, un rythme dans la distribution des mouvements, une anticipation dans l'enchaînement, une mobilité face à la qualité du rocher, à la disposition des prises, une compréhension de plus en plus instinctive, normale, directe, en fait une « parenté » avec la paroi qui le porte.

Face au granit et à la glace, le grimpeur est de porcelaine ; face à une image de l'éternité, il est l'image même de la fragilité, et pourtant, là où il y a une volonté — non pas un entêtement mais une volonté — il y a un chemin, là où il y a une compréhension peut naître un grand bonheur secret : celui des horizons gagnés face aux grands espaces.

Le pilier Bonatti des Drus

Christian Mollier, Pierre Cretton et moi, partons vers la course tant désirée, le pilier sud-ouest des Drus, dont nous rêvons depuis longtemps.

Il s'agit d'un gigantesque pilier de granit rouge, haut de huit cents mètres qui plonge sur un couloir de glace.

Nous franchissons la rimaye et durant plusieurs heures nous remontons le couloir profond et sinistre ; il est encore plus sinistre que l'Eigerwand parce que, très encaissé, il canalise les chutes de pierres : plusieurs alpinistes y ont déjà laissé leur vie. Bien que très lourdement chargés, nous nous élevons le plus vite possible. Absorbés par la dangereuse remontée du couloir, nous n'avons pas vu le temps se gâter ; de vilaines brumes s'élèvent vers nous. Le temps, si beau jusqu'à présent, voudrait-il changer ?

Dès le début, l'escalade est sévère et, durant toute l'ascension, mes deux jeunes compagnons et moi éprouverons une réelle et profonde admiration pour Walter Bonatti qui a réussi, en solo, la première ascension.

En fin de matinée, nous arrivons à la grande terrasse. De toute l'ascension, c'est le seul endroit où l'on trouve une telle plate-forme : comme un grand balcon suspendu à l'immense paroi. En dessous, un peu moins de deux cents mètres de paroi, au-dessus un peu plus de six cents mètres.

Après une fissure fort pénible, nous arrivons au passage des Dalles-Rouges. Ici, sur le rocher, nous sommes vraiment de tout petits hommes noyés, perdus dans la montagne.

Heureusement qu'existe la technique pour gravir des parois comme le pilier des Drus ; la technique résout les problèmes et apporte des satisfactions mais elle n'est qu'un moyen et reste pauvre si on la sépare de l'esprit qui la guide.

Le long de cette paroi idéalement belle, sur ce rocher si franc et si solide, nous connaissons la joie de l'escalade, mais l'alpiniste s'il ne grimpait que pour grimper, risquerait d'oublier le nom qui a chanté dans son cœur, et, en arrivant au sommet, il n'aboutirait nulle part. Par bonheur, dans le cœur de chaque homme, il y a toujours une parcelle sensible qui a commandé un apprentissage fervent et passionné, avant que celui-ci devienne efficace et soit une forme de beauté.

En haut des Dalles-Rouges, à la fin de la première journée, nous arrivons au bivouac où nous passerons la nuit.

Christian, puis Pierre me rejoignent.

Le moins mal possible, nous nous installons. Le ciel s'est assombri, le paysage devient extraordinaire : elle est belle, dans le ciel, la grande bagarre des vents. Moi je suis content d'être dans le pilier, mais, là ou ailleurs, course facile ou difficile, je suis heureux d'être en montagne avec des compagnons.

A côté de moi, Christian et Pierre ; en additionnant leur âge cela fait à peine un peu plus que le mien. Ils sont simples et sans éclat les instants qui fondent le bonheur et l'amitié ; ils sont si naturels qu'ils ne paraissent pas évidents.

Depuis le bivouac et la reprise de l'escalade quelque chose me réjouit. Au début, je croyais que c'était l'escalade elle-même ; mais ce n'est pas la seule raison. Il y a tous ces frémissements de l'atmosphère : le goût de l'air et l'odeur du rocher, le soleil et les brumes autour de nous, mais tout cela n'est que détail. La vérité, c'est que nous sommes trois hommes sur une patrie de glace et de pierre et que nous marchons vers le même sommet.

Au petit matin nous reprenons l'escalade.

Nous allons rencontrer, nous le savons, les plus grandes difficultés. Mais tout en aimant les entreprises difficiles, nous sommes prudents.

Les guides qui m'ont enseigné, m'ont toujours dit :

« Grimpe d'abord avec la tête. Rends-toi toujours compte de ce que tu veux faire et de ce que tu peux faire ; l'alpinisme est avant tout une question de conscience. »

Souvent, une ascension est née d'un rêve, d'une exaltation, d'un désir spontané, parfois irraisonné : un joli nom, une forme, une histoire, un souvenir et nous voilà à l'ancre d'un sommet ; mais vient le temps où il doit devenir un calcul, le rapport précis entre le but et les moyens de l'alpiniste ; de ce rapport découle la décision. L'alpiniste doit toujours se rappeler cette formule, déplaisante à énoncer dans sa sécheresse, mais capitale, car elle conditionne le départ.

En cet instant, plus de charme dans ce monde enchanté, plus de poésie dans cet univers ; d'un froid calcul dépendent la vie de l'alpiniste et celle de ses compagnons. Mais qu'il est beau ce dialogue intime entre l'homme et les forces de la nature !

Christian et Pierre escaladent remarquablement bien. Sans eux, cette magnifique paroi deviendrait pour moi secondaire. Etre guide consiste aussi à installer les jeunes guides et les aspirants dans leur métier : c'est la tradition et nous aimons les traditions. Dans le métier de guide, il faut deux choses : des connaissances et de l'amour, mais d'abord de l'amour. Et je pense à nouveau : grimper est secondaire, ce qui est important c'est l'homme qui naît au cours de l'ascension. « Là où il y a une volonté, il y a un vrai chemin », c'était vrai pour de Saussure, pour Whymper ; c'est vrai pour nous également.

Au sommet, sur ce carré de pierre nue, nous sommes pauvres : plus grand-chose à manger, plus rien à boire ; nous sommes pauvres et riches. Riches de choses qui ne s'achètent pas, de choses qui n'ont pas de prix. Le père de Christian, Firmin Mollier, m'a, autrefois, enseigné mon métier ; aujourd'hui, son fils est avec moi. Pierre Cretton est suisse, mais au sommet des Drus il n'y a pas de frontière.

La face sud de l'aiguille du Midi

Le guide et son compagnon font aussi des « premières ». Une « première » c'est d'abord une ambiance à part. Les parois vierges deviennent de plus en plus rares et par conséquent de plus en plus difficiles. L'aiguille du Midi a trois sommets : sommet nord, central et sud. En 1955, alors qu'un audacieux téléphérique aboutissait au sommet nord de l'aiguille du Midi et y emmenait chaque jour jusqu'à quatre mille quatre cents touristes, la face sud du sommet sud, magnifique paroi de granit rouge se dressant comme un rempart haut de deux cent cinquante mètres au-dessus de la vallée Blanche, était encore invaincue. Depuis longtemps je songeais à essayer cette ascension.

J'avais déjà fait bien des ascensions avec Maurice Baquet qui, lui aussi, parcourt les montagnes depuis son enfance et y revient sans cesse, dès l'instant où ses tournées de comédien ou de violoncelliste le lui permettent ; je sentais que pour Maurice, faire cette première à la face sud de l'aiguille du Midi, lui procurerait un grand plaisir. Alors tout devient facile, même l'escalade la plus rude, le long d'une paroi verticale, compacte et par moments surplombante. Décrire une tempête est aisé, parler du bonheur des hommes n'est pas facile : au cours de cette merveilleuse ascension, nous connaissions un profond bonheur, un bonheur inhabituel, renforcé, parce que Maurice, toujours joyeux et rieur, d'une gaieté si communicative, était si sérieux ; par un clin d'œil, il voulait de temps en temps me dire combien il était heureux d'être là, heureux que j'aie confiance en lui, et je pensais que ce sentiment de confiance réciproque était bien plus beau que l'escalade elle-même, si belle fût-elle. S'il n'y avait eu que l'escalade le long de ce désert de roche verticale, le bonheur eût été froid ; avec Maurice, montait une grande chaleur humaine.

Nous sommes partis ; Maurice est toujours un joyeux compagnon, mais il sait que la paroi est verticale, que l'ascension sera très dure et, tout de suite, il devient le camarade sérieux et solide, sur lequel je sais pouvoir compter entièrement.

Les pionniers avaient du mérite, mais aussi de la chance. Il est si extraordinaire d'être dans une paroi vierge, de chercher et de trouver, de tracer son chemin. « C'est l'incertitude de l'issue finale qui fait l'attrait d'une aventure. »

L'ascension est difficile, mais le rocher est si beau, si

solide, le soleil est si bon, que nous éprouvons une grande joie et une grande confiance.

Autrefois, quand j'étais un jeune grimpeur, j'éprouvais un vif plaisir venant de l'escalade proprement dite. Depuis, je crois que le guide doit d'abord grimper pour le plaisir de celui qu'il emmène et le conduire là où il le souhaite. Ainsi, une ascension en haute montagne est d'abord prétexte à l'amitié.

La beauté des sommets, la liberté dans les grands espaces, les rudes plaisirs de l'escalade, une parenté avec la nature retrouvée, seraient secs et parfois amers sans l'amitié de la corde. La corde est un lien matériel, mais bien plus que cela : amitié fraternelle, faite de gentillesse, de dévouement, de combats menés ensemble et de joies partagées.

Je grimpe en premier parce que c'est mon métier et que je suis fait pour cela, mais Maurice est autant de la cordée que moi.

A tour de rôle, lui et moi nous nous élevons le long de la paroi idéalement belle. Nos mouvements précis et efficaces s'enchaînent et nous procurent une paix et même une allégresse intérieures ; face au miroir de pierre vertical, le ballet est bien réglé, la cordée est à sa place.

Une difficulté est une question, les gestes pour la résoudre une réponse. Ici, c'est le plaisir intime de communiquer avec la montagne, non avec sa grandeur et sa beauté comme au sommet du Cervin ou sur les arêtes avec Jean-François, mais plus simplement, plus directement avec sa matière, comme un artiste ou un artisan avec la pâte qu'il pétrit de ses doigts, avec le bois, la pierre ou le fer qu'il travaille.

Avant d'attaquer une fissure ou une dalle, l'alpiniste la regarde, la mesure loyalement ; il en étudie les secrets :

qualités et défauts, et il y a dans cette conversation quelque chose de très prenant, comme une parenté retrouvée. Puis, au cours de l'escalade, il y a contact entre le roc et la chair de l'homme : toucher, tenir un beau granit est agréable et rassurant ou encore, dans les escalades calcaires, deviner les petites prises cachées et, par elles, une progression, un itinéraire, un cheminement.

Après dix heures d'escalade, nous approchons du but : une magnifique flèche de granit et, après une traversée ascendante, nous atteignons la cime, le sommet de l'aiguille du Midi. Maurice est heureux, et moi avec lui. Curieux paradoxe, la face sud du sommet sud de l'aiguille du Midi était vierge. Au sommet central, puis au sommet nord, nous retrouvons la foule et le téléphérique qui nous ramène dans la vallée.

Horizons lointains

L'Himalaya

Sur les bancs de l'école, nous avons appris que là-bas, très loin, existait une terre merveilleuse aux riches trésors et aux plus hautes montagnes.

Les trésors en eux-mêmes ne nous intéressaient pas, c'est leur découverte qui faisait jaillir de belles lueurs dans nos yeux. Mais ce qui faisait battre notre cœur de jeune garçon c'était la conquête des plus hautes montagnes.

Le maître nous en donnait la description : « Au nord des Indes, l'écorce terrestre se soulève en plein ciel : c'est la chaîne de l'Himalaya, les plus grandes et les plus hautes montagnes du monde ».

C'était surtout leur altitude que je retenais : 8 000 mètres et leurs neiges éternelles.

Le livre de géographie était pauvre en photographies, je les imaginais comme une muraille prête à toucher le sol, couverte de glaciers.

Baissant la voix, comme pour nous livrer un secret, le maître ajoutait : « Elles sont sacrées ; elles sont le séjour des dieux, aucun homme n'a jamais atteint leur sommet ».

En arrivant à la maison, j'entrais sous le charme de la mappemonde. Un moment je la considérais avec sagesse. Puis je m'en emparais comme d'un jouet ; je la faisais tourner, tourner, j'imaginais le jour, la nuit et les étoiles. Je partais en voyage, me renvoyant de la boule magique à la fascination des atlas. Souvent j'allais vers l'Himalaya.

Mais alors qu'à cet âge où l'on grimpe partout, on est maître du monde parce que tous les rêves sont possibles, mon imagination et mon ardeur faiblissaient : après avoir créé cet Himalaya gigantesque je ne parvenais jamais à le gravir ; je devais me contenter de le voir, puis — cela convenait au rêve — d'en contempler l'inaccessible beauté.

Ainsi les plus hautes montagnes conservaient leur mystère, restaient les plus belles et les plus désirables.

Plus tard, toujours sur les bancs de l'école, le professeur de géographie nous apporta quelques précisions :

« L'Himalaya ? Des montagnes sur deux mille cinq cents kilomètres de long (de la Bretagne à la mer Noire), deux cents kilomètres de large, huit mille mètres de haut. »

En moi-même, je créais puis posais cette masse géométrique sur la planète.

Le professeur poursuivait : « Au sud : les Indes. Derrière, au nord : les hauts plateaux tibétains. Seulement trois ou quatre passages pour aller d'un pays à l'autre, trois ou quatre pistes à travers ce rempart, le long de torrents bondissant dans des gorges profondes avant d'aller s'ennuyer et tourner en rond dans la plaine des Indes, cette terre de feu plate comme la mer.

« Ces montagnes portent des noms mystérieux, parfois difficiles à prononcer, cachant des choses simples : Himalaya veut dire Séjour des neiges ; Kangchenjunga : les Cinq Sources des glaciers ; Annapurna : Déesse des moissons... Personne ne les a jamais gravies. Elles sont respectées, parfois adorées ; Hindous et Tibétains les croient habitées par leurs dieux. »

Dans notre vanité de petits hommes civilisés nous nous mettons à rire de ces superstitions. Et pourtant, c'était bien tentant d'entrer dans le jeu et de croire.

— Tu es sûr que le Gaurisankar n'est pas habité par un dieu ?

— C'est ridicule.

Mais c'était un jeune garçon essayant de se croire un homme qui se raidissait pour dire : « C'est ridicule ». Timidement, l'un d'entre nous ajoutait :

— C'est peut-être vrai ?

Le professeur, clairvoyant, nous avait encore dit :

— Les fleuves sacrés prennent leurs sources dans ces hauts lieux.

Et je me disais :

— Ces fleuves sont un peu de la haute montagne elle-même qui se donne.

Quel beau voyage dans l'espace et dans le temps !

Après avoir survolé la plaine des Indes, plate comme la mer, nous traversons à pied le Népal, nous approchons enfin des plus hautes montagnes de la terre.

Un soir, la vallée étroite et profonde s'ouvre brusquement ; le rêve caressé pendant des années prend forme : entre les brumes bleutées qui dissimulent les racines de la gigantesque montagne et le bleu cru du ciel d'Asie, une dentelle de pierre flotte à plus de 8 000 mètres, des pans de neige émiettés par le vent s'évaporent dans l'azur...

Muets, nous avançons encore un peu, laissant derrière nous s'évanouir le vacarme du torrent percutant dans les gorges. Dans le silence qui s'établit, nous entendons mieux les rumeurs de la nature et le battement de notre cœur. Longtemps, nous regardons la mystérieuse montagne qui a enchanté nos soirées... Puis quand mes yeux s'en détachent, observant alentour ce thalweg immense, désert, tranquille, je pense à l'Oisans, au Valais, à l'Oberland et me dis : « Ici ! en bien plus grand, c'est comme chez nous ! C'est un de ces lieux de la planète marqués en ocre sur l'atlas, puis en blanc ; haut, stérile et bon à rien, rien n'y pousse qui se vende et plus haut encore, rien n'y vit. C'est un de ces lieux faits uniquement pour le bonheur des hommes, afin que dans l'univers transformé et chaque jour plus fabriqué ils trouvent encore quelques jardins natifs dans un silence d'oubli, quelques jardins aux couleurs premières bons pour les yeux et pour le cœur. »

Le soir, quand le soleil bascula derrière la terre, j'éprouvai une grande sérénité devant tant de choses naturelles : ce feu de bois, ce vallon qui était une direction, ces montagnes aimantées, cet air de paix et ce silence, ce ciel qui se peuplait...

J'étais heureux d'être là et, pensant à ma jeunesse, à ma toute première randonnée si semblable à celle que nous vivions, encore : « C'est comme la première fois ».

Les montagnes du rêve

C'était durant l'hiver 1947. Je donnais des leçons de ski à Chamonix. Un jour Jean Deudon arriva. Depuis longtemps nous projetions de faire ensemble la « première hivernale » des aiguilles Ravanel et Mummery, au fond du cirque de Talèfre ; elle n'avait encore jamais été réussie. Le temps était au beau, il fallait en profiter.

Le lendemain matin je quittai ma routine de moniteur : « Arrondissez les bras, fléchissez les chevilles... » Vers 9 heures nous traversions le Lavancher ; une heure plus tard nous abordions la mer de Glace et nous pénétrions dans ce monde à part qu'est la haute montagne durant la saison froide : un monde de cristal.

En été, l'homme s'est habitué à la vue des rocs déchiquetés et des « glacières » ; ils sont praticables et très fréquentés, dépouillés de leur chair hivernale jusqu'aux os. Mais nous étions en février et les hautes cimes formaient alentour un mur blanc, élancé, très impressionnant, sans amitié pour nous. La mer de Glace, couverte de neige immaculée, scintillait, non pour le plaisir des hommes, mais pour son propre plaisir. L'hôtel du Montenvers semblait égaré en ces lieux. Aucun bruit, pas de chemin de fer à crémaillère, pas de touristes pour troubler le silence sidéral, accusé de temps en temps par un murmure du glacier grinçant contre ses rives de granit, comme un tressaillement de l'écorce terrestre... Sous ce silence et cet enneigement d'une qualité exceptionnelle, je ne retrouvais pas le massif familier auquel j'étais rattaché par tant de souvenirs ; il me semblait que nous découvrions des montagnes nouvelles, très hautes, lointaines.

Mon métier de guide veut que je conduise la cordée et d'ailleurs j'aime grimper en premier, mais ce jour-là je suivais Jean Deudon, et, au fond de moi-même germait un plaisir indéfinissable. Comme elles étaient loin mes leçons de ski ! Mon camarade allait de son pas régulier, et nous avancions, seuls, dans cet univers insolite et comme interdit. Sous leur couverture de neige les montagnes environnantes semblaient ennoblies ; ainsi, une cime secondaire en juillet devient très belle en février et un sommet important des Alpes prend alors une allure himalayenne.

Deudon faisait la trace ; n'ayant pas à me préoccuper de l'itinéraire, mon esprit vagabondait.

Je suivais Jean et, peu à peu, s'éveillait en moi une illusion sympathique. Venait-elle de ce massif du Mont-Blanc, incomparablement plus beau qu'en été, et comme grandi de la présence et de l'amitié de ce compagnon qui avait fait partie d'une grande expédition en Himalaya, de mon désir d'y aller ? Je ne sais, mais j'imaginais que nous étions dans le Karakorum. Loin de repousser cette illusion, je la favorisais en me répétant :

« Nous sommes sur le glacier de Baltoro ».

Deudon, en 1936, l'avait remonté pendant des jours et des jours ; la veille encore nous en avions parlé.

Himalaya, Karakorum, Baltoro, ces noms prestigieux avaient enchanté combien de mes soirées ? Quelques heures plus tard, ils enrichirent à nouveau la veillée au refuge du Vieux-Couvercle. Inlassablement, j'écoutais mon compagnon...

Je pense aujourd'hui qu'il y avait une autre cause que l'Himalaya à mon plaisir : Deudon est d'une génération avant la mienne et par lui je devenais proche de cette génération. Recevoir une carte d'un « ancien » du Club alpin ou de l'Alpine Club, entendre un vieux guide raconter des courses de son temps, est une source de joie. La « beauté » d'un métier ou d'un sport n'est pas que dans son exercice, mais aussi dans cette conscience commune qui unit secrètement et très fort ceux qui le pratiquent, qu'ils soient ou non de la même génération.

Trois ans après notre ascension aux aiguilles Ravanel et Mummery, je suis allé à l'Annapurna avec l'expédition française. En avais-je assez rêvé !

La veille de notre départ pour les Indes, je passais la soirée chez Deudon. Tard, nous parlions encore de l'Himalaya. Jean me livrait les derniers secrets :

« Durant la marche d'approche, méfie-toi des scorpions ».

Les scorpions, tout d'un coup, devenaient importants.

« On ne mange que des conserves. Au début on les supporte, puis on ne peut plus les voir. On rêve de fromage et de bon vin. Mange la farine des Sherpas : la tsampa. »

Déjà je m'imaginais près du feu, le soir, à côté de ces hommes dont le courage et le dévouement sont légendaires.

« On traverse les torrents sur des ponts de lianes ; ils balancent et parfois se renversent. »

Il me semblait tout à coup que la marche d'approche à travers le Népal, intéressante mais compliquée, compromettait l'ascension du grand sommet. Drexel, en 1934, n'était-il pas mort alors qu'il arrivait à peine au pied du Nanga Parbat ?

Jean me disait encore :

« Au-dessus du camp de base, vers 6 000 mètres, les écarts de température sont importants : à minuit il fait – 40 °C, à midi + 40 °C ; 80 °C de différence ! Cela t'explique ces corniches dentelées, ces arêtes de neige finement sculptées, toutes ces formations glaciaires dues à la fonte et au gel extrêmement violents. »

En moi-même, je répétais :

« Moins 40 °C à minuit, + 40 °C à midi ».

Et malgré mes grandes courses dans les Alpes, malgré mes saisons de guide à cinquante ascensions par été, je me sentais fragile. Ce mont Blanc, que la veille au soir, en quittant Chamonix, j'avais regardé avec tendresse, je lui en voulais un peu de m'avoir insuffisamment préparé aux grandes aventures.

« Quel beau voyage dans l'espace et dans le temps ! »

Paris — les Indes — le Népal.

La transition est brutale. Aux milliers de kilomètres franchis à tire-d'aile, succède, presque d'un coup, une marche à pied, longue, lente, capricieuse, passionnante, dans un pays extraordinaire. Que de choses intéressantes nous voyons autour de nous ! A un siècle où tout va si vite nous retrouvons un autre rythme de vie. Les habitants ignorent les montres, ils regardent le ciel et les étoiles, ils suivent la marche du soleil. Aucune route dans les régions que nous traversons ; pendant des jours et des jours nous cheminons sur une mauvaise piste qui ruse le mieux possible avec le relief fort tourmenté : nous passons des rivières, puis, à mesure que nous avançons, des torrents, nous franchissons des cols, suivons des gorges profondes, remontons des thalwegs immenses... Bientôt nous croisons d'étranges caravanes chargées de sel ; nous ne sommes plus bien loin du Tibet, nous approchons des sources de la Krishna Gandaki qui a été notre fil conducteur à travers la chaîne préhimalayenne.

Le 21 avril, nous arrivons à Tukucha où nous installons le camp de base. Nous visitons ce village encore népalais et déjà tibétain, qui va nous devenir familier.

Le surlendemain, Lachenal et moi partons pour la première reconnaissance au Dhaulagiri. Voilà cet instant si désiré ! Espoir et crainte alternent comme au début de notre vie de montagnard. Deux Sherpas nous accompagnent jusqu'à 4 000, puis retournent à Tukucha. Nous restons seuls, heureux, au cœur de l'Himalaya. Nous installons notre campement, puis, avec attention, regardons le coucher du soleil : c'est toujours le soir ou le matin que l'on perce les secrets d'une cime.

A la nuit, notre tente n'est plus qu'un caillou pointu parmi les cailloux innombrables de la gigantesque montagne, mais sous la toile fragile notre ferveur ressemble à celle d'une nuit de Noël.

Le lendemain matin, nous gravissons des pentes inconnues ; en même temps nous apprenons ce que sont les distances himalayennes. Après avoir calculé : « En quatre heures, nous atteindrons cette crête », elle paraît aussi loin quand les quatre heures sont passées.

Nous peinons dans la neige profonde, le soleil devient implacable, à midi seulement nous arrivons au col. Face à nous, d'un seul bloc, le Dhaulagiri. Longtemps nous le regardons, nous l'étudions à la lunette. Malgré notre enthousiasme, il a l'air imprenable ; comment envisager un itinéraire d'ascension alors que dès sa base il est défendu par une ceinture de glaciers et de rochers infranchissables ? »

Après avoir marché pendant des heures nous regagnons Tukucha comme prévu. Le camp connaît une grande animation. Devant les tentes, des étalages de matériel et de nourriture. Demain, à leur tour, nos camarades partiront en reconnaissance. Rapidement, ils écoutent nos renseignements, mais nous les devinons ailleurs : tout à l'heure, sur la carte, ils se sont partagé de mystérieux domaines que déjà ils habitent.

Nous, nous revenons, et nous sommes tristes d'être si pauvres, de ne rien rapporter que nos corps las et des renseignements peu favorables. A la vue de ces préparatifs nous voudrions aussitôt repartir.

Quelle étrange ambiance que celle de notre camp avec toutes ces tentes sous lesquelles, fébrilement, s'échafaudent projets et plans, avec ces empilements de containers et de caisses, ces étalages de chocolats, de pâtes de fruits, de jambon, de sardines, et de notre rêve de conquête. Nos camarades sont sourds et aveugles ; ils n'entendent que le médecin additionner les calories en désignant des aliments, ils n'ont d'yeux que pour leurs boîtes de conserve et leurs passe-montagnes. Ils sont légers, ils sont heureux. Ils ont encore le visage clair. Notre peau brûlée et nos chaussures poussiéreuses ne les intéressent pas. « Comment est le Dhaulagiri vu de près ? Présente-t-il une possibilité d'ascension ? Avez-vous aperçu l'Annapurna ? », sont les seules questions qu'ils nous ont posées. Depuis, ils nous ignorent. Comme je les comprends. Je voudrais être accaparé par leurs problèmes : « Quinze ou vingt plaques de chocolat ? Six ou neuf tubes de lait ? Dix ou douze boîtes de jambon ? » Le poids est l'ennemi et pourtant dans les jours à venir un peu de chocolat, de lait et de jambon leur sera peut-être nécessaire...

Notre visage brûlé se craquelle sous le froid du soir, nous devons nous couvrir. Eux, dans leur animation, ne sentent rien ; ils recomptent leurs boîtes, ils vérifient encore une fois l'ajustage de leurs crampons. Des uns aux autres, nous errons, Louis et moi, dans une force déjà en marche.

Le 29 avril, Oudot est de retour le premier. Il nous dit : « L'Annapurna ? Il y a des chances. L'ascension est peut-être possible, mais l'approche est problématique. »

Un peu plus tard, Herzog et Ichac rentrent à leur tour. Ils ont exploré le côté nord du massif mais ils n'ont rencontré que des thalwegs immenses, ils n'ont aperçu que des contreforts énormes, sans jamais voir le Dhaulagiri lui-même. La carte de ce secteur est complètement fausse.

Mystérieux Himalaya !

Ainsi, l'ascension des Montagnes du rêve ne se réduit pas à un enchaînement de pentes de glaces et de mur de rochers, à l'escalade plus ou moins difficile d'un sommet, elle est d'abord une ferveur de tous les jours.

Délaissant le Dhaulagiri, nous avons poursuivi l'exploration de l'Annapurna. Couzy, Oudot et Schatz en avaient aperçu un versant ; il convenait d'en étudier un autre pour envisager les différentes possibilités d'ascension.

Depuis des jours et des jours, nous marchions pour en étudier la paroi est. Partis plusieurs ensemble, nous nous étions finalement séparés pour augmenter le nombre de recherches.

Je faisais équipe avec Panzy, l'un de nos Sherpas. Les Sherpas sont d'une gentillesse et d'un dévouement extraordinaires. Panzy en plus est fort gai et possède une très grande expérience : il a fait partie d'une vingtaine d'expéditions, du Kangchenjunga et de l'Everest au Nanga Parbat et au K2.

Cette reconnaissance durait plus longtemps que nous ne l'avions prévu. Nous cheminions tels Don Quichotte et Sancho Pança ; nos provisions étaient presque épuisées, notre aspect devait être misérable et un peu ridicule : Panzy, petit et gros, moi, grand et maigre. Ces vallées, ces cols, ces montagnes sont si peu à notre échelle, que, partis pour une semaine, on y reste dix ou douze jours.

Depuis le village de Manangboth nous pensions franchir le col de Thorungsé, à 5 400 mètres, pour atteindre Muktinath et regagner Tukucha. L'herbe grimpe haut dans ces régions tropicales avant de céder la place à la pierraille, puis aux glaciers. Nous avancions d'un bon pas ; pourtant, le col se découpait, toujours lointain, sur un horizon presque noir. Nous ne savions où passer la nuit lorsque à un détour apparurent en dessous de la piste, dans un creux vert tel une oasis, quatre murs de pierres sèches couverts d'une tenture rapiécée comme un habit d'arlequin.

Ah ! Panzy, je me souviens !... Sans rien dire, nous nous sommes regardés... et d'eux-mêmes nos pas ont tourné vers ce nid. Il était désert, mais sûrement habité. Les pierres sèches faisaient un muret haut d'un demi-mètre, la tenture en forme de toit atteignait la hauteur d'un homme. Quelques peaux de mouton et de yack étaient entassées dans un coin, deux récipients étaient posés sur une planche taillée au couteau. Au milieu, quelques braises somnolaient, trésor des hommes.

Il faisait froid. Nous aurions pu enjamber le muret, ranimer le feu et nous réchauffer, mais, je ne sais pourquoi, nous attendîmes.

La nuit arrivait. Quand à l'est les premières étoiles brillèrent, un vigoureux troupeau de yacks surgit de derrière la crête et, en un rien de temps, fondit sur nous, entraîné par deux jeunes bergers. Les deux hommes furent surpris en me voyant ; ils n'avaient jamais vu de Blanc. Ils m'observèrent avec curiosité et méfiance. Je faillis esquisser un sourire, un de ces sourires conventionnels, mais heureusement il ne vint pas. Nous nous regardâmes dans les yeux, et le plus âgé me fit signe d'entrer. Il souffla sur les braises, disposa quelques brindilles résineuses sur le foyer, puis, entre les trois grosses pierres qui le cernaient, coinça une bûche.

Nous n'avions pas parlé. Je ne connais que quelques mots de tibétain, et dans ces vallées assez autonomes à cause des hautes crêtes qui les ceinturent, les dialectes sont si nombreux que Panzy lui-même n'arrivait pas toujours à se faire comprendre. Mais qu'importe, peu à peu, la confiance s'installa par la grâce de la nuit et la vertu du feu.

Tant bien que mal Panzy expliqua aux bergers (c'étaient deux frères) qui nous étions : un Français (mais que peut représenter ce mot pour des hommes qui ignorent jusqu'à la roue ?) et un Sherpa. Il leur expliqua aussi que nous cherchions l'Annapurna : encore une chose qui échappait à leur bon sens. Mais, je l'ai dit, le feu était là dont les lueurs coloraient et détendaient nos visages. Dehors il faisait nuit et froid.

Je sortis mes cigarettes et, dans un sourire spontané, les leur tendis. Ils m'offrirent les leurs ; courtes, coniques et sans papier, on aurait dit de petits cigares. Puis, tandis que nous fumions en silence, ils versèrent le thé. Fouillant mon sac avec soin, je trouvais trois barres de chocolat que je leur donnais. Ils les partagèrent et, tout en les croquant avec délice, ils firent miroiter le papier argenté devant le feu. Avions-nous retrouvé le réflexe des échanges ?

Les « chapatis », ces galettes de tsampa, qui cuisaient au-dessus des braises, à même une longue pierre plate, étaient à point. Les bergers nous en offrirent et, de nouveau, versèrent du thé tandis que nous fumions encore quelques cigarettes.

Après le regard loyal du début puis le franc sourire, bases muettes de cette exceptionnelle soirée, il n'y avait plus d'hésitation, plus de malaise, mais une grande paix entre quatre hommes réunis devant un feu, à 4 800 mètres, sous une pauvre tenture.

Autour des braises, recroquevillés sur deux peaux de yack, le sommeil nous prit tandis que la grosse bûche se consumait...

Enfin, au jour, il fallut prendre une décision.

A la période des patientes recherches, des reconnaissances minutieuses, devait succéder celle de l'attaque du sommet.

Nous sommes tous réunis. C'est le 22 mai.

Se retrouver est sympathique, et un peu grave : quelle cime allons-nous attaquer ?

Dhaulagiri ou Annapurna ? Ou autres sommets de 7 000 mètres alentour ?

Qu'il est dur de faire le point sans présumer de ses forces, ni les mésestimer !

Et l'on se décida pour l'Annapurna.

Trois jours après, suivant la piste découverte par Oudot, Schatz et Couzy, nous sommes au pied de la montagne.

Maintenant, comment atteindre le sommet ?

Nous essayons d'y arriver par un éperon rocheux. Mais sans savoir pourquoi et sans oser le dire, il me semble que là n'est pas la voie. Herzog et Terray veulent épuiser les possibilités de cet itinéraire. Lachenal et moi dirigeons nos pas vers le glacier nord. Partis de bon matin, nous remontons une moraine interminable. Par moments, nous apercevons deux petits points noirs, nos deux camarades qui, sur l'éperon, font certainement une belle course et nous les envions, mais au fond de nous-mêmes nous éprouvons un grand bonheur à découvrir l'itinéraire rationnel et favorable. Les pionniers ont gravi les montagnes d'Europe par des voies glaciaires ; ainsi de nous en Himalaya, c'est dans l'ordre de notre métier.

Nous revenons en courant au camp de base pour annoncer la bonne nouvelle. Nous n'y trouvons que Panzy. Il est heureux d'apprendre notre découverte ; la discrète approbation d'un vieux routier de l'Himalaya nous fait plaisir. Plus tard, quand tout le monde est rentré, un solide optimisme règne parmi nous.

Sur la montagne se fait alors un travail de fourmis laborieuses.

Que pèse un homme sur une terre de glace mitoyenne du ciel ? A cette altitude, il n'est plus qu'une volonté qui s'use dans une machine vide. Plus il monte, plus il respire mal ; ses jambes deviennent incapables ou plutôt étrangères, comme si elles ne lui appartenaient plus ; et il devine que l'énergie la plus tenace est limitée dans son action. Souvent, à bout de souffle, il s'asseoit dans la neige sans plus penser, ou bien encore, courbé sur son piolet, il s'arrête face à la pente pour essayer de reprendre haleine. Il hésite à repartir, mais tout à coup l'esprit se tend et ordonne à la carcasse de se dresser, d'avancer. Puis, de nouveau, le souffle est court, la carcasse s'arrête...

Néanmoins, pas à pas, l'homme grignote le dur chemin ; s'il se retourne il connaît un instant de bonheur : depuis sa halte précédente, il a gagné quelques dizaines de mètres. En dessous, le camp de base se fait petit et lointain ; le grimpeur se sent isolé de la terre des hommes, mais près de lui la présence de son camarade de cordée le réconforte.

Vers 7 000 mètres la vie s'amenuise encore ; elle n'est plus qu'une idée fixe : faire un pas, puis un autre.

Ce n'est qu'au sommet que nous pourrons redresser nos corps toujours penchés vers la montée.

Le 3 juin, Herzog et Lachenal arrivent à la cime.

Quelle joie que la leur, inséparable de souvenirs qui jaillissent en un instant : leur première course dans les Alpes, leur rêve aujourd'hui consacré, l'amitié de leurs compagnons échelonnés sur la montagne, l'amitié aussi de tous ceux qui, en France, ont permis à l'équipe de partir. Quel bonheur ! Il n'est pas question de victoire sur un sommet, mais d'amour d'une montagne, de ce grand amour qui triomphe de tout.

Vers 6 heures du soir, au dernier camp, à 7 500 mètres, nous nous retrouvons dans une joie commune, ombrée de peine : nos deux camarades ont réussi l'ascension du premier 8 000, mais ils reviennent durement atteints.

Tard dans la soirée nous faisons tout ce que nous pouvons, Terray et moi, pour les réchauffer, mais nous sommes en pleine montagne et, sous nos petites tentes, il fait un froid intense ; tard dans la nuit, nous massons, frictionnons très fort, puis flagellons doigts et pieds gelés.

Entre-temps, il s'est mis à neiger ; maintenant la tempête déferle, chaque coup de vent est un coup de rabot. Nous nous cramponnons aux mâts pour éviter que les tentes ne soient arrachées par les rafales et que nous ne roulions avec elles dans la pente de neige.

Un peu plus tard, le jour se lève, livide.

Herzog et Lachenal sont un peu reposés et ont presque récupéré l'usage de leurs mains et de leurs pieds ; malgré cela, il n'est plus question, ni pour Terray, ni pour moi, d'aller au sommet de l'Annapurna, mais de les aider à descendre. Ils ont atteint la cime, c'est comme si toute l'équipe y était montée, voilà l'important.

Tandis que nous abandonnons les deux petites tentes du camp V pour essayer de rejoindre les camps inférieurs, il me semble qu'en cet instant nous sommes chargés, Terray et moi, d'une mission qui correspond à ce que j'aime dans mon métier de guide : goûter le renoncement au nom de l'amitié et négocier avec la tempête pour ramener les compagnons. La nouvelle de leur réussite ne doit pas mourir ici, il faut l'apprendre à nos camarades ; il faut surtout que ce soit Herzog et Lachenal qui la leur annoncent, faute de quoi elle importerait peu.

Cette responsabilité, plus impérieuse que le désir d'aller au sommet, va décupler nos forces et pourtant nous n'arriverons pas au camp IV.

Petits hommes ballottés dans les tourbillons de la tempête, nous errons dans la grande pente glacée, nous tâtonnons dans un silence ouaté. Il neige, nous sommes dans les nuages, à 7 400 mètres, et nous ne voyons même pas à dix mètres ! Comment alors nous diriger, comment trouver notre chemin ?

Nous savons qu'il faut descendre directement cette grande pente de glace, mais elle est constamment coupée de crevasses ; nous savons qu'en bas elle s'interrompt d'un coup, tel un immense tremplin haut de mille mètres, et que là, juste avant le bord, il faudra longer une tranche de séracs pour atteindre le camp IV supérieur où sont Couzy et Schatz. Nous savons tout cela mais nous ne voyons rien ; perdus, nous sommes renvoyés d'un abîme à l'autre.

De temps en temps l'un d'entre nous dit :

« Cette crevasse ? Je la reconnais. »

Mais des crevasses, il y en a tant !

Un peu plus bas un autre reprend :

« Ce sérac ? Nous sommes passés par là, en montant. »

Mais ce sérac est tout à fait semblable à celui d'à côté...

Après bien des essais, des erreurs, des fausses joies, nous trouvons quand même le bas de la pente de neige et la traversée sous la tranche de séracs. Quand nous descendons nous avons de la neige jusqu'aux genoux, et quand il nous faut remonter afin de contourner un obstacle, cette neige nous arrive à la taille. Nous livrons pas à pas une lutte très serrée dans cet univers gris et chaotique ; et pourtant il ne me déplaît pas de faire, avec énergie et calme, exactement ce qu'il convient, d'extraire de moi-même jusqu'aux plus profondes réserves pour avancer malgré tout, sachant aussi que la moindre imprudence risque de compromettre cette descente si compromise déjà.

Il fait de plus en plus sombre et nous n'avons toujours

pas trouvé le camp IV. Le jour baisse. Vient le moment pénible où nous commençons à regarder nos montres ; ces mécaniques indifférentes à la tempête et à la nuit nous font mesurer notre détresse et pourtant une dernière sève coule en nous qu'il s'agit de dépenser à bon escient. Nous multiplions les tentatives pour trouver le secret de ce labyrinthe. Nous sentons que nous sommes très proches du camp. Tout à coup l'un d'entre nous se met à crier, croyant apercevoir deux silhouettes : peut-être deux compagnons qui viennent vers nous ? Ensemble nous appelons, nous hurlons. Ce sont deux blocs de glace. Nous reprenons notre chemin, labourant la neige profonde dans une autre direction, dans d'autres directions, dans toutes les directions, jusqu'à la nuit. Même pour les hommes en détresse la nuit ne peut attendre ; elle tombe sur nous. Il neige toujours. Nous avons fait tout ce que nous avons pu.

Entourés de crevasses, nous en choisissons une pour y passer la nuit. Terray et moi en gagnons le fond afin de voir si nous y serons un peu protégés. Prenant une trace différente de la nôtre, Lachenal crève un pont de neige, et, à quelques mètres de nous, disparaît sans bruit. Enfin nous entendons sa voix :

« Descendez, on est à l'abri ».

Nous nous laissons glisser dans le trou fait par notre camarade en tombant, une sorte de boyau vertical, et arrivons dans une grotte : petite crevasse en dessous de la grande.

Il fait un froid glacial. Nous avons l'impression d'être enterrés vivants. On se sent peu de chose, à 7 000 mètres, au fond d'une crevasse en plein Himalaya !

Peu à peu la vie s'émiette. Nous nous serrons l'un contre l'autre pour essayer de ne pas perdre le peu de chaleur qu'il nous reste. Afin de nous réchauffer les pieds, nous avons enlevé nos chaussures dures comme de l'acier, au prix d'efforts épuisants. Prostrés, cette cruelle inaction nous mine ; à tout prendre, nous préférerions marcher dans la neige profonde. La vie n'est plus guère qu'une idée qui trotte dans la tête et que la volonté harcèle sans cesse : « Ne pas s'endormir ». Si l'on s'endort on ne lutte plus, et si l'on ne lutte plus on s'endort pour toujours. La nuit est interminable.

Pourtant tout a une fin.

« Il faudrait commencer à bouger », murmure l'un de nous quand les parois sombres de notre grotte de glace s'éclairent un peu. Raides de froid, nous restons recroquevillés encore un moment. Mais tout à coup, dans un sifflement, un courant d'air glacial tombe sur nous, puis une coulée de neige : c'est une avalanche qui, dans sa course, s'infiltre par le boyau, et commence à remplir la grotte.

Nous nous dressons brusquement. Nous respirons cette poussière de neige qui glace les poumons. Cette fois c'est bien fini, nous appartenons à tout jamais au glacier nord de l'Annapurna.

Mais l'avalanche se calme. Un grand silence pèse sur nous et un calme profond. Puis nous devons plonger les mains dans la neige fraîche pour chercher nos souliers et nos sacs qui ont disparu. Lachenal le premier trouve une paire de chaussures. Elles ne lui vont pas ; ce sont les miennes. Je les mets et je commence l'escalade du boyau par lequel nous nous sommes glissés la veille au soir. Il est obstrué par les débris de l'avalanche, dans lesquels je dois enfoncer les poings et les pieds pour tenir et progresser.

Quand je débouche enfin dans la grande crevasse, des rafales y tourbillonnent ; le sale temps continue. Soufflée par le vent, la poussière de neige s'infiltre partout : entre les chaussures et les bas, entre les bas et le pantalon, par les poches, à la ceinture, par le cou et par les poignets, le long des mains, sous les gants, sous la cagoule et sous le passe-montagne. Les fins cristaux, acérés comme des vrilles, piquent durement nos yeux endoloris. La veille, durant la descente, tandis qu'il neigeait, Terray et moi avons dû enlever nos lunettes constamment plâtrées de flocons afin d'y voir un peu moins mal. Mais à 7 000 mètres les rayons ultraviolets sont si forts qu'ils ont traversé les nuages et nous ont brûlé les yeux. Ce matin j'ai l'impression qu'on me les frotte avec du papier de verre.

Bientôt la tête de Terray apparaît :

« Nous aurions mieux fait de crever tout de suite ».

Puis Lachenal émerge en chaussettes.

Au bout d'un moment Herzog, qui a retrouvé ses chaussures et celles de Lachenal, attache les deux paires à la corde ; nous les tirons. Puis c'est lui-même que nous devons hisser, il est à bout de forces. Juste à ce moment-là, Lachenal qui a atteint les bords supérieurs de la crevasse, une quinzaine de mètres plus haut, nous crie :

« Venez. Ça se dégage. »

Nous suivons sa trace et le rejoignons. Le temps est clair et le vent a cessé. La paix semble régner sur la montagne, mais c'est un effroyable mensonge : sous son calme et son silence elle est bourrée de pièges. La couche de neige fraîche, haute de plus d'un mètre, est prête à partir en avalanche dès que le soleil la couvrira de ses rayons. Le changement de température va l'alourdir et la faire glisser. Quel paradoxe que ce temps clair ! Les rayons qui rendent la vie à notre corps fripé risquent de déclencher la débâcle.

De toutes nos forces nous appelons à l'aide. Malgré le temps clair nous sommes trop usés et nous avons trop souffert pour déjouer les embûches et rejoindre la vallée. Nous ne sommes plus que deux aveugles et deux paralytiques, étrange caravane, sur cette pente de neige en suspens. De nouveau, nous appelons.

Et voici qu'un sourire s'ébauche sur nos visages creusés. Est-ce un rêve ?

« On nous répond ! »

Un timide bonheur vient réchauffer nos cœurs.

Depuis l'avant-veille au soir, depuis le retour d'Herzog et de Lachenal au camp V, aucun apaisement n'a détendu nos fronts plissés par le souci.

« On nous répond ! »

C'est bien vrai. Un homme vient vers nous. Nous n'apercevons que le haut de son corps car il avance dans la neige qui le cache jusqu'à la taille ; c'est un laboureur qui, de ses propres jambes, creuse un profond sillon. Courbé, de toutes ses forces il approche lentement. Nous appelons encore pour le plaisir de l'entendre nous répondre.

Bientôt il est à nos côtés : c'est Marcel Schatz.

Nous nous embrassons. Herzog lui apprend la grande nouvelle, il est heureux. La jonction est faite. Sans lui et sans Couzy aurions-nous jamais rejoint la vallée ?

Schatz nous raccompagne au camp IV supérieur ; une de nos traces de la veille, presque comblée ce matin, finit là contre une crevasse à cent pas de la tente.

Peu après, Lachenal et moi sommes pris dans une avalanche et, un peu plus bas, je suis emporté une fois encore, tandis qu'avec Sarki, Aila et Herzog nous arrivons en vue du camp III. Lentement la pente se craquelle sous nos pieds, l'un après l'autre nous sommes fauchés. Ensevelis sous des mètres cubes de neige nous chavirons, puis traînés, roulés, tantôt dessus tantôt dessous, chacun de nous livre une intense bataille. Du plus profond de nous-mêmes des réserves mystérieuses d'énergie viennent encore à notre secours : surtout ne pas se laisser aller, ne pas abdiquer. Pas de peur inutile qui nous distrait de la lutte. Pas de romantisme de dernière heure, pas de famille entrevue, pas de sensiblerie. Je me répète : « Ne pas perdre mon piolet. Gagner la rive. » Finalement je me retrouve cramponné à ce piolet sur la rive droite de l'avalanche. J'ai perdu mes lunettes, j'ai très mal aux yeux ; j'aperçois vaguement trois petits points noirs qui se débattent, noyés, perdus, dans l'immense masse de neige en mouvement...

Au bout d'un moment qui me paraît une éternité, des cris percent le silence, plus grand de succéder au vacarme de l'avalanche : mes camarades sont sauvés.

Avant la fin du jour, tous, nous rejoignons le camp II où nous retrouvons la sécurité, mais qu'elle aurait été misérable sans la bonté de ceux qui nous y attendaient !

« Ce que je sais, je l'ai payé son prix[1]. »

Pourtant, aujourd'hui, cette dure montée et cette dure descente, dont je garde le souvenir précis dans le moindre détail, ne sont plus pour moi qu'un conte merveilleux où alternent la beauté d'une montagne et notre amour pour elle, le retour au port difficile dans la fraternité des marins, et sans laquelle, avant même de naviguer, le bateau ne peut être construit.

Mais ce conte est semblable à bien d'autres. C'est pourquoi, même pour moi qui l'ai vécu, il ne s'appelle pas « Annapurna ». Certes, un joli nom chante en nous, et ce n'est guère que par là et par quelques petits détails que chaque expédition se différencie d'une autre ; un Allemand ne s'habille peut-être pas comme un Améri-

1. Rudyard Kipling.

cain ou comme un Japonais,... ainsi de chaque grimpeur. Mais sous une écorce différente, la sève est la même : nous aimons les montagnes. Chaque été nous passons le plus grand nombre d'heures à les regarder et à les gravir. Chaque hiver notre imagination nous entraîne vers les sommets lointains : nous traversons des pays merveilleux, nous remontons des glaciers immenses, nous nous lions d'amitié avec des hommes inconnus, Sherpas ou autres, nous courons du McKinley à l'Alpamayo, du Groenland au Fitz Roy, du Kenya à la Nanda Devi, du K2 au Kangchenjunga...

Une à une, les Montagnes du rêve accueillent l'alpiniste.

Certaines d'entre elles, à l'image des sommets alpins, ont été gravies par différents itinéraires ; l'Aconcagua n'a-t-il pas été escaladé par son versant sud, barré pourtant de surplombs glaciaires et rocheux ?

Un jour, ce sera le Shivling, le Paiju, la tour de Mustagh...

Mais les Montagnes du rêve sont innombrables. Certaines, d'une beauté exceptionnelle, n'ont même pas de nom !

Louis Lachenal, 25 novembre 1955

Lachenal est mort. Nous l'avons veillé ; son visage n'a « rien changé », comme l'on dit à Chamonix.

Peu à peu il va nous falloir admettre que cette démarche familière nous ne la verrons plus, que ce sourire, ce rire, cette voix, ce regard, nous ne les rencontrerons plus, et il me semble percevoir — se mêlant à cela — une pointe d'égoïsme de notre part. Certes on ne refait pas les vieux camarades.

« Nous emmènerais-tu, James et moi, à l'arête sud de l'aiguille Noire de Peuterey ? », me demanda Lachenal il y a deux ans.

L'arête sud de l'aiguille Noire est, dans le massif du Mont-Blanc, la plus belle et une des plus difficiles escalades de rocher. Elle se déroule sur mille cent mètres de dénivellation, jalonnée de « tours » extrêmement redressées, et culmine à 3 900 mètres d'altitude sur le versant italien du mont Blanc.

Comment dire ma joie quand Louis et James me parlèrent de ce projet ? Ils croyaient me demander un service, ils ne se rendaient pas compte qu'ils me faisaient un cadeau : avoir le bonheur de les emmener, de les aider à recouvrer leur pleine vigueur, à remettre en route le ressort de leur vie.

James est chamoniard ; Louis est né à Annecy, et c'est par vocation qu'il est devenu guide : un jour sa jeunesse, puis sa vie, se sont éclairées, un ami lui ayant fait découvrir le bonheur alpin.

Un des traits importants du caractère de Lachenal est qu'il n'aimait pas les demi-mesures. Après être passé à Jeunesse et Montagne, afin de rester près des sommets, il devint guide. Et quand c'est par amour qu'un homme embrasse un métier, il ne le fait pas à moitié.

Ainsi Lachenal escalada les cimes les plus dures par toutes les voies : son palmarès de grandes courses est trop connu pour le citer. En revanche on sait peu qu'il a gravi presque tous les sommets, même les plus faciles : cela dénote un amour large de la montagne et un soin méthodique dans le métier, ce qui était le propre de Lachenal. Plus que le métier de guide, c'est encore celui de professeur à l'Ecole nationale qu'il préférait ; cela fut sans doute dû à l'ambiance sympathique et dynamique que Jean Franco, alors directeur de cette école, avait su lui apporter. Là Lachenal donna sa mesure. En même temps qu'il enseignait aux stagiaires il faisait en fin de semaine des courses plus dures, en général avec Terray. Ses grandes réussites le firent désigner pour l'expédition à l'Annapurna. Le hasard voulut que nous partions ensemble pour la première reconnaissance. Espoir et crainte alternaient comme au début de notre vie de montagnards. Deux Sherpas, après nous avoir accompagnés jusqu'à 4 000 mètres pour nous aider à porter des charges, retournèrent à Tukucha. Nous restâmes seuls, heureux, au cœur de l'Himalaya. Nous étions bien à notre place sur ce coin de planète. Après les reconnaissances ce fut l'ascension de l'Annapurna avec Maurice Herzog. Quelle joie dut être la leur, inséparable de souvenirs jaillissant en un instant : leur première course dans les Alpes, leur rêve consacré, l'amitié de leurs compagnons échelonnés sur la grande montagne !

Mais, quelques heures après, notre nouvelle patrie ne s'appelait plus « victoire », mais « fraternité » ; Terray et moi fîmes tout ce que nous pûmes pour nos deux camarades.

Après une nuit très dure à 7 500 mètres, une descente incertaine dans la tempête, le bivouac au fond d'une crevasse où Lachenal était tombé sans mal et où nous l'avions rejoint parce que l'on y était à l'abri du vent, après des heures interminables dans cette prison de glace et, le lendemain matin, la continuation de la descente à travers les avalanches, nous retrouvâmes nos camarades dévoués. Oudot soigna, opéra, fit le maximum, fit l'impossible. Cela dura près d'un mois.

Peu avant notre retour en France j'aidai Oudot lorsque, dans une des chambres de l'ambassade de France à New Delhi, il dut encore couper un morceau d'orteil.

Lachenal pleura et dit :

« Qu'est-ce que je vais devenir ? je ne pourrai plus faire le guide ».

Il n'avait pas d'autre situation, mais sans nul doute c'était d'abord à l'orientation de sa vie qu'il pensait et non au côté pratique.

L'arête sud de l'aiguille Noire de Peuterey fut sa résurrection. L'escalade dura exactement dix-neuf heures, et, bien que souffrant un peu de ses pieds, Lachenal fut d'une grande gaieté : tel qu'il était avant. Nous étions si heureux de le voir grimper ainsi ! Nous étions une bonne équipe : Maurice Baquet répandait sa bonne humeur, James Couttet était là, ainsi que Jean-Pierre Payot et André Contamine. Le lendemain, dans une grande fraternité, nous fêtions ce retour à la vie de Louis Lachenal, en compagnie des guides italiens de Courmayeur, pour lesquels il avait tant d'amitié, comme pour ceux de Zermatt, et qui sont venus si généreusement le saluer une dernière fois.

Les guides de Macugnana sont également venus à Chamonix. L'été dernier Lachenal et Herzog avaient fait leur connaissance, tous deux étaient allés dans ce petit village de montagne si sympathique, si accueillant. C'était pour nos deux amis la réalisation d'un désir qui, au cours de longs mois d'hôpital et de souffrance commune, avait été un rêve incorruptible : tout en leur paraissant impossible, ce rêve les avait soutenus dans leur lutte de tous les jours, les avait aidés à vivre. Ce projet impensable était l'ascension du mont Rose par son plus beau versant : celui de Macugnana, et dans ce versant par la voie la plus belle : le couloir Marinelli.

Réussir cette ascension était encore une preuve de leur retour total parmi nous, mais c'était surtout le même sourire après une souffrance commune : faire le Marinelli l'un sans l'autre n'aurait servi à rien. A son retour de Macugnana, Lachenal me parla longuement de cette ascension ; je compris qu'il était encore plus heureux qu'il n'avait pu l'être, même au sommet de l'Annapurna, car le luxe de notre sport c'est l'amitié.

Aimer la terre

A la rencontre du soleil

Aimer la terre ! Si belle, si extraordinaire, si généreuse. Dans l'amour, on ne reçoit que ce que l'on donne. Ainsi, la terre est admirable, mais il ne suffit pas de la regarder. Il faut aller à sa rencontre : le soleil et la nature sont bien plus beaux quand on marche vers eux. « Ce que je sais, je l'ai payé son prix », disait Kipling. Payer le prix serait difficile si la nature ne nous en avait donné les moyens, mais elle l'a fait magnifiquement. Ne pas utiliser les forces, la vigueur et surtout l'élan dont elle nous a pourvus serait un gaspillage. De même... si la mer, au lieu d'être animée par les vagues, s'endormait ; si l'aigle, au lieu de voler dans son ciel, demeurait à son aire.

Les arbres font leur chemin, les animaux font leur chemin, les rivières et les océans font leur chemin. Ainsi de nous. Hors vanité, hors modestie, cela ne demande pas du courage, mais une belle alternance d'enthousiasme et de lucidité qui est suivie d'un grand bonheur. « Lutter et comprendre, telle est la loi », disait Mallory. Ne pas être étranger sur la terre. Ne pas être posé sur un sol, mais y avoir ses racines. Combien de fois avons-nous dormi à même l'écorce terrestre, quelle qu'elle soit, tels un arbuste, une bête, un rocher, un flocon de neige, un grain de sable ou une vague ? Là est notre chance et peut-être notre luxe : comme eux, avoir chaud, avoir froid, avoir faim, avoir soif. Et, comme eux, être réveillé par la douceur des premiers rayons du soleil.

Durant mon enfance, mes parents m'emmenaient toujours en vacances à Rians, dans le haut Var, où mon père était né, et où mes grands-parents étaient paysans. D'eux mon père avait hérité l'habitude et le plaisir de se lever de bonne heure. Lui-même, quelquefois, me réveillait, sous un prétexte apparemment quelconque : aller revoir les vignes, et, à cause du soleil qui, en Provence, est généreux, il était préférable de partir de bon matin, c'est-à-dire avant le lever du jour. Nous marchions dans l'intimité de la nuit, puis nous assistions au lever du jour ; ainsi nous arrivions à la « campagne » : quelques cyprès, un puits, les cultures étagées au-dessus de murs en pierres sèches ; nous allions voir la vigne et les ruches, la vie qui s'éveillait. Le soleil s'élevait au-dessus de la colline, dans un ciel magnifiquement pur ; parfois, selon la saison, il émergeait au-dessus des brumes qui nimbaient la campagne et, d'autres jours, il faisait son ascension péniblement à travers les nuages au milieu desquels, à peine entrevu, il disparaissait.

Un matin, tandis que l'astre apparaissait à travers la forêt de chênes, et que j'étais déjà un peu habitué au « spectacle », mon père me dit : « Chaque jour, lève-toi et regarde... comme si c'était le premier jour ».

Quand on est encore jeune, quand on est encore frais, certaines choses, certains instants vous marquent, restent inscrits en vous au fer rouge. C'est le propre de l'enfance de ne pas oublier quelques moments des jeunes années gravés à jamais dans la mémoire. Je savais que la terre était ronde, je savais que le soleil venait de loin ; cependant, ce jour-là, après le conseil de mon père, j'étais un peu ému de voir le soleil escalader le ciel et de sentir autour de moi une secrète effervescence dans les feuilles, les arbres, les herbes, dans le chant des oiseaux, dans le réveil des bêtes. Tout cela n'était pas de la poésie inventée, recréée par les écrivains, c'était du concret et c'était beau.

Puis, devant la bastide, sous la treille, nous prenions le café, et notre faim était semblable à la faim de soleil que connaissait la terre. Ainsi débutait une belle journée.

Et, un soir, alors que la boule de feu s'enfonçait à l'ouest, loin derrière les champs, mon père me dit : « Le soleil est juste. Regarde, là-bas, il s'en va faire plaisir à d'autres hommes et à d'autres paysages. Chacun son tour. » Le soleil ? On peut aller à sa rencontre en gravissant une montagne, mais on peut le trouver aussi dans les grottes les plus obscures : n'est-il pas dans la goutte d'eau qui, après avoir creusé son chemin depuis des millénaires, construit les merveilleuses stalactites ? La mer immense est elle-même une parcelle de soleil, comme la lave qui jaillit de la terre ou la sève qui vivifie l'arbre, comme l'arbre lui-même qui frémit sous le vent et monte vers le ciel.

Les glaciers et les déserts sont, eux aussi, enfants du soleil et, bien sûr, les rivières, les fleurs et les animaux. Mais l'enfant préféré, celui qui a le plus reçu, c'est l'homme ; or, voici que depuis quelque temps, par bêtise, âpreté, indifférence ou incompréhension, il s'est éloigné de la nature, et même s'est mis à la détruire. De cela il commence cependant à prendre conscience.

Le retour de l'enfant prodigue vers la nature est inévitable, car l'homme ne peut vivre sur une terre empoisonnée. Et au-delà même des conditions biologiques, il doit aussi nourrir son cœur. L'homme a besoin d'un air respirable, mais il a tout autant besoin des sourires de la nature ; elle seule peut nous fournir la matière de notre émerveillement, cette nourriture, aussi indispensable que l'air, l'eau et le blé. Mais nous devons aller à sa rencontre et nous mesurer avec elle, honnêtement, avec respect.

« Qu'est-ce qu'un homme peut faire de mieux dans sa vie ? Transformer en conscience une expérience aussi large que possible », répond André Malraux dans *L'Espoir*.

En compagnie des hommes, fils du soleil et de la terre, allons à la rencontre de la nature.

Les jardins du monde

Il y a cent ans était créé aux Etats-Unis le premier parc national, le parc de Yellowstone ; en effet, par la loi du 1er mars 1872, le Congrès transformait huit cent quatre-vingt-huit mille hectares des montagnes Rocheuses — en majeure partie sur l'Etat du Wyoming, mais également sur ceux du Montana et de l'Idaho — en « parc public ou terrain d'agrément ».

Extraordinaires visionnaires que ces hommes du Congrès qui prenaient cette courageuse décision !

Savaient-ils déjà que, cent ans plus tard, trois cent quatre-vingt-dix mille tonnes de fumées, de particules, de matières diverses, de gaz plus ou moins nocifs seraient libérées, chaque jour, dans l'atmosphère des grandes villes ? Savaient-ils déjà que, cent ans plus tard, dans la seule cuvette de Los Angeles, deux millions cinq cent mille voitures consommant journellement trente-six millions de litres d'essence pollueraient l'air en y déversant, chaque jour, mille huit cents tonnes d'hydrocarbures ?

Savaient-ils déjà qu'à l'aérodrome de Los Angeles, qui,

du point de vue du trafic, n'arrive qu'en troisième position aux Etats-Unis, après New York et Chicago, la consommation de kérosène s'élèverait quotidiennement à un million cinq cent mille litres et que le décollage d'un quadriréacteur polluerait l'air tout autant que le passage de dix mille automobiles ?

Ils ne pouvaient savoir cela, c'est évident. Et pourtant, sans doute avaient-ils déjà relevé des symptômes prémonitoires de la maladie actuelle de la planète et, dès lors compris l'urgence d'agir en créant un exemple : le premier parc national. Sans doute savaient-ils déjà que sauver la nature n'est en fin de compte que sauver l'homme contre lui-même ! Sûrement ont-ils pressenti que, dans les siècles à venir, la population du globe croissant, les besoins en aliments et en denrées variées augmenteraient, mais qu'elle aurait tout autant besoin de nourrir son cœur et de trouver la paix.

L'homme est allé sur la lune, mais il n'est pas capable de « fabriquer » un papillon, un séquoia, une fourmi ! En revanche, il est malheureusement capable de les détruire et, s'il est soucieux de ses propres inventions, il ne ménage pas la nature : elle ne coûte rien ! Et pourtant, combien coûterait l'apport et l'implantation, sur la lune par exemple, d'arbres, de torrents et de chants d'oiseaux pour la rendre habitable d'une façon durable, sans mentionner l'air pour y respirer !

Ah ! quelle extraordinaire clairvoyance que celle des membres du Congrès, qui, dès 1864, sur l'initiative de John Muir, pionnier de la conservation de la nature, annexaient à l'Etat de Californie la vallée du Yosemite et le Mariposa Grove afin d'y établir une réserve, un jardin naturel à maintenir dans son état originel pour le plaisir de tous ! Si aujourd'hui nous pouvons admirer dans la sierra Nevada des forêts d'un autre âge, des arbres à faire rêver, c'est parce que des hommes comme Muir, qui avaient été émerveillés en les voyant, se sont dit que les générations futures auraient absolument besoin, elles aussi, d'être émerveillées et qu'elles ne pouvaient être spoliées de ce plaisir et de cette émotion. Ces hommes se sont mis en travers de ceux qui, par un trait de scie, étaient prêts à rayer une vie de trois mille ans ; ils n'ont pas permis que les redwoods et les séquoias, fidèles à la terre depuis si longtemps, hauts de plus de cent mètres, si beaux, si solides mais si fragiles devant la bêtise et la cupidité des marchands du Temple, soient abattus. Car, si l'humanité a besoin de bois pour ses maisons, ses bateaux et sa pâte à papier, elle a aussi besoin d'autre chose.

Certes, on « visite » les parcs, mais on fait bien plus que cela ! Lorsque, en fin de journée, le soleil abandonne la Californie pour apporter son rayonnement à une autre partie de notre planète qui tourne, et que l'on quitte le parc pour rentrer à San Francisco ou à Los Angeles, on a été « pris » par le pouvoir de la nature et, comme John Muir le premier jour, on voudrait que tous les hommes puissent venir en ces lieux ou dans les autres parcs trouver un équilibre et un bonheur irremplaçables. Plutôt que de partir, il est merveilleux de bivouaquer sous la pèlerine d'étoiles et, au petit matin, d'aller avec la nature à la rencontre du soleil. Clairvoyance encore, huit ans plus tard, en 1872, quand les membres du Congrès inventaient une nouvelle notion, un nouveau rapport entre les hommes et la nature en créant le premier parc national ! Ils peuvent dormir tranquilles, les visionnaires de 1872 : ils ont distribué la joie.

En France, la notion de parc national est trop récente, et, si ce n'était le scandale de la Vanoise, une bonne partie de la population ignorerait l'existence de ce premier parc national, né le 6 juillet 1963, en application d'une loi du 22 juillet 1960 et d'un décret du 31 octobre 1961. Comment, dans ces conditions, la majorité des Français peut-elle s'identifier aux bouquetins, aux papillons, au glacier de Chavières et à leur vie, comme les Américains se sont identifiés au Grand Canyon ?

La France a une chance : celle d'avoir sur son territoire une variété presque infinie de paysages remarquables. Pour ne citer qu'un exemple : un matin, on quitte le mont, ses neiges éternelles et ses aiguilles de granit, moins hautes mais incomparablement plus belles que celles de l'Everest, et, en quatre cents kilomètres, après avoir traversé des lieux superbes, on arrive le soir à la Côte d'Azur, où l'on retrouve « la mer toujours recommencée ».

La profusion des beaux paysages incite-t-elle le Français à croire que dans son pays la nature est inépuisable ? Que des promoteurs avides d'argent — tout en déclarant se soucier des loisirs des hommes après avoir fait l'inventaire des lieux où exercer leur dynamisme — s'attaquent même aux endroits protégés, après tout, il n'y a là rien que de très normal. Ce qui est inquiétant, c'est qu'en dernier ressort seul l'Etat va décider ; car la population française, contrairement à la population américaine, n'est pas au courant de l'importance de l'enjeu. Reste donc l'Etat ; va-t-il honorer sa parole et ses lois toutes fraîches ou, cédant aux pressions et manœuvres des marchands du Temple, accepter le massacre de ce qu'il vient à peine de créer ?

Mitoyen avec le parc de la Vanoise il y a, de l'autre côté de la frontière, le parc du Grand-Paradis. L'administration de la province d'Aoste, qui pourtant vit essentiellement du tourisme, ne permettrait pas que le territoire des bouquetins, des chamois et des aigles soit amputé. Allons-nous connaître la honte dans notre pays ? Comment faire comprendre aux Français qu'il est important, fondamental, vital de conserver, de protéger la nature ? Quel gaspillage moral, quelle perte, au-delà même des bouquetins, de toutes les bêtes, les plantes et les fleurs du vallon de Polset et du glacier de Chavières ! « Il faut avoir vraiment réussi à préserver en soi quelque trace indéracinable de ce que l'on fut avant cette grande défaite qu'est la maturité pour être encore capable d'éprouver cette belle joie émue », a écrit Romain Gary. Mais, pour connaître cette joie, il faut encore que la source n'en soit pas tarie à jamais.

Que l'on ne s'y trompe pas : les défenseurs du parc ne plaident pas pour eux-mêmes. Ils souhaitent que les splendides bêtes dont la vue leur a souvent apporté un instant de grand bonheur puissent être admirées par tous : cette année déjà, le parc de la Vanoise a reçu plus de cinquante mille visiteurs ; n'est-ce pas merveilleux ? Et surtout, a-t-on le droit de voler les générations à venir ? Je suis sûr que les ordinateurs, si on leur posait honnêtement le problème, répondraient comme Theodore Roosevelt, en 1903, sur les bords du Grand Canyon : « On ne détruit pas la Joconde ; pourquoi détruirait-on les tableaux et les sculptures de la terre ? »

La nature ? c'est voir courir un chamois, grimper un bouquetin, nager un poulpe, voler un flamant et, peut-être, rêver un instant d'être à leur place, d'éprouver leurs craintes et leurs joies, de dormir comme eux sous les étoiles et, au matin, d'aller boire à une source.

Un jour, tandis que nous arrivions au refuge de l'Aigle, nous avons vu, à 3 800 mètres, les rochers les plus élevés de la Meije orientale s'animer brusquement : des chamois couleur de rocher, qui étaient allés, comme nous, respirer un moment l'air de l'altitude, se dressaient et, joyeusement, en bandes, sautaient dans la grande pente de neige où ils se laissaient glisser en ramasse, contrôlant parfaitement leur descente. Tout était d'une beauté étonnante : le cadre pur et aérien, le mouvement des bêtes, leur élégance, leur aisance.

Une autre fois, dans les Dolomites, ces cathédrales de la terre, nous gravissions un couloir au spigolo del Velo. J'arrivais sur un léger replat, quand une pierre tomba à mes côtés. Je levais la tête : vingt mètres au-dessus de moi, il y avait deux chamois, la mère et son petit. Nos chemins se croisaient. Un instant, nous restâmes figés de part et d'autre, puis, décision vite prise, dans une harmonie de sauts, les deux bêtes plongèrent dans le couloir et me frôlèrent. Bien sûr, la mère allait devant, et le petit suivait. En dessous du replat se creusait brutalement le ressaut, mais la mère devait savoir que pour l'éviter, cinq mètres sur la droite, il y avait une vire ; elle se détendit et dans une envolée se retrouva sur l'autre bord. Le petit, qui la suivait de trop près orienta mal son élan et se lança d'abord droit vers le vide, mais immédiatement après le début de son bond, par une merveilleuse cambrure en plein vol, il rectifia sa direction. La mère l'attendait, il atterrit à ses côtés et, avant qu'ils ne poursuivissent, il y eut entre eux deux un regard échangé.

Les ballets imaginés par les hommes sont beaux ; ils ne sont pas plus beaux. Le spigolo del Velo — l'arête du Voile — est une très belle escalade, mais ce jour-là, vous vous en doutez, après ce que nous avions vu, l'escalade était secondaire.

Le génie de l'homme doit être de pourvoir à tous ses besoins, besoins matériels mais aussi besoins en émerveillement. Ce n'est pas une question d'amour de la nature ; cela peut venir après, de surcroît. Pierre Termier parlait de la « joie de connaître ».

Sans doute, certaines bêtes existent mais ne connaissent pas de joies ; en revanche, certaines y sont accessibles : joie de recevoir le soleil après le froid de la nuit, de courir, de nager, de sauter, de voler, de bondir, d'être libre... Les zoos, les musées, les expositions de fleurs ou d'arbres sont intéressants, mais les bêtes et la végétation vivant dans leur milieu, c'est encore autre chose. Car, sauf pour les espèces en voie de disparition et celles présentant un intérêt scientifique, il ne s'agit pas de mettre la nature sous cloche, mais bien au contraire de la conserver pour qu'avec plaisir, compréhension et respect tous viennent à sa rencontre.

Créer l'émerveillement, qui est la chose la plus rare, celle qui donne un bonheur sans limites, sans restriction aucune, celle dont l'humanité manque le plus, est au-delà des études et des observations scientifiques, le premier but des parcs. Faire revivre les yeux et le cœur des hommes, leur faire respirer l'air des premiers âges de la terre et sentir la pulsation de son sang dans leurs cœurs.

Lorsque, dans cent ou deux cents ans, et même plus tard, on demandera : « Qu'ont fait les hommes du XIXe et du XXe siècle ? », nos petits-enfants répondront : « Ils ont inventé la machine à vapeur, le moteur à explosion et bien d'autres mécaniques, mais leur plus belle invention, c'est les parcs nationaux ; ils existent encore. Leurs machines sont bien démodées, un peu ridicules aujourd'hui, mais les poissons, les oiseaux, les chamois, les séquoias géants, le Grand Canyon, le Cervin n'ont pas changé : ils sont toujours aussi beaux. Voilà leur héritage. »

Par-delà les sommets qui dominent la vallée profonde, l'aigle est dans son ciel ; le découvrir, le regarder, deviner son plaisir d'être là-haut, libre, léger, détaché de la terre, dans sa part de soleil plus grande que la nôtre, est une joie pour les yeux, mais aussi pour l'esprit. Et, lorsque, toutes ailes déployées, tendues, frémissantes jusqu'à l'extrémité des rémiges, il plane dans l'azur, nous le croyons heureux. Le port fier de sa tête, ses grands yeux au regard lointain, son cou dégagé et musclé, son corps puissant, majestueux, ses serres qui sont des armes, ses ailes impressionnantes qui savent rester belles lorsqu'elles sont repliées, son plumage brun, sombre, mais aux reflets dorés, en font un oiseau à part, un oiseau au-dessus des autres.

Merveilleuse nature qui lui a donné une existence parfois très dure quand, le long des parois, souffle la tempête glacée, surtout en hiver ou encore au printemps, au moment de la couvaison, mais qui lui a fourni aussi les moyens de lutter, de vivre et d'assurer l'équilibre de son domaine !

De l'aire, édifiée dans une paroi inaccessible, il a plongé au bon moment, dépliant sa voilure, et, maintenant, il monte sans effort, juste un coup d'aile de temps en temps pour éprouver sa force ou accélérer son vol, en des courbes longues et rythmées. Installé sur les flots invisibles, il fend l'espace, indiscutablement heureux, bien à sa place, silhouette emblématique dans le ciel bleu de l'altitude. Quel magnifique oiseau, symbole, à juste titre, d'intelligence, d'audace et de noblesse !

Voir un aigle établi dans le ciel est un des grands spectacles que la nature peut nous donner. Cependant, René Pierre Bille nous a promis bien autre chose. De même sang que les bêtes qu'il aime, depuis qu'il parcourt la montagne, il les connaît, il sait où les trouver, et, maintenant, dans la lumière du soir, tandis que de Sierre nous montons à Chandolin, il nous montre la falaise, au cœur de laquelle est né, il y a quelques jours, un aiglon. Et qu'il sache cela — je ne sais s'il s'en rend compte — nous fait le regarder comme un homme riche, d'une rare richesse : celle de connaître si bien et si intimement le secret de ces lieux. Malheureusement, le lendemain, le temps a changé, il pleut dans la vallée et ici il neige, mais, sans doute, c'est très bien ainsi, je le sens au fond de moi-même. Toute chose doit se gagner et, en tout cas, pour l'apprécier, il faut la comprendre et, pour la comprendre, il faut du temps. Il faut d'abord découvrir et apprendre l'immense paysage et le temps versatile qui entoure la vie en ces lieux.

Chandolin se trouve dans le val d'Anniviers, lequel aboutit à la vallée du Rhône, juste en aval de Sierre.

On a quitté les cultures de fruits, les longues allées de peupliers et une certaine chaleur, pour remonter le fond d'un thalweg étroit, creusé il y a bien longtemps, à l'époque glaciaire ; on a traversé des villages de bois où les géraniums sont des flammes aux fenêtres, puis on a laissé le fond de la vallée qui monte vers Zinal et se prolonge par les glaciers et les « 4 000 » : le Weisshorn, le Zinalrothorn, l'Ober Gabelhorn, le Cervin, la dent Blanche, pour suivre une route qui, à travers les vignes étagées, vient s'enfoncer ensuite dans les bois de mélèzes et d'aroles, au pied desquels poussent les myrtilles, entourant le balcon de Chandolin. Ici, dans ce charmant petit village et bien avant que la route n'y parvienne, pendant des années et des années, René Pierre Bille a vécu heureux dans la montagne peuplée de tant de bêtes.

Il neige ; pendant deux jours, nous allons en forêt sur les traces de René Pierre. La forêt est un murmure, mais sous la neige fraîche elle n'est plus qu'une confidence. Ce sont les chutes de la fin du printemps : derniers jours de mai, premiers jours de juin. Ici, l'hiver hésite longtemps avant de s'en aller. D'ailleurs, les grands névés couvrent encore les alpages à la lisière de la forêt, le lièvre variable est encore blanc, de même le lagopède, ou perdrix des neiges, tous deux reliques de l'époque glaciaire, installés dans ce pays au climat rude et vivifiant.

Un troisième jour, nous devons attendre, car c'est le jour de la Fête-Dieu, et René Pierre ne peut pas ne pas participer à la procession en costume, qui ce jour-là a lieu, à Chandolin comme dans tous les villages du Valais, avec fanfare, traversée du village, grand-messe et nombreux verres de fendant, le vin du pays. Cette procession n'a rien de touristique, aucune foule, pas de visiteurs ; elle n'est que pour les gens du village, dans les costumes d'autrefois et de différentes époques. René Pierre, vieux braconnier du pays, est habillé en grenadier de l'Empire et il est magnifique !

Il pleut et il neigeote encore ce jour-là, mais, le lendemain, le beau temps étant revenu, nous pouvons partir vers l'aire. Inutile de partir très tôt, car la falaise dans laquelle cette aire est incrustée est orientée ouest et, aussi bien pour les prises de vue que pour l'escalade à venir, afin d'atteindre l'aire, il faut que le rocher soit sec — pour cela, il est nécessaire que le soleil l'ait atteinte — ; jusque dans les détails, nous sommes donc tributaires de son rayonnement.

En une petite heure, nous arrivons à l'endroit où la forêt en pente très raide borde la falaise. Nous sommes exactement au niveau de l'aire, située vingt à vingt-cinq mètres sur notre droite ; mais elle est au fond du dièdre, dans le creux de la paroi, et nous en sommes séparés par la proéminence de l'arête qui borde le côté gauche du dièdre. Quant à l'autre côté, ce n'est qu'une paroi aussi haute que lisse et surplombante. En fait, d'ici, nous devinons l'aire plus que nous ne la voyons. En nous penchant au maximum, nous apercevons la tache blanche de l'aiglon, qui ne bouge absolument pas.

Comment aller vers lui ? Nous examinons la falaise. Je me suis muni d'une corde, mes compagnons m'assurent, je vais essayer de contourner horizontalement l'éperon ; mais le rocher est si lisse et si déversé qu'au bout de quelques mètres je suis bloqué ; impossible de continuer. Et le retour n'est pas facile.

Au fond de moi-même, il ne me déplaît pas que cette aire soit inaccessible, et pourtant, échouer si près du but, ce serait bien dommage.

Il y a peut-être une solution : par la forêt, gagner le haut de la falaise et, de là, descendre en rappel, droit sur l'aire. Grâce aux arbustes, nous arrivons à gravir cette pente herbeuse fort redressée, et bientôt nous voilà au sommet de la paroi rocheuse. Deux beaux arolles surplombent le vide ; mais ils ont l'air très vigoureux : leurs racines sont solidement accrochées dans les fissures. Autour de l'un, je passe la corde de rappel longue de quatre-vingts mètres, autour de l'autre mes compagnons vont assurer. Je m'installe en rappel, mais ce qui m'inquiète, c'est que j'ai l'impression qu'en bas le bout des cordes ne touche pas le rocher et pend en plein vide. En tout cas, je peux descendre les cinq premiers mètres, qui ne sont que verticaux. Ce n'est qu'après, en dessous, que la paroi se dérobe, pour former le surplomb.

Le rocher n'est pas franc ; des pierres coincées dans la fissure qui parcourt le fond du dièdre ne demandent qu'à tomber, mais je fais très attention de ne pas les ébranler, pas tellement pour l'aiglon — il ne risque rien, car, étant en quelque sorte à l'intérieur de la paroi, sous le surplomb, si des pierres tombent, elles passeront à l'extérieur de l'aire — mais à cause des cordes. Maintenant, j'ai atteint le niveau où la paroi, en dessous, se creuse en surplomb comme le plafond d'une voûte. D'ailleurs, à partir de là, face au rocher, j'aperçois entre mes jambes, vingt mètres plus bas, l'aire et l'aiglon ; mais aussi je constate que le bout de ma corde de rappel n'aboutit à aucune plate-forme ; elle pend dans le vide et à plusieurs mètres du rocher.

Bien sûr, j'ai très envie de continuer, mais ce vide et cette incertitude m'impressionnent. Je sais bien qu'en principe, si je n'arrive pas à prendre pied sur l'aire ou sur la paroi, je pourrai toujours remonter, à bras carrés ou en Prusick le long du rappel, mais c'est plus vite dit que fait, même si l'on est aidé par de solides gaillards.

Mes compagnons, là-haut, m'interrogent, et je ne sais que leur répondre.

Cependant, je connais le proverbe : « Là où il y a une volonté, il y a un chemin ». Pour moi, le chemin c'est de continuer la descente ; une fois en bas, je me débrouillerai. Je continue donc ; au bout de quelques mètres, la paroi s'étant peu à peu creusée, mes pieds ne touchent plus le rocher, et tout en continuant le rappel « en fil d'araignée » je tourne autour de la corde — ce qui est désagréable, mais assez fréquent dans ces cas-là. La meilleure technique consiste alors à accélérer la descente afin de se trouver le moins longtemps possible dans cette situation.

Bientôt, j'arrive au niveau de l'aiglon, mais toujours dans le vide : je me trouve six mètres à l'extérieur du fond du dièdre, et trois mètres à l'extérieur du bord le plus proche de l'aire.

L'aiglon me regarde, bien sûr, indifférent.

J'ai encore un peu de corde. En dessous, le rappel continue sur cinq à six mètres ; il pend toujours dans le vide, mais à cet endroit le dièdre est moins ouvert ou, autrement dit, les deux parois du dièdre sont plus rapprochées ; ainsi aurai-je sans doute plus de chance d'atteindre le rocher.

Je descends donc encore un peu, puis demande à mes camarades de bloquer la corde d'assurance. Alors commence une série de contorsions, d'extensions, de mouvements acrobatiques de toutes sortes en vue d'aboutir à un balancement pour atteindre une des deux parois. Mais, si le balancement n'est pas provoqué par le haut — et ici c'est évidemment tout à fait impossible — il est bien difficile au plomb d'un fil à plomb de se mettre en mouvement.

Le proverbe anglais a raison une fois de plus, et j'arrive enfin à toucher la paroi, et à tout de suite la repousser afin d'augmenter mon élan et l'ampleur de mon balancement. Puis, en me renvoyant de plus en plus fort, j'arrive à atterrir sur un léger replat et à m'y accrocher. Un instant, je souffle et récupère, car n'ayant pas amené mon baudrier j'ai le corps cisaillé par la corde d'assurance qui me soutenait et que j'ai dû passer directement autour du corps. Je ne suis pas tout à fait au bout de mes peines, car, au-dessus de moi, le bord de l'aire se présente comme une corniche faisant un surplomb assez marqué et haut de trois mètres. Car cette aire est une merveille d'architecture, un chef-d'œuvre d'échafaudage. Comment l'aigle a-t-il pu chercher les branches — au moins deux cents, dont la moitié d'une longueur de trois à quatre mètres — les amener et, encore plus, les disposer pour qu'elles tiennent coincées entre les deux parois fuyantes du dièdre, et les entrelacer pour consolider le tout ?

L'ensemble n'a qu'un appui central, une sorte de petite épaule venant du fond du dièdre, mais ne s'avançant que d'un mètre environ, alors que l'aire dépasse de près de trois mètres. C'est un travail aussi beau à voir qu'il a dû être extraordinaire à accomplir. J'essaye de gravir la paroi à gauche du nid, mais le rocher est si lisse que plusieurs fois je dois m'accrocher aux branches de l'aire. En fait, je ne me sers pas de ces branches pour faire une traction, elles sont trop en porte à faux, et risqueraient fort de venir à moi et d'emporter l'ensemble de l'édifice, mais je m'y tiens juste pour maintenir mon équilibre, tandis que je me rétablis sur de petites prises de pieds. Bref, au bout d'un moment je suis sur l'aire, à côté de l'aiglon. Si ce n'était la tête et surtout le bec, on dirait un agneau : merveilleusement blanc, couvert non pas de laine mais d'un duvet juvénile encore plus doux et plus serré que la plus belle laine ; si ce n'étaient aussi les restes de proie qui l'entourent : des pattes de faon et une marmotte à moitié mangée. A côté de lui, un œuf non éclos et, tout autour, sur les deux parois de rocher, des taches blanches sur une hauteur de vingt à trente centimètres, les fientes des parents. L'aire est plate, en forme de triangle à peu près équilatéral, deux côtés étant constitués par les deux plans rocheux du dièdre et le troisième, celui qui s'ouvre vers le vide, étant un peu plus grand et légèrement arrondi.

Autour de l'aiglon, installé à peu près au centre, sur l'énorme support de vieilles branches de mélèzes, quelques petites branches fraîches avec leurs feuilles vertes, et du duvet ainsi que des petites plumes que la mère s'est arrachés au moment de la couvaison pour protéger les œufs.

Je regarde tout cela avec attention et aussi une certaine émotion : tant de douceur et de tendresse dans un lieu si sauvage et où la mort des proies vient nourrir la naissance.

De là-haut, mes amis m'appellent. Je comprends qu'ils s'interrogent et même s'impatientent : ma descente a duré un bon moment. Je leur explique la situation et finalement la question est la suivante : « Que vais-je faire maintenant ? »

Il est exclu que mes compagnons puissent descendre ici : le rappel puis l'escalade sont trop acrobatiques, et même s'ils le pouvaient, il est impensable que l'aire, en fait cette construction de branches en porte à faux à moitié sur le vide, puisse soutenir le poids de cinq personnes, alors qu'elle n'est faite que pour le mâle, la femelle, l'aiglon et les proies, soit au total une vingtaine de kilos.

Il n'y a qu'une solution, fonction de deux questions importantes et d'ordre différent : puis-je déplacer l'aiglon de son aire, et, si oui, l'ayant mis dans mon sac, pourrai-je ensuite faire la longue traversée que je n'ai pas pu faire tout à l'heure avant d'opter pour le rappel ? Cependant, si tout à l'heure j'ai dû y renoncer, maintenant cette traversée est à envisager, car je disposerai de la corde de rappel, fort en biais il est vrai, et de la corde d'assurance.

A René Pierre, l'homme compétent, frère des bêtes, je pose donc la première question. Sa réponse étant affirmative, il me reste à résoudre la seconde. A côté de la petite bête, blanche et craintive, qui se tasse sur elle-même le plus possible, je place alors mon sac, l'ouvre au maximum, dispose ma cagoule au fond en guise de coussin ; mais, avant d'y installer l'aiglon, je le caresse un peu pour ne pas trop l'effaroucher, tout en me demandant s'il peut comprendre ce geste de civilisé. Il est léger, son corps est mou. Il est difficile à prendre, peut-être suis-je maladroit. Je ne suis plus un homme, mais un enfant qui soutient un animal en peluche, très mou et très malléable. Je le prends sous les ailes et lui soutiens le corps, mais dans un geste réflexe il referme ses serres déjà grandes sur les branches où il essaye de s'accrocher. Je le dépose dans mon sac : j'emmène aussi les pattes du faon et la marmotte. Je referme le sac à moitié, le mets sur mon dos ; me tenant tantôt aux rares prises et tantôt au rappel fortement pendulaire assuré d'en haut par René Plouton, je vais faire la traversée, tandis que mes autres amis, descendus par la forêt au niveau de l'aire, là où nous étions tout à l'heure, sont déjà en train de préparer un gros coussin de branches pour accueillir mon compagnon de cordée, merveilleux compagnon, plus beau que la pierre précieuse la plus rare. Curieuse sensation de porter sur son dos le petit de l'oiseau si souvent admiré.

Grâce à la corde qui m'assure d'en haut, et à l'aide du rappel, je parviens à faire la traversée assez vite. Bientôt, nous sommes tous réunis.

René Pierre ouvre mon sac, et voilà le patriarche des bêtes, cette force de la nature qui ressemble au saint Pierre des « Quatre Apôtres » de Dürer, prenant l'aiglon dans un sourire émerveillé et l'installant avec tendresse sur le nid préparé. René Pierre est si heureux qu'il parle tout seul à haute voix. René, Charles et Pierre, eux aussi, sont dans une profonde admiration devant ce futur roi du ciel. Au fond de moi-même, je suis heureux d'avoir pu l'amener jusque-là, avec la bénédiction de René Pierre : j'aurais été ennuyé d'être le seul à vraiment l'avoir vu, grâce à quelques acrobaties qui me sont familières. D'ailleurs, je dois retourner à l'aire, muni d'une boîte pour ramener l'œuf que j'ai laissé, de peur de le briser. Maintenant, je connais le passage, et assez rapidement je fais la traversée dans les deux sens. L'œuf est alors déposé à côté de l'aiglon ; nous le filmons avec René Pierre, qui n'arrête pas de proclamer son bonheur, tellement il est content.

Un moment, tandis que René Pierre tient l'aiglon dans ses bras, au fond de moi-même je pense au destin de cet homme. Pendant des années et des années, il a été un grand et « honnête braconnier » — il ne tuait que pour manger — et puis, un jour, devant la marmotte qu'il venait de tirer et qui sur la neige avait roulé jusqu'à lui, semblant présenter ses pattes suppliantes — pattes expressives des marmottes — il éprouva le doute et rangea son fusil pour devenir, toujours fidèle à son pays et à ses bêtes, le meilleur photographe et cinéaste du « monde sauvage de l'alpe », pour employer sa propre expression.

Par moments, l'aiglon pousse de faibles cris : appelle-t-il ses parents, ou simplement a-t-il soif ? Les prises de vue et de son étant terminées, je le remets dans mon sac ainsi que les pattes du faon et la marmotte, puis je retourne à l'aire les déposer. Quant à l'œuf, qui est un œuf stérile, il est pour René Pierre. Les œufs d'aigle sont rares, et c'est un souvenir de cette merveilleuse journée.

Où étaient les parents pendant ces quelques heures ? Sans doute en train de chasser assez loin. Au début, René Pierre pensait que, durant mon escalade, ils pourraient au moins s'approcher de l'aire ; mais on ne les a jamais vus. Or René Pierre, avec ses jumelles, sait explorer le ciel.

Plusieurs fois, par la suite, de Sierre où il habite, René Pierre est revenu en ces lieux. L'aiglon commençait à grandir, à se lever, à se tenir droit sur ses pattes, à agiter les ailes, à s'exercer. Puis, un beau jour d'été, l'aiglon s'est approché du bord et s'est laissé tomber en dépliant ses ailes déjà grandes, et les courants l'ont emmené vers les hauteurs pour qu'il découvre son royaume.

Aujourd'hui, quand nous nous retrouvons et que nous parlons de lui, il nous semble parfois que cette histoire est un conte, et si nous n'avions pas les photos et le film, nous penserions qu'il s'agit d'un beau rêve. Il n'en est rien, si ce n'est que les bêtes et surtout leurs petits sont tellement beaux et mystérieux que pour une fois la réalité est aussi merveilleuse qu'une histoire pour les enfants.

Le massif des Ecrins

C'est un paradis sauvage fait pour le bonheur des hommes, des fleurs et des bêtes. Ici, on marche, on grimpe, on respire, on regarde, on écoute le silence, on entend vivre la nature en toute liberté.

Peu à peu, insensiblement mais tout naturellement, comme l'eau du torrent qui épouse la pente, notre cœur bat au rythme de la terre et de sa vie autour du soleil.

Comme aux premiers jours.

Découvrir. Devenir.

Ce massif des Ecrins appelé aussi, non sans raison, massif du Haut-Dauphiné, est extraordinairement riche : de sa pauvreté, de sa nudité, de sa rudesse, de sa sauvagerie. La vraie richesse c'est de donner le bonheur, de procurer l'émerveillement. Il aide à naître, à grandir, à aimer, à comprendre. Il dit que certaines choses, magnifiques, merveilleuses, toutes simples, sans détour, existent.

Comme aux premiers jours.

Et c'est pourquoi, lorsque, en fin de vacances, descendant pour la dernière fois un de ses vallons, on ne le quitte pas sans mélancolie. Sans savoir pourquoi, sans savoir comment, on a été pris. Il y a l'attrait de l'altitude et des horizons découverts, on le savait, mais dans ce massif, le plus vaste de tous les massifs cristallins de la chaîne des Alpes, il y a d'abord, sans qu'on y prenne garde, la fascination des grands espaces.

C'est un ensemble de sommets, mais tout autant de vallées profondes et, adjacents à elles, de vallons secrets comme une confidence, qui l'entaillent, le sillonnent et pénètrent au cœur même du massif.

Certes, le même nombre de sommets pourrait fort bien tenir sans rien changer à leur forme propre, sur une surface nettement réduite. Il est possible d'imaginer un instant la Meije, les Ecrins, les Bans, l'Olan, la Muzelle et tous les sommets du massif, proches les uns des autres et même serrés côte à côte comme cela est le cas dans d'autres massifs : les escalades resteraient les mêmes, les marches d'approche seraient réduites ; on irait plus facilement et plus vite d'une ascension à une autre ; mais qu'y gagnerait-on ? Rien, car ce pays a une âme faite d'abord d'espace. Il lui faut beaucoup d'air et de ciel pour respirer et vivre : c'est le luxe exceptionnel de cette terre magnifiquement pauvre.

Ainsi, il est secret : il ne se présente pas, ne s'offre pas ; il faut aller vers lui. La Meije ne serait pas aussi belle sans le vallon des Etançons où l'on chemine en rêvant aux arêtes. De même la Dibona, par exemple, en bordure de route, et sans l'attente de la découvrir dans son enceinte de pierres. De même l'Olan et sa grande muraille au fond du long thalweg sauvage. Et il en est ainsi pour chacun des sommets et des cols. Massif extraordinaire, dont la première caractéristique est la sauvagerie, tellement difficile à atteindre, et selon le moment, le charme ou l'enchantement qui en découlent. Cette richesse exceptionnelle est due à la grandeur du massif ou plus exactement à sa « vastité ». Sa beauté est celle des grands espaces ; natifs, premiers, tels quels depuis des siècles, où l'homme dans une liberté totale, naturelle et retrouvée, peut marcher et grimper sans que la nature lui oppose brutalement des difficultés insurmontables, et assez cependant pour qu'il ait à utiliser, non sans plaisir, la vigueur, l'adresse, l'ardeur, les élans, les désirs qu'il porte en lui depuis son enfance et qui trop souvent, faute d'occasion et de terrain de jeu dans la grande nature, somnolent, dépérissent et se gaspillent.

Percevoir l'étendue dans le temps, dans l'espace ! Il y a l'altitude mais aussi les larges panoramas dans une lumière claire, à mi-distance entre le mont Blanc et la Méditerranée ; entre l'Auvergne et le Piémont. On touche le mystère.

Si les sommets étaient serrés les uns contre les autres, seul le grimpeur y trouverait avantage : les marches d'approche et aussi les déplacements d'une vallée à l'autre seraient corollairement réduits ou inexistants. Cependant, les hommes qui viennent ici et qui aiment, sans qu'ils sachent vraiment pourquoi, ces longs vallons secrets, déserts et nus, visages vierges de la terre, sont exigeants : grimper leur plaît mais pas n'importe où, pas n'importe quoi ni n'importe comment. Ici, ils sont heureux car leurs gestes s'inscrivent dans un paysage auquel ils se sont accordés : ils grimpent après avoir créé, connu, ressenti l'éloignement, et leur ascension prend alors une autre dimension qui n'est pas seulement enchaînement de mouvements agréables et esthétiques, mais, de tout leur être, hymne à la terre, à ses thalwegs patiemment creusés il y a des millénaires, à ses grandes étendues de caillasses cuites comme des briques et pourtant constellées de fleurs, à ses neiges éternelles, frileuses sous le soleil ardent, à ses montagnes souvent cachées, mais qui accordent l'intimité. Une ascension ici comme ailleurs c'est une escalade, mais c'est aussi à tout point de vue la distance parcourue entre la route et le lieu où l'on grimpe ; en remontant les longs vallons sauvages, en traversant les vastes déserts de pierres, en suivant la crête des moraines belles comme des trajectoires, on découvre, pas à pas, l'extraordinaire sensation de laisser derrière soit les petites choses que l'on croyait importantes et de retrouver l'essentiel qui est d'abord un bonheur de vivre à l'unisson de la grande nature.

Le paysage et son étendue, l'espace et ses échos, jouent ici un rôle capital. Le randonneur, le grimpeur, chacun dans son silence, retrouve une paix et une allégresse secrètes, nées tout simplement de l'utilisation logique de ce que la naissance gratuitement a donné de meilleur à chacun de nous : des muscles, un cœur, une âme qui, ici, trouvent nourriture et échos. Découvrir, devenir ; le randonneur atteint le col ou le belvédère, le grimpeur débouche au sommet, face aux grands espaces. Dans toutes les Alpes, aucun massif n'est sauvage, pur, rugueux, comme le massif des Ecrins. Il l'est tellement qu'en 1828, année où le Pelvoux va être gravi (pour des raisons non d'alpinisme mais de topographie), alors que l'on grimpe dans toutes les Alpes du mont Blanc à l'Autriche, le massif des Ecrins est totalement vierge et même inconnu des visiteurs et des grimpeurs.

En même temps, c'est un jardin de fleurs ; elles sont innombrables : comme les étoiles. Elles se nourrissent de pierres tout autant que de terre. Elles sont partout : dans les champs, bien sûr, et en bordure des routes — rares champs, rares routes, accrochées aux pentes ou entaillant les falaises —, au bord des chemins et des torrents, de la neige et des glaciers, le long des moraines, dans les pierriers, dans les éboulis, dans les parois.

Une merveilleuse promenade — mais il y en a des dizaines d'autres — est d'aller au Combeynot ou à Chamoissière. J'y suis allé à une époque, où, jeune grimpeur et jeune guide — j'avais 23 ans — je rêvais surtout de grandes courses : quelques jours auparavant, j'avais fait avec Michel Chevalier, la première de la face S du Pavé ; quelques jours après, j'allais faire une autre première au Grand Pic de Belledonne. J'étais instructeur à l'Ecole nationale d'alpinisme, qui venait d'être créée et installée à la Grave, où nous parlions abondamment de technique.

Ainsi donc, un jour, entre deux grandes courses, j'étais allé à Chamoissière. Je n'ai aucun souvenir de l'itinéraire mais je me souviens de cette journée heureuse, montagnarde dans le sens large du mot, un peu champêtre, dans une belle lumière, pleine de nuances, image de paradis, où le corps agile porte allègrement le marcheur-grimpeur qui avance comme conduit par une main amie, qui respire un air frais et dont l'éveil est attiré par mille choses, certaines grandioses, d'autres minuscules, également très belles, même s'il s'agit d'un brin de mauvaise herbe ; mais que veut dire mauvaise herbe ? Bref, une image de grand jardin avec alentour, aperçues ou entrevues, en tout cas non recherchées, des bêtes, des fleurs, des papillons, des oiseaux... rencontres innombrables avec leurs milliards de reflets. C'était une journée merveilleuse où dans la lumière, mais aussi dans toute chose, même dans la pierre, dans son grain, son relief et ses teintes, il y a des transparences.

Quelques jours après Chamoissière, j'étais avec les stagiaires du cours de guide au refuge de l'Aigle qui, après deux jours de tempête apparaissait, le soleil étant revenu, comme un nid entouré de neige fraîche. Nous nous préparions à partir, impatients d'avoir été bloqués et inactifs, quand l'un de nous, sur la porte du refuge nous appela :

« Venez voir ! »

Partis je ne sais d'où, sans doute du Pavé, une vingtaine de chamois avançaient à 3 800 mètres sur la crête de la Meije orientale, silhouettes légères, élégantes, un peu irréelles dans la lumière du tout petit matin.

Au sommet, la harde se regroupait et goûtait le soleil revenu et, sans doute aussi, la neige nouvelle qui donne à la haute montagne une autre dimension. Après ce temps d'arrêt, l'un des chamois, d'une détente souple, se jeta dans la pente supérieure de la face N, immédiatement suivi par tous les autres : glissades de haut style, maîtrise, élégance incomparable dans cette pente raide, mais surtout extraordinaire image du bonheur ; la neige, en « voletant » dans le sillage des bêtes, participait à la fête.

Nous étions émerveillés, un peu émus devant tant d'audace et tant de joie liées à la nature. La neige fraîche, légère, magnifique, était là, et après deux jours d'inaction les chamois étaient venus comme à une récréation. Toutefois, nous étions un peu inquiets, d'autant que dans la bande il y avait des petits : nous nous demandions comment ce jeu merveilleux et vertigineux allait se terminer, car cette pente raide domine des barres rocheuses entrecoupées de goulets de glace. Cependant, juste en amont des barres et assez haut toutefois pour que les petits, un peu surpris, aient bien le temps de s'arrêter, ils stoppèrent magnifiquement les glissades dans un tourbillon de neige qui les enveloppa un instant comme une gloire, puis traversèrent vers l'arête pour rejoindre la crête N, facile, remonter au sommet et disparaître comme ils étaient venus.

On a dit des milliers de fois que l'homme ne peut

vivre que de mécanique et de béton, et c'est exact. On a dit aussi qu'il a besoin d'air pur et d'eau pure et ainsi on traite, on épure, on régénère l'air et l'eau. Mais il est une nourriture dont on ne parle guère et dont l'homme a tout autant besoin : l'émerveillement. Peut-être est-ce sa faiblesse par rapport aux machines, aux ordinateurs et aux engins qu'il a inventés et créés, capable d'aller sur la lune et ailleurs, par rapport même aux machines et aux engins encore plus extraordinaires, encore plus intelligents qu'il inventera et créera chaque jour : être capable et avoir besoin de s'émerveiller ! Or rien ni personne comme la grande nature ne peut donner, gratuitement, à tous, cette nourriture aussi indispensable que le pain.

L'homme a besoin du frissonnement des feuilles, du vol d'un oiseau, d'un brin de mousse ou de mauvaise herbe. Sans doute, sous un autre angle, a-t-il besoin également des orages et des tempêtes. On lui a souvent laissé croire ou même dit, après les vols spatiaux réussis à la seconde — et alors même qu'il fallait ensuite deux heures pour récupérer la glorieuse capsule ballottée comme un bouchon par les flots de l'océan baptisé Pacifique en 1522 par Magellan — qu'il était maître de tout, qu'il maîtrisait les techniques, qu'il régnait sur la terre. Il n'en est rien. Pour ma part, il ne me déplaît pas, même si cela contrarie mes projets, qu'au-dessus de nous les grands vents fassent comme bon leur semble. L'homme est allé sur la lune, et ira ailleurs, à la seconde, mais, et à tous les points de vue, heureusement, il ne calme pas la tempête.

Un grand pas a été fait avec la création du parc national des Ecrins. L'homme a besoin de paradis sauvages, où il ne soit plus étranger sur la terre, où il retrouve sa parenté.

La spéléologie ? C'est quitter le soleil pour s'enfoncer dans la nuit... à la rencontre d'autres soleils.

Dans une solitude extrême et un silence noir, les plafonds, les voûtes, les parois des grottes et des cavernes sont constellés d'étoiles qui attendaient.

Dans une solitude sans espoir et un silence noir, la goutte d'eau qui tombe participe au murmure géologique que le spéléologue devine, perçoit, entend ; dans la nuit éternelle, il touche le mystère. Quoi, pendant des millénaires, cette goutte d'eau « innombrable », fidèle, têtue et toujours remplacée, a creusé, douée d'unc terrible ardeur, ces voûtes immenses où l'homme est infiniment petit ? Quoi, cette goutte d'eau, jamais en repos, toujours persévérante, pendant d'autres millénaires, a continué à creuser, à percer jusqu'à s'enfouir par un cheminement si secret, si subtil qu'il semble disparaître ? Quoi, cette goutte d'eau, toujours fidèle, toujours têtue, toujours remplacée a, pendant des millénaires encore, suinté sous les voûtes, les plafonds et le long des parois pour construire avec passion, pour façonner avec acharnement, avec délicatesse, ces concrétions merveilleuses, ces fleurs et ces étoiles ?

Tout cela était confidentiel : seule, la terre savait.

Les montagnes sont belles à qui les trouve belles, de même les mers. En tout cas, elles s'offrent au regard : elles brillent sous la lumière, mais les cavernes et leurs trésors enterrés, confiés à la nuit : un secret pour la terre.

La démarche du spéléologue est sans doute plus forte, plus imaginative, plus inspirée que celle du montagnard ou du marin. Par sa venue sous terre, il a introduit dans la nuit des cavernes la parcelle de soleil que tout homme a reçue en héritage à sa naissance et qui nourrit son cœur.

Comme toujours, le premier pas coûte le plus. Quitter une tranquillité : la douceur des collines de calcaire blanc ; renoncer à une certitude : le jour, la nuit, l'aurore... ; perdre les présences familières : les arbres, les herbes, les rochers, mais aussi la lumière, la chaleur de midi, l'ombre d'un feuillage, oublier la notion de temps ; abandonner une façon de voir et de penser ; quitter le soleil et sa présence rassurante ; rompre et descendre dans un trou noir qui s'ouvre au pied d'une falaise ou dans le creux d'un plateau.

Au début il y a toujours une appréhension ; doigts serrés sur la corde, le spéléologue s'enfonce, « aspiré » par la nuit. Au départ, ses pieds touchaient le rocher, puis la paroi s'est creusée, et, maintenant, en dessous, ce n'est qu'un vide noir. Pour lui, en quelques minutes, le soleil est passé du zénith au couchant, et s'il lève la tête il n'aperçoit plus que le trou bleu déjà bien sombre, gros comme une pièce de cinquante centimes tellement, vu d'en bas, il apparaît petit : un trou de tirelire ; le ciel n'existe plus, cela ne le touche guère, si ce n'est qu'il goûte le secret bonheur du renoncement. Ses muscles jouent bien, ses mouvements deviennent souples et enchaînés. Il est à sa place. Le premier pas est fait : une longue « verticale » et il va toucher le sol. Alors, il éprouve un grave bonheur, il prend possession de son monde : pour quelques jours, cette caverne va être sa caverne, un monde bien à lui.

Parfois, le miracle est déjà là, comme à l'aven d'Orgnac ; à moins soixante mètres, dès la première « salle » immense et qui s'étale en gradins, c'est la révélation : concrétions admirables, merveilleusement disposées ; mais, bien souvent, le bas de la première descente n'est que le début d'une longue exploration, à travers labyrinthes et dédales où il s'égare, étroitures et chatières où il se coince, grandes voûtes enfin, où, imaginant le tourbillon des eaux, il se découvre minuscule, plein d'amour.

Ces grandes voûtes, comme ces concrétions gigantesques ou minuscules, travail de l'eau, existent, mais elles ne vivent que de l'amour des hommes, vous l'avez deviné. Pour bien des raisons : géologiques, scientifiques, esthétiques, elles sont belles et dignes d'intérêt, mais aussi par la ferveur de quelques pionniers qui, d'un même élan, ont rêvé et peiné durement, toujours avec passion ; face à l'eau, à ses volontés, à ses exubérances, ils ont été d'un grand courage et d'abord d'une soucieuse compréhension, car, plus d'une fois, tandis qu'ils étaient sous terre, en surface, les orages sont survenus, ont gonflé les torrents. Cependant, ils avaient appris à écouter la goutte d'eau, complice et amie : elle tombait plus vite, plus vite remplacée ; à son murmure, cet écho du silence, succédait le bruit : des milliers de gouttes d'eau qui ruissellent ; ce bruit annonçait le grondement puis le vacarme, sourd, terrifiant, de l'eau qui bouillonne, pousse l'air devant elle, se rue dans les boyaux, réamorce les siphons, grossit les lacs, tombe en cascade, monte le long des grandes salles et s'approche des voûtes ; l'eau, sans merci, aveugle, préoccupée d'une seule chose : sortir, bondir de la prison de pierre dans laquelle elle s'est jetée ; ceux qui l'ont vue et entendue alors ne sont pas près de l'oublier. Cependant, c'est ainsi que se fait la connaissance de l'eau ; et, la connaissant un peu mieux, un peu plus, tirant profit de chaque expérience, ils ont préparé d'autres explorations.

Pour nos films, nous sommes allés dans des cavernes, des avens et des grottes de différentes tailles et de différentes formes ; plus d'une fois, nous aurions tellement désiré aller plus avant, plus loin, plus profond, mais quelle difficulté pour notre minuscule équipe, dans le transport du matériel de prise de vue et de prise de son, et, en outre, comment éclairer suffisamment les grandes voûtes pour qu'on les retrouve sur la pellicule ? Au point où nous en sommes du tournage, nous désirerions filmer un lac souterrain, dominé par un plafond bas. René Bonnardel, spéléologue aixois qui nous aide dans nos prises de vue, nous a proposé Peyrejal.

Il est 8 heures du soir, il fait nuit, nous sommes en octobre, et, de plus, il tombe un épais crachin. On remonte le lit d'un torrent à sec et, quand on vient buter contre la falaise calcaire en fer à cheval, on cherche, à sa base, un trou qui marque l'entrée. Quand on l'a trouvé, on descend dans une galerie, on la suit, elle remonte un peu, puis redescend, sous nos pieds, le rocher n'est pas lisse, mais fort ouvragé : des milliers de coups de gouge marquent le passage des eaux. Au plafond, sur les parois, pas de concrétions. Peyrejal est une caverne « active », en revanche, des milliers de gouttelettes partout suspendues qui brillent comme la voie lactée. On continue. Certes, dès l'entrée de la grotte, il fait noir, et nous avons dû allumer nos lampes frontales, mais au fur et à mesure que l'on s'engage plus avant dans le tunnel, on a l'impression que le noir devient par moments plus dense : cela dépend sans doute du degré d'humidité de la grotte, mais aussi de l'état d'âme du spéléologue.

Est-ce un réflexe ? Presque chaque fois que j'ai pénétré dans une grotte, je me suis orienté à l'entrée et, en cours de route, tenant compte des tours et des détours, faisant aussi appel à l'instinct, par jeu j'ai essayé maintes fois de me dire : « Dans quelle direction est le nord ? » Déçu, je n'ai jamais pu fournir une bonne réponse, dans cette myriade d'étoiles accrochées à la voûte qui nous domine, laquelle est la Polaire ?

A combien sommes-nous de l'entrée ? On pourrait le mesurer en mètres, à peu près, quoiqu'une grotte n'ait jamais un sol plat, uniforme, rectiligne, la ligne générale est la descente, toutefois il y a souvent les petites remontées, les dos-d'âne, et surtout les innombrables détours des labyrinthes.

Plus qu'en mètres, c'est en temps que l'on peut évaluer les distances et dire : « Nous sommes à une heure, deux heures de l'entrée », « à deux jours, à trois jours » dans les grandes expéditions. Cependant, là encore, ces chiffres ne sont qu'une fragile indication : une descente n'égale pas une remontée. Je pense aux pionniers, Martel, Casteret, descendant seuls à la corde lisse dans les grands puits, je pense surtout à leurs remontées, plus fatigantes en elles-mêmes, et arrivant après un long effort. Heureusement qu'en spéléologie, comme en tout, quand le cœur d'un homme est si riche d'avoir découvert ou accompli quelque chose, des forces nouvelles qu'il ne soupçonnait pas, qui n'existent guère dans la vie courante, parce qu'elles ne sont que le fruit, la conséquence d'une journée aussi dure qu'exaltante, l'aident à franchir les obstacles les plus sévères. Ces forces qui dormaient en réserve ne sont libérées que par le déclic d'un cœur heureux et d'une nécessité de la vie : ainsi, le spéléologue parvient à remonter cinquante ou soixante mètres d'échelle ou de corde lisse, comme ce fut le cas plus d'une fois pour Norbert Casteret.

Dans une grotte, comme en montagne ou en mer, on ne parle guère. En spéléologie, il y a les moments où l'on est intensément actif : descente d'une « verticale », remontée aux échelles, passage d'étroiture, franchissement de cascade, plongée dans les siphons, et les moments où l'on attend, tandis qu'un compagnon progresse. Ainsi, tantôt c'est l'action virile, tantôt c'est une sorte de méditation intérieure. Il y a aussi le temps de la contemplation. Il s'agit alors d'une récompense durement gagnée, car si, par enchantement, le spéléologue avait été transporté sans effort au milieu de ce monde étrange, les fleurs et les étoiles qu'il admire, piquées sous l'immense voûte, seraient certes les mêmes, mais elles ne seraient pas aussi belles ; ces fleurs et ces étoiles ne sont pas seulement extraordinairement belles, ces voûtes, ces galeries ne sont pas seulement un lieu hors du commun, pour quelques heures, pour quelques jours, elles sont à lui : il les a méritées. Il a donné le meilleur de lui-même : il est prêt à recevoir ce cadeau de la terre.

Il n'y a pas que cela. Un jour, je demandais à un jeune homme, employé de banque de son état, pourquoi il faisait de la spéléologie. Bien sûr, il me citait toutes les bonnes raisons : aventure, découverte, aspects scientifiques de tous genres — géologie, zoologie, entomologie, paléontologie, préhistoire, biologie, géophysique... ; puis il ajouta : « Quand je suis membre d'une grande expédition et que l'on est à – 300, – 500, parfois plus, on a besoin de moi, les compagnons comptent sur moi, et moi sur eux ».

Combien de gouttes d'eau pour construire ces délicates draperies, mais aussi ces piliers gigantesques aux proportions merveilleuses ? Quel travail, quelle patience et quel entêtement pour aboutir à ces dentelles qui cernent les microgours ! Et l'on pense au « barreau de chaise » cher à Péguy, fignolé durant toute une vie, et aux joies que peut donner sa perfection.

Depuis un bon moment, nous sommes au petit lac souterrain de Peyrejal. René a gonflé son dinghy, Charles a sorti la caméra et filme la progression de René ; le plafond est bas, juste au-dessus de l'eau ou, plus exactement, c'est le niveau du lac qui est assez haut. Sitôt les prises de vue terminées, à mon tour je monte dans le dinghy. J'ai bientôt 50 ans, mais je n'ai pas épuisé le désir de connaître, non seulement voir, mais participer. Le tour du petit lac est vite fait. Je reviens vers mes compagnons. Les sacs sont prêts, et, cette fois, sans nous accorder un moment de contemplation ou de méditation, nous faisons demi-tour. Tous silencieux, nous ressentons comme un malaise. Quand nous sortons, à 2 heures du matin, dehors il pleut. Nous allons prendre quelques heures de repos. Le lendemain, au petit matin, nous sommes de nouveau sur les lieux. Dans le lit du torrent, à sec il y a douze heures quand nous sommes entrés, à sec encore il y a cinq heures quand nous sommes sortis, coule une rivière impétueuse. Devant l'orifice du petit gouffre de Peyrejal, il y a de violents tourbillons dans l'eau qui immerge le bas de la falaise. C'est beau, c'est grand, cette vigueur de la nature. Cette nuit, en sortant, René nous a dit : « Dans quelques heures, toute la cavité — plusieurs dizaines de milliers de mètres cubes — sera remplie et dégorgera à l'extérieur ». Je suis heureux qu'il ait deviné, compris le mouvement des eaux, c'est sa parenté avec la nature. Nous-mêmes, Charles et moi, ressentions quelque chose, à la fois de mystérieux et de logique au bord du petit lac.

A nos pieds, l'eau se vrille sous l'effet de la poussée, voyant son impétuosité, nous comprenons mieux l'existence des « coups de gouge » le long de la galerie. Un long moment, chacun dans son silence regarde les mouvements de l'eau venue du pied de la falaise.

C'est à l'intérieur des grands massifs calcaires que se trouvent les cavernes, les avens et les gouffres. En surface, les plateaux sont fendillés par les lames du lapiaz et creusés par des entonnoirs, les dolines. Par une fissure où elle s'est infiltrée, l'eau de pluie, chargée d'acide carbonique, a dissous le calcaire et commencé son inlassable travail d'usure : elle a rongé, raviné, creusé, créé la caverne et ses multiples ramifications. Dans la période où elle subit pleinement l'érosion sous toutes ses formes, la caverne se présente nue, nettoyée, seulement sculptée par les tourbillons et les coups de gouge du torrent bondissant, on dit qu'elle est « vivante ».

Cependant, l'eau, inlassablement, creuse, s'enfonçant plus profondément jusqu'à s'enfouir, délaissant la caverne qui entre alors dans sa période fossile. Au cours des millénaires, le paysage change, l'eau ne bondit plus, elle suinte, s'évapore parfois, perd son gaz carbonique, ainsi se forment les dépôts calcaires : merveilleuses concrétions qui sont les soleils des cavernes et qui, dans la nuit, répondent à cette parcelle de soleil que chaque homme porte en lui-même.

Symboles de liberté

Qu'est-ce qu'un volcan ? C'est le symbole de la liberté : le magma comprimé, exaspéré, encerclé sous l'écorce, bondit, jaillit, rêvant de voir le ciel. Et pourtant, dans son élan, il y a un instant pathétique, celui où les bombes incandescentes, ayant terminé leur fulgurante ascension, se maintiennent à leur apogée un centième, un millième de seconde, puis, perdant l'équilibre, retombent en pluie d'étincelles qui, refroidies, vont s'éteindre, à peine touché le sol : la vie, la mort. Pour quelques minutes vient le silence qui prépare le grondement : une nouvelle gerbe gagne le ciel, l'abandonne, tandis que du flanc du cratère les traînées de lave assidue continuent à couler.

Et il en est ainsi, toujours, tout autour de la terre, sur

la terre et sous les mers. A la place de l'Etna et de la plaine fertile de Catane, autrefois il y avait la mer. De la terre gagnée, de la terre perdue, cratères qui s'élèvent, gagnant 3 000 mètres d'altitude, cratères qui s'effondrent et qui en perdent autant, cratères qui vont, qui viennent, qui naissent, qui meurent, cratères innombrables et versatiles. Pour six cents volcans actifs durant la période historique, répertoriés, décrits par l'Association internationale de volcanologie, combien de volcans ignorés, inconnus durant cette courte période : trois mille ans pour les régions de vieille civilisation, quatre siècles pour le continent américain, deux à trois pour les archipels du Pacifique et moins d'un siècle pour l'Afrique, la Nouvelle-Guinée, certaines terres gelées. Et même, encore aujourd'hui, combien de volcans tout à fait ignorés ? Comment les connaître, les dénombrer, pour peu que leur activité se manifeste à une certaine profondeur, alors que les gaz se diluent et que les explosions s'étouffent ? Sans atteindre cette profondeur qui « neutralise » l'apparition du volcan, combien d'éruptions ont pu se produire dans l'immense désert marin, sans qu'aucun homme, par chance, par hasard, par miracle, ne soit là, sur place, au moment précis, pour les voir, les signaler, les observer ? Quelle extraordinaire gestation toujours en cours ! Sur la mer, un bateau a rompu ses amarres : il est à la dérive. Pour les continents, les amarres ont toujours été rompues : ils sont toujours à la dérive.

Etranges passagers, bonshommes infiniment minuscules, posés sur un sol si mince, aussi beau que vulnérable, aussi généreux que fragile et qui n'est qu'une pellicule tiède, cachant, enserrant le mieux qu'elle peut, l'énorme boule de feu dont elle nous protège.

Là-haut, dans la nuit constellée d'étoiles, le volcan ne s'arrête pas de cracher et, sur les flancs du cratère, rien n'arrête la rouge blessure incandescente. Pouvoir, puissance, prodige, magnificence du feu épris de liberté et qui jaillit le temps qu'il désire. L'homme donne une durée aux spectacles qu'il organise, mais ici tout lui échappe.

Pourtant, un jour, le magma satisfait, ayant eu sa ration de grand air, se calmera. Alors, durant les années, les siècles ou les millénaires qui suivront, l'homme reconstruira ses maisons et ses champs, toujours sur les flancs du cratère, car c'est de la désolation que naît la fertilité ; mais pour combien de temps ?

Les neiges en feu

Nous venons d'arriver au refuge Sapienza, construit par le Club alpin italien, sur les flancs de l'Etna, à 1 900 mètres d'altitude. Bien que l'hiver soit fini depuis un mois, bien que nous nous trouvions en Sicile et sur un versant sud, il fait un froid de loup. Il est 8 heures du soir. Nous retrouvons Haroun Tazieff, arrivé dans le milieu de l'après-midi ; ses premiers mots sont pour nous dire :

— L'Etna a une belle activité.

Visiblement, Haroun est heureux : dans ses yeux bleus brille déjà le feu du volcan.

Il y a une heure, nous débarquions à Catane. Après avoir traversé la grande ville exubérante, qui vit à la fois dans l'insouciance et dans la crainte de son phare turbulent et versatile, la route gravissant la base du volcan serpente à travers des terres extrêmement fertiles jusqu'à Nicolosi, puis tranche ses lacets dans les coulées de lave noire qui nous paraissent encore tièdes, tellement la présence de l'Etna est impressionnante.

Cependant, à Sapienza, nous venons de trouver la neige qui, du sommet de l'Etna, à 3 300 mètres, descend jusqu'ici. Le refuge est à la croisée de deux mondes : en dessous, les orangers, les agaves, les figuiers, les oliviers, les vignes et, tout en bas, les lumières douces de Catane, étirée le long de la mer ; ici, la neige et le vent glacial, et tout en haut, le feu, qui ignore la nuit et le jour, et les étoiles, qui dans le froid brillent durement.

Maintenant, tandis que nous dînons, il n'est question que de l'Etna. En ai-je assez rêvé ? Combien de fois ai-je écouté Haroun ? Combien de fois ai-je lu des récits, regardé des photos et des films du grand jeu de la terre qui se joue en dehors des hommes et de leur volonté ? En montagne, en mer, sous terre, dans le ciel, je n'ai cessé d'aimer les grandes « choses » qui nous dépassent et qui font toujours comme bon leur semble.

Tandis que nous nous avançons, en un éclair je pense à mon métier : moi qui suis guide et qui conduis les autres, jamais comme en cet instant je ne me suis rendu compte de l'importance de celui qui sait jusqu'où on peut aller.

Ce trou devant nous me paraît fort impressionnant. Peut-être parce que c'est une forme, une disposition, un vide auxquels je ne suis pas habitué. Et puis son élasticité apparente me fascine. A l'instant précis où une rafale de gaz jaillit, on ressent jusqu'au fond de soi-même cette prodigieuse poussée, comme si la vue, l'ouïe, l'odorat, tout le corps en était bousculé, pénétré ; le trou paraît alors large de vingt mètres. L'instant d'après, retrouvant le calme et le silence, il semble rétrécir.

— Sa taille, en réalité, me précise Haroun, est de sept mètres sur cinq.

Du bord, je peux voir le haut de la paroi de la cheminée située en face : jaune, orange, rouge, selon les endroits et les niveaux. Cependant, la chaleur est si violente et l'odeur des gaz tellement forte, qu'on ne peut s'y maintenir plus de trente secondes ; quant à pencher la tête au-dessus du puits pour essayer d'en deviner le fond, c'est exclu : en un instant on grillerait.

Nous sommes revenus en arrière, car les secondes ont passé, et la prochaine rafale de gaz ne doit pas tarder à jaillir.

— Quelle est la profondeur du puits ?, demandai-je.

— Trois cent dix mètres, me répond Haroun. Nous avons pu le mesurer en utilisant le principe de la résonance dans les tuyaux d'orgue. Regarde bien la prochaine rafale : chaque bouffée est séparée de la suivante par un intervalle rigoureux de une seconde huit dixièmes, et ce phénomène est constant depuis plus d'un an, nous l'avons remarqué.

Il est difficile de quitter ces lieux où l'on touche un des mystères de la terre.

A vingt mètres de cette Bocca Nuova, née en juin 1968 — et pour moins d'un an ? — nous retrouvons la neige, neige tenace et insolite s'il en est, et, par des pentes raides en traversée, nous montons vers le nord, sur l'épaule du cratère central ; paisible, il somnole en fumant avec négligence. Quand se réveillera-t-il ? Dans un an, dans un siècle ? De toute façon, un siècle, un millénaire, c'est peu de chose dans la vie d'un volcan.

Laissant le cratère central à sa paresse étrange, nous descendons alors au col qui le sépare du cratère nord-est. Ce dernier, généreux, fait preuve d'une belle activité ; toutes les quatre à cinq minutes, il crache une violente explosion qui s'élève à trois cents ou quatre cents mètres dans le ciel.

Nous grimpons vers lui : montée difficile, pénible, dans les blocs de lave refroidis et instables ; montée qui devient dangereuse au bout d'un moment. Un fort vent d'ouest entraîne au loin les retombées de chaque explosion. En montant sous le vent, nous sommes protégés par lui. Cependant, ce vent souffle en rafales. Si, au moment précis d'une explosion, il atténue sa poussée, les blocs de lave retombent non plus sur le seul versant opposé au vent, mais tout autant du côté où nous sommes ; c'est ce qui vient de se produire.

Le premier courage étant celui de la lucidité, nous renonçons, alors que nous ne sommes plus bien loin du sommet du cratère. Sans dire un mot, nous avons fait demi-tour, nous dirigeant vers le « gueulard », à cinq cents mètres de là. C'est un trou ovale, de petite taille, environ deux mètres sur trois, situé sur le flanc ouest du cratère. Comme la Bocca Nuova, il crache des gaz à une température de 900 °C à 1 000 °C, mais d'une façon continue. Tazieff et François vont faire un certain nombre d'observations. L'un et l'autre revêtent les combinaisons d'amiante afin de s'approcher au maximum et de faire les prélèvements de gaz dans le gueulard. La fournaise est telle que les parois de la cheminée sont rouge vif jusqu'à vingt centimètres de la surface.

Il n'y a pas que la chaleur — il serait plus juste de dire la brûlure — à endurer, mais aussi l'odeur des gaz et leur nocivité. Rester au bord même du gueulard, cela n'est supportable — même pour ces hommes volontaires et passionnés — qu'une vingtaine de secondes. Quant à nous qui assistons à ce combat singulier, nous vivons là des moments assez prenants : deux hommes en habit d'amiante, perches et instruments en main, s'approchent, à l'extrême bord du gueulard et à l'extrême limite de leurs possibilités, pour capter un peu de gaz — le plus pur possible. Merveilleuse tentative des hommes pour connaître quelque chose de la « fermentation » qui s'élabore sous nos pieds. Quelle démesure entre l'extraordinaire puissance et la fragilité, mais, à la fois, quelle volonté et quelle tendresse dans cette recherche virile, courageuse, intelligente, et quel désir de faire son travail, entièrement, sans demi-mesure et toujours le mieux possible !

Durant des journées comme celle-ci, on ne parle guère. Un des charmes de ces moments, c'est que plane entre les participants une sorte de compréhension mutuelle. Nous sommes bien ; chacun, volcanologue, cinéaste, est à son travail.

Le soleil a tourné, il est déjà 16 heures. Non loin du gueulard, à peine en dessous, naissent au flanc du cratère troué les coulées de lave.

Nous descendons vers la première source : la lave jaillit d'une fente comme l'eau d'une fontaine ; elle est très fluide, rouge très dense et, dans un goulet, s'écoule, très rapide, dominée par des vapeurs et des gaz que l'on devine plus qu'on ne les voit, mais que l'on sent, tellement ils brûlent si l'on essaie de se pencher au-dessus du goulet. Ce n'est qu'à la longue, plus bas, en se refroidissant, que le torrent de feu va s'épaissir, devenir pâteux, un peu croûté en surface, plus lent sur les bords qu'en son centre, parce qu'il est freiné par les rives, s'élargissant en fleuve qui, selon les pentes et les reliefs, se divise en rivières et en cascades, qui se rejoignent ensuite.

Ces coulées de lave qui descendent calmement, sûres de leur destination, me font penser aux glaciers ; même rigueur, même puissance entre les fleuves de feu venus de la terre brûlante et les fleuves de glace nés de la neige, du ciel et du froid. Leur progression, leur volume, leur avance ne dépendent pas des hommes. Les uns et les autres sont aujourd'hui l'objet d'observations scientifiques mais, pendant des siècles, ils ont été la cause de craintes et de superstitions. Au XVIIe siècle, au moment où les coulées de lave de l'Etna descendaient sur Catane, la mer de Glace, beaucoup plus importante qu'actuellement, ruinait les champs et bousculait les maisons du village des Bois, deux kilomètres en amont de Chamonix, et, tandis que l'évêque de Catane essayait d'arrêter le feu, l'évêque de Genève venait, à la demande pressante des habitants, exorciser les démons enfouis dans le fleuve de glace.

Ce qui est le plus frappant, quand on regarde une coulée, c'est que la lave ne recule jamais : elle ne sait pas, elle en est incapable. Cela est évident, bien sûr ; pourtant, cette avancée absolue, cette certitude, est bien sa caractéristique terrifiante. Rien n'arrête une coulée. Si un creux se présente, la lave le remplit, puis déborde et continue à couler.

Tazieff m'appelle pour que nous allions au fond d'un léger thalweg, où les yeux sont au niveau de la lave — extraordinaire vision de ce feu tentaculaire, épais, qui coule lentement, toujours approvisionné ! Ce n'est que tout en bas, à des kilomètres en aval que, de plus en plus coagulée, la lave se figera, morte, froide, accumulée en ressauts noirs.

Pour toutes choses, la vie, la mort, lente ou instantanée. Là-haut, les gerbes de feu projetées par les explosions au-dessus du cratère ne durent que le temps d'un soupir, s'éteignant sitôt après leur chute sur le cône de déjection ; en bas, les coulées nées à même le sol s'éteignent lentement après un long parcours ; violente opposition de deux formes d'existence : l'une jaillissante en plein ciel, légère, éblouissante, fleur de feu presque aussitôt fanée ; l'autre, coulée puissante, laborieuse, durable.

Autour de nous, la neige : l'Etna est bien plus beau en

hiver qu'en été. En été, c'est une montagne de laves noires et de cendres grises ; en hiver, ce n'est que pentes de neige qui, à perte de vue, montent vers le cratère, tandis qu'en dessous de nous les coulées de lave tranchent leur sillon rouge dans le grand désert blanc, en pente vers la mer. Un instant, on imagine la bataille à l'automne entre le volcan et les flocons fragiles mais tenaces. Chaque année, c'est la neige qui gagne ; le vent glacial, qui souffle constamment, la maintient durant plusieurs mois, malgré la tiédeur du sous-sol. Le grand vainqueur sera le soleil de juin ; dès lors, tout ira vite : de blanc, l'Etna redeviendra couleur de cendre.

Cependant, avec le jour qui meurt, les explosions là-haut commencent à devenir rouge incandescent sur le bleu sombre du ciel.

Nous ne savons plus où donner du regard en cette heure incertaine. En dessous de nous, la mer de nuages qui se forme et qui s'approche de la neige ; derrière elle, tout au fond, le soleil qui s'enlise. Autour de nous, d'autres sources, d'autres coulées de lave, à peine entrevues tout à l'heure et qui, maintenant que la lumière a baissé, signalent leur présence : au-dessus d'elles flotte un rideau de gaz incandescent. Plus bas, elles glissent sous les nuages qui ont rejoint la neige. Le gaz du gueulard jaillit comme une torche ; derrière nous, toujours par à-coups, la Bocca Nuova crache ses cerceaux de feu. Des millions d'étincelles illuminent la nuit et la neige alentour. C'est le noir de nouveau, nos yeux sont encore rouges.

Il faut rentrer. Tourner le dos. Nos doubles vestes en duvet ne sont qu'une mince protection. Depuis 6 heures du matin, nous sommes debout ; nous avons beaucoup marché. Il est presque 10 heures, et un long chemin nous sépare de l'observatoire.

Le retour est pénible. Traversée dans les blocs croulants de trois larges coulées de laves éteintes, à demi couvertes de neige ; un bloc sur deux ne tient pas. Puis, par les pentes de neige continue, il faut remonter à une épaule à peine marquée ; c'est seulement après l'avoir passée que nous retrouverons les traces de notre montée.

Nous glissons sur des plaques gelées, nous tombons, nous reprenons la marche. Ces fatigues n'ont aucune importance ; après une telle journée, le bonheur est trop grand au fond de nous-mêmes.

Bonheur d'avoir suivi Tazieff, fragile silhouette face à la puissance irrésistible du volcan, et d'avoir partagé avec lui cette passion qui l'anime.

Tazieff va vers les volcans pour des raisons scientifiques et, plus d'une fois, devant une menace, pour des raisons humanitaires, mais il n'y a pas que cela. Les volcans, il les aime et, à force de patience et de fidélité, il les comprend : il est de la même pâte qu'eux ; il porte en lui le feu de la terre.

Ce soir, Haroun est doublement heureux : parce que l'Etna s'est montré grand seigneur et parce que nous avons été conquis par sa majestueuse beauté.

Les vrais mirages

Enfant, j'ai longtemps cru que le Sahara était un désert de sable. Certes, le sable est partout au Sahara, mais en quantité fort variable, et en bien des endroits il ne s'agit que d'un léger saupoudrage ; les merveilleuses chaînes de dunes ne couvrent même pas le cinquième de sa superficie. La plus grande partie de ce désert est constituée par de vastes plaines, comme le Ténéré ou le Tanezrouft, faites de cailloux et de sable dur, donnant un sol plat, tassé, presque compact ; ce sont des étendues absolument désertiques, sans végétation et sans vie, sauf au moment des orages. Il en est de même pour les hamadas, grands plateaux au relief tabulaire bordés de falaises souvent abruptes, comme le Tademaït, que traverse la piste qui va de In-Salah à El-Goléa. Enfin, un tiers du Sahara est occupé par des massifs montagneux étroits, autrefois habités, au fond desquels ont été trouvées de belles gravures rupestres : massifs de grès comme au Tassili ; granitiques comme à la Garet-el-Djenoun ; sommets volcaniques comme au Tahat, dans le Hoggar, ou encore à l'Emi Koussi, au Tibesti. Du sable, des pierres, des montagnes, mais pas d'eau : voilà le Sahara ; malgré cette pauvreté, il est beau comme un mirage. Au départ, le mot de désert, qui souvent signifie absence de vie, peut faire peur : peur du silence et de la solitude, peur des araignées, des scorpions, des vipères, peur du soleil et de la soif ; enfin, peur de se perdre. Mais voilà aussi de solides raisons pour y aller ; d'ici peu de temps, la possibilité de se perdre va être un luxe rarissime ; dans notre existence, qui n'est pas la vie, tout est de plus en plus suggéré, organisé, présélectionné, même dans les loisirs. Où être libre, c'est-à-dire livré à soi-même ?

Sans doute, le Sahara n'est plus ce qu'il a été il y a cent ans ou même cinquante ; aux lentes caravanes silencieuses, qui, avec elles, transportaient le mystère, ont succédé les longs tourbillons de poussière de sable accrochés aux véhicules qui traversent le désert presque aisément. Toutefois, l'homme, toujours pris par le désir de connaître, d'une part, avance vers les endroits les plus secrets du Sahara et, d'autre part, prolongeant l'exploration vers le ciel, en gravit les sommets ; et ici, ce sport merveilleux qu'est l'escalade serait peu de chose si la première fissure ou le premier surplomb à gravir n'étaient précédés par la longue traversée du désert, et s'il n'y avait le paysage alentour.

Le vrai moyen pour parcourir et connaître le Sahara est le méhari ; cependant, si l'on utilise des véhicules, la première condition pour réussir une expédition est qu'ils soient en bon état. La seconde, bien sûr, aussi importante que la première, est que les participants soient également en bonne santé et qu'ils aient ressenti sinon un appel, du moins un désir, afin de surmonter avec plaisir et sérénité les quelques épreuves que l'homme qui traverse de grandes étendues, qu'elles soient de sable, de neige ou d'eau, ne peut manquer de rencontrer.

Dans la journée, nous voyons jusqu'au soleil ; la nuit, nous voyons bien plus loin. Cette nuit, au nord-est, une comète emporte sa longue traîne — au moins vingt millions de kilomètres — vers quelle extraordinaire destination ? Longtemps avant de nous endormir, nous restons là, à la regarder de cette terre que nous sentons vibrer sous notre dos.

Chaque soir, dans un lieu différent, c'est le même plaisir : allumer un grand feu, s'étendre sur le sable et recevoir la nuit. Mais, les jours de grand vent, il faut se protéger : le sable s'infiltre partout, et parfois, le lendemain matin, on est cloué sur place. Le vent de sable est un mur épais, opaque, qui avance ; c'est la nature qui, avec grandeur, fait ce que bon lui semble pour apporter, comme la neige fraîche, une terre renouvelée ; ce qui nous vaut, quand le vent cesse, de repartir, traces effacées, sur un sol vierge. Parfois, tel un phare, un grand sommet est le point de repère qui indique le chemin. Au pays des hommes bleu, les Touaregs, dans le massif du Hoggar, il y a les très beaux sommets de l'Atakor : Iharen, Daouda, Ilamane, Tezoulaig, Saouinan, Taridalt, Immadouzène : pitons volcaniques du tertiaire qui sont des élans de pierre rêvant de liberté, échappés des entrailles de la terre. Et, tandis que nous grimpons le long de ces colonnes de lave froide, nous nous sentons portés par elles à la conquête de l'altitude. L'homme gravit tous les sommets du monde, même ceux du désert, car chacun est une invitation ; mais, ici, aux multiples raisons qui animent chaque grimpeur vient s'adjoindre pour tous l'envie de s'élever un instant au-dessus de la fournaise de la terre, qui cuit sous ses rayons, et de la vie à ras du sol. Là-haut, un souffle d'air est une nourriture ; c'est exactement ce que nous avons ressenti lorsque, après avoir traversé le fond du cratère de l'Immadouzène où les scorpions dorment sous les pierres brûlantes, nous avons atteint la crête circulaire, dentelée, finement découpée. Tandis qu'en bas tout est inerte, exsangue, définitivement immobile, ici le vent, qui est la vie du désert, s'infiltre dans les brèches et nous stimule ; à tel point que nous prend l'envie d'escalader une pointe en forme de clocher à trois bulbes, où nous retrouvons la joie enfantine de grimper pour grimper : une belle récréation.

Mais le plus beau sommet du Sahara, c'est la Garet-el-Djenoun, qui domine de mille quatre cents mètres la plaine alentour. Là, il y a cinq cents millions d'années, était la mer ; la Garet aujourd'hui est un immense navire de roc dont la proue de granit fend le désert de sable. Sa grave beauté et son exceptionnelle situation en font une cime à part ; sa légende aussi, car, depuis l'Antiquité elle a été l'objet de croyances faisant d'elle une montagne interdite et sacrée ; Garet-el-Djenoun : montagne des Génies.

Depuis la première ascension en 1935 par Coche et Frison-Roche, bien d'autres itinéraires ont été tracés, mais, quelle que soit la paroi ou l'arête empruntée, dès qu'on quitte le reg, on est pris dans une atmosphère exceptionnelle de silence et d'isolement. La plus minuscule agglomération — un campement, une tente de nomades — est extrêmement éloignée ; pas un bruit, sauf de temps en temps, quand la terrible ardeur du soleil vient relayer le froid de la nuit, quelque chose comme un murmure géologique, le grincement d'une dalle qui se détache de la paroi et glisse vers le vide : grains de granit contre grains de granit dans un crissement minéral. Au bivouac, l'eau était recouverte d'une pellicule de glace ; maintenant, tandis que nous grimpons, il faudrait presque écarter les rayons du soleil à la recherche d'un peu d'air respirable, tellement la chaleur est suffocante. Ces rayons pèsent sur nos épaules, bien plus que le poids du sac chargé de pitons et de beaucoup d'eau, et nous pénètrent jusqu'au plus profond de nous-mêmes. Chaque pas, chaque mouvement, chaque rétablissement est un dur effort de la volonté. Aujourd'hui, pas le moindre souffle de vent n'anime le désert. Trente-six bonnes raisons justifieraient un demi-tour. Rien ne nous oblige à gravir cette montagne, si ce n'est que mes trois compagnons et moi-même avons projeté cette escalade et qu'au fond de lui-même chacun s'est promis de réussir. Durant mes ascensions, j'ai souvent pensé aux pionniers, et une sorte de conscience commune à travers toutes les générations de montagnards m'a souvent épaulé. Michel Croz, sans doute le plus grand guide qui ait jamais existé, écrivait un jour à Whymper : « Quand on a donné sa parole, on doit la tenir et être homme ». Etre homme, en montagne, c'est renoncer devant un danger, devant quelque chose que l'on ne contrôle pas : des avalanches, des chutes de pierres, la foudre ou la tempête ; mais à la Garet le rocher est solide, l'escalade n'est même pas très difficile, et l'orage n'est pas pour demain ! Etre homme aujourd'hui, c'est continuer, même si l'air est rare, la chaleur écrasante. Notre force — en ce jour — est de tenir parole vis-à-vis de nous-mêmes.

A cause de la chaleur, nous devenons économes de nos mouvements, et c'est ainsi que chaque geste n'est fait qu'à bon escient. Les mains ne courent pas inutilement sur le rocher à la recherche d'une prise : elles se posent au bon endroit. L'œil a vite vu le meilleur appui, mesuré l'équilibre à prendre, et l'escalade se déroule dans une perfection technique qui évite les hésitations et les à-coups. Jamais aucun de nous n'a aussi bien grimpé : avec autant de légèreté et de finesse. Moments rares dans l'existence, et voilà pourquoi, sans doute, nous sommes si heureux ! Quoi, ces forces étaient en nous et nous ne le savions pas : il fallait la Garet et le soleil brûlant pour les aider à naître ! Longueur de corde après longueur de corde, fissures, dalles, cheminées, moments de retrouvailles quand au relais on se rejoint, moments de solitude quand à son tour on grimpe. Avec un peu de ténacité, après tout, ce n'est pas si difficile de tenir parole.

On grimpe pour dominer un instant le désert de sable et de pierre — dominer dans le seul sens de pouvoir découvrir à perte d'horizon — mais plus exactement pour se dominer soi-même ; l'homme ici n'est qu'une belle volonté qui, humble, dans la paix et le silence, va arriver au sommet.

Alentour, le Sahara, l'étendue et même la terre circulaire où vole la pensée : loin à l'ouest, l'océan ; loin au nord, la Méditerranée ; plus loin, le mont Blanc, ses neiges éternelles, ses torrents, ses cascades ; plus loin encore, de l'autre côté de la planète, l'Himalaya dans la fraîcheur de ses glaciers et du crépuscule qui commence à l'atteindre.

Terre aux milliers de paysages face auxquels l'homme

découvre les infinies possibilités qu'il porte en lui : paysages toujours créés par la lumière et par la nuit. Ici, les rayons tombent sur nous si verticalement qu'il n'y a pas une ombre. Tout semble figé : l'astre de feu, le désert et nous-mêmes. Mais la terre tourne si vite : à notre latitude, trente-six mille kilomètres par jour ! Dans huit heures, la nuit, venue de loin, aura poussé le soleil. Il nous faut repartir, descendre de la Garet, avancer vers l'étape, et l'étape, c'est l'eau : la réserve laissée au bivouac, un puits, une oasis, dans la tombée de la nuit.

Les puits sont confidentiels — parfois un simple trou — mais les oasis, c'est l'eau et la verdure. Quelle surprise ! On s'était habitué au Sahara, à sa désolation, à sa teinte uniforme, à son air sec et brûlant, et tout à coup, dans ce thalweg qui devrait être un creuset brûlant, apparaît un nid vert et frémissant, une émeraude enchâssée dans un socle de terre ocre et immense. Par quel cheminement généreux l'eau est-elle venue dans cette pliure du désert pour nourrir les palmiers et les hommes ?

Eparpillées dans le vaste Sahara, les oasis, qui sont des havres, apparaissent d'abord comme des erreurs : elles détruisent l'unité. A perte de vue, ce n'était que sable et pierres calcinées ; et tout à coup, dans l'immensité, silencieuse comme la mort, un défaut, une brèche, un murmure. Le Sahara, dans sa rigueur, a aussi ses tendresses ; il est comme les hommes, et cela nous rassure.

Au Sahara, grands glaciers : deux mondes qui vont, qui viennent, au cours des millénaires. Où est le devenir de notre planète ? Si un jour, avec la permission du soleil, la neige conquérante ou seulement buissonnière s'en allait dormir sur le sable ?

« Il y a tant d'aurores qui n'ont pas encore lui[1]. »

1. Rig-Véda.

Au Sahara, plus que nulle part ailleurs, la vie c'est l'eau. Eprouver la soif est une souffrance qui redonne le respect pour cet élément fondamental dont la pollution risque de nous priver un jour.

A Los Angeles, comme dans certaines autres grandes villes, la vie c'est l'air. Des appareils enregistreurs donnent en permanence et pour les différents quartiers les teneurs en monoxyde de carbone, en dioxyde de sulfure, en monoxyde et dioxyde d'azote, etc. Chacune de ces stations est reliée à un poste central où sont prises les mesures qu'impose à certains moments l'aggravation de la situation. C'est ainsi qu'on invite les habitants d'un quartier à rester chez eux, le directeur d'une école à interdire la récréation des élèves à l'extérieur des bâtiments...

Il serait assez aisé de multiplier les exemples de pollution. Il serait également possible de dresser la très longue liste des espèces : animaux de toutes sortes, plantes, arbres, lieux, détruites par la pollution ou par les hommes.

A cela, il convient d'ajouter des « agressions » de différents ordres et par exemple celle du bruit. Au Sahara, si l'on manque d'eau, par contre on retrouve le silence, cette autre notion fondamentale en train de disparaître.

Notre planète, qui est une merveilleuse machine, a été prévue pour un certain usage ; grâce à ses circuits naturels, elle peut et elle sait résorber les déchets d'ordre biologique. Autrement dit, à ses créations elle a joint le corollaire d'élimination des déchets. Aux créations de la nature l'homme a ajouté les siennes, mais, contrairement à la nature, bien souvent il ne s'est pas soucié de l'élimination des déchets provenant de ses inventions. Au début de la période industrielle, il a pu se dire : la terre est grande, la mer est vaste, l'air qui entoure la terre est inépuisable... Non respectueux de la nature, il ne s'est pas préoccupé des déchets de ses inventions.

Cependant, même la couche d'air qui entoure la terre n'est pas inépuisable. En montant au mont Blanc, il y a un seuil où l'on peine non à cause d'une difficulté technique, mais à cause de la raréfaction de l'air ; en Himalaya, à 7 000 mètres, malgré l'accoutumance due à la longue et lente marche d'approche, on éprouve une gêne respiratoire et, au-delà de 8 500 mètres, il n'est pas possible, malgré un effort extrême de la volonté, de progresser sans appareil à oxygène.

Le grand voyage d'Apollo 12 nous a éclairés sur plusieurs points : le vol lui-même, l'alunissage, les premiers pas de l'homme sur ce sol nouveau et la lune elle-même ainsi que son paysage. D'abord, avec un masque sur le visage et une bosse dans le dos, appelée PLISS par les Américains *(Portable Life Support System)*, il est possible de respirer et de vivre. Cette bosse coûte très cher : deux cent cinquante mille dollars pour une durée de quatre heures au maximum, mais, même si le prix est extrêmement élevé, cela, pour l'instant, est secondaire ; la question fondamentale est celle-ci : qui est d'accord pour vivre toute sa vie avec un masque et une bosse ? Quelle est la famille, la société qui est prête à se travestir en monstre ?

Nous avons vu les astronautes dans leur accoutrement, mais nous avons vu aussi le paysage lunaire. Aller y passer quelques heures ou quelques jours, oui, mais qui est prêt à passer une vie sur un sol nu et minéral, dans un monde sans arbres, sans fleurs, sans rivières, sans oiseaux, sans... tout ce qui peut donner un sourire, un chant, un parfum et, par sa présence, réchauffer et rafraîchir le cœur ?

Le Sahara tout entier est une oasis à côté de la lune, car au Sahara on peut s'émerveiller devant une gazelle, un dromadaire, devant une dune constamment façonnée par le vent.

L'observation et la science ont expliqué bien des choses, mais même ces choses expliquées continuent à entretenir le merveilleux et l'extraordinaire, à contenir le mystère.

Les plus grands savants restent confondus devant leurs limites : plus de deux cents milliards de soleils semblables au nôtre forment le système de la voie lactée. Combien de terres peut-être semblables à la nôtre gravitent autour de ces soleils et de tous les autres répandus dans l'espace infini ? Mais il n'est pas nécessaire de chercher si loin pour toucher le mystère : toute la nature s'y offre, les plus petits poissons, les plus petits oiseaux, les fleurs, bien sûr, et même un épi de blé ou un brin d'herbe. L'homme ne peut vivre sans les voir, sans les sentir présents : il est né comme eux du rayonnement du soleil, de l'eau et de la terre : extraordinaire sentiment qu'est la filiation entre l'homme et la nature. Les exodes de fin de semaine, la cheminée dont on orne un appartement déjà surchauffé, l'attachement aux animaux, la plante verte dans le bureau, le pot de fleurs dans la loge du concierge, tout cela montre « la survivance des appétits biologiques et émotionnels acquis au cours de l'humanité », selon l'expression du microbiologiste américain René Dubos, professeur à l'Institut Rockefeller à New York.

Dans ma vie, j'ai eu la chance de voir un nombre important de couchers de soleil : déjà dans les Calanques, quand j'étais enfant, puis plus tard en mer, dans le désert, et bien sûr en montagne. Ainsi le soleil fut mon premier compagnon de cordée.

Mais au-delà de moi-même, qui ne suis qu'un tout petit homme dans la grande montagne, qu'une goutte d'eau dans la mer, qu'un grain de sable dans le désert, un coucher de soleil est toujours un grand moment de la journée ; c'est beau, un peu triste : si le soleil, une fois vagabond, buissonnier, ne revenait pas ? Mais c'est aussi une promesse : pour tous les hommes, les souvenirs, c'est important, mais encore plus pour les projets ! C'est pourquoi l'humanité entière doit réagir vigoureusement contre la destruction de la nature et contre la pollution qui souille la planète. Tout le monde est concerné. Rendre l'air irrespirable, recouvrir les mers d'une pellicule noire, anéantir les beautés naturelles serait créer un écran entre la terre et le soleil, ne plus permettre au rayonnement bienfaisant de venir jusqu'à nous, supprimer les possibilités d'émerveillement. Une autre façon que le soleil ne revienne pas, alors qu'« il y a tant d'aurores qui n'ont pas encore lui[1] ».

Un montagnard face à la mer

Je suis né au bord de la mer. Mon enfance, puis ma jeunesse se sont passées dans les Calanques, entre Marseille et Cassis. Dans les Calanques, il y a la ligne verticale des hautes parois de calcaire blanc, qui donne la profondeur du ciel, mais aussi l'horizon qui suggère l'infini des espaces marins.

A 17 ans, dans l'enthousiasme, j'ai choisi l'escalade. Mais déjà je me rendais compte que choisir veut dire, en même temps, écarter.

Cependant, de très nombreuses fois, dans ma vie de montagnard, j'ai pensé que j'aurais pu être tout aussi bien un marin. Quelle est la différence ? J'ai connu des

1. *Op. cit.*

marins ; avec intérêt et passion, j'ai parlé avec eux ; quelquefois, je les ai accompagnés.

Marins ou montagnards, il s'agit d'hommes faits de la même pâte, portés par les mêmes rêves, puis par les mêmes désirs. Le cadre, les gestes sont différents, mais cela est secondaire. Les uns et les autres se plaisent dans le silence et dans la solitude des grandes étendues. La facilité et l'inaction leur pèsent ; sinon, les premiers utiliseraient des bateaux à moteur, les seconds, des téléphériques ou des hélicoptères. Le but n'est pas d'arriver dans un port ou sur un sommet n'importe comment, mais d'abord de vivre avec la nature, et pour apprécier un paysage, il faut l'avoir gagné : en plus de sa beauté intrinsèque, il acquiert alors une densité. Si un téléphérique ou un hélicoptère déposait l'alpiniste au sommet de sa montagne, la vue serait la même, mais elle ne serait pas aussi belle.

A la fin du XVe siècle, à l'époque de l'alpinisme naissant, Ramond de Carbonnières, au cours de ses voyages dans les Pyrénées, s'interroge sur les raisons qui poussent les hommes vers les cimes. Voici ce qu'il écrit, et ce qui est intéressant, c'est qu'en changeant le mot « montagne » par « mer », ce texte s'applique parfaitement aux marins :

« Quiconque n'a point pratiqué les montagnes du premier ordre se formera difficilement une juste idée de ce qui dédommage des fatigues que l'on y éprouve et des dangers que l'on y court. On se figurera encore moins que ces fatigues mêmes ne sont pas sans plaisir et que ces dangers ont des charmes ; et il ne pourra s'expliquer l'attrait qui y ramène sans cesse celui qui les connaît, s'il ne se rappelle que l'homme par sa nature aime à vaincre les obstacles ; que son caractère le porte à chercher des périls, et surtout des aventures ; que c'est une propriété des montagnes... d'alimenter avec profusion cette avidité de sentir et de connaître, passion primitive et inextinguible de l'homme, qui naît de sa perfectibilité et la développe ; passion plus grande que lui. »

Certes, les outils sont différents ; cependant, un bateau est beau à regarder, comme l'est un piolet : leur forme pure est le fruit de tant d'études et de passion. Que de regards porteurs d'amour les marins ont jetés sur leurs bateaux, comme nous sur nos instruments ! Et c'est d'abord là une merveilleuse constatation : que des hommes à la volonté tendue, pleins de force, de vigueur, soient en même temps capables de s'attendrir, de s'émouvoir devant une belle forme, profil de coque, cambrure de voilure, ligne d'un piolet. Il y a dans leur dessin, puis dans leur établissement, unc recherche de la perfection, d'abord dans le sens de l'efficacité ; mais il est si important que cela se fasse aussi pour le plaisir des yeux. Et cette sensation est encore plus forte dans l'action, quand le bateau est en marche. A tel point qu'un jour, revenant de faire des images aériennes de Tabarly sur *Pen Duick III*, alors que la mer avait été assez forte et que nous lui disions : « C'était très beau de voir *Pen Duick*, et vous à la barre, avec ses voiles dans le vent, sa coque sous l'eau transparente, et tout autour la mer », il nous répondit : « Vous avez eu de la chance ; moi, j'aimerais tellement voir mon bateau ! »

En effet, combien de fois un marin, en pleine mer, et dans le mauvais temps, c'est-à-dire quand son bateau joue, à fond, le jeu avec la mer, souhaiterait un court instant être un oiseau pour voir ensemble son bateau et la mer.

Et comme il est juste de dire que l'homme et son bateau ne font qu'un : la caractéristique de la voile par rapport aux autres activités est qu'elle est autant un sport qu'une forme de vie ; il serait donc difficile et hasardeux de vouloir marquer le passage de l'un à l'autre. A longueur de journée et de nuit, le marin établit ou affale, étarque, souque ou choque, mais, ce faisant, il vit « sur » son sport, « dans » son sport, vingt-quatre heures sur vingt-quatre durant des jours, des semaines, des mois ; parfois plus pour ceux qui font de grandes traversées.

Simplement, l'équilibre « sport-forme de vie » peut varier selon les caractères, qui, heureusement, sont si divers et si riches ! Notre époque aime ranger, cataloguer ; par ses comparaisons souvent hâtives et erronées, elle définit. Même dans ces sports de nature et de liberté, elle « fiche » ses pratiquants ; quelle erreur ! Comme tout homme qui fréquente les grands espaces, le marin est « un caractère », solide, fortement marqué, mais pourquoi le priver des élans, des amours spontanés qui s'offrent à tout être ? Ce n'est pas de la versatilité, mais au contraire la preuve d'une grande richesse, d'une belle intelligence, que le marin, selon les jours et les occasions, selon ses désirs préparés avec ferveur ou tout à coup impromptus, soit davantage un homme de la course et même de la noble compétition — qui est d'abord une compétition avec lui-même — ou, à d'autres moments, l'homme de la vie à bord, à l'image de la mer pour laquelle le temps ne compte pas.

Enfin, une littérature facile et mauvaise a parlé d'« alpes homicides » et de « mer cruelle ». Les marins, comme les montagnards, bien sûr, aiment le beau temps, le vent favorable, ils apprécient les meilleures conditions, mais ils savent aussi que la tempête peut se lever et qu'elle fait partie des règles du jeu. Ils n'aimeraient pas une nature toujours aimable. A la différence d'une machine faite pour tourner régulièrement, l'homme lui-même est tempête. Bien sûr, la prudence est nécessaire, à la condition cependant qu'elle ne soit pas une excuse à la peur, car, chaque fois que le marin quitte le port ou le montagnard le refuge, ils savent qu'ils franchissent les portes de la morne sécurité.

Au printemps, avant l'embarquement de *Pen Duick III* pour Los Angeles, nous rencontrons Tabarly et son bateau, et tournons avec eux. Un soir, vers 7 heures, après que Victor Tonnerre a apporté les dernières voilures, nous quittons Lorient. Nous n'irons pas très loin ; qu'importe, je suis aussi heureux qu'impressionné : Tabarly est à la barre ; Alain, 19 ans, grand spécialiste du 420, fait les manœuvres avec une compréhension et une vélocité exceptionnelles. De notre côté, nous aidons au mieux, mais il est clair qu'en mer, tout autant qu'en haute montagne, la bonne volonté ne suffit pas.

Maintenant, c'est la tombée de la nuit, tandis que *Pen Duick* avance à bonne allure. Nous allons dîner : sandwiches au saumon fumé, c'est ce que préfère le skipper ; je l'ai lu dans son livre. Eric parle volontiers, mais ce qui me frappe le plus, c'est sa gaieté et son rire. La nuit s'installe sur la mer ; dans notre nid qu'est l'arrière du bateau, tout autour de la barre, nous sommes bien. Le vent est assez fort ; dans le ciel, les étoiles s'installent. Jusqu'au milieu de la nuit, nous naviguons. Vers 2 heures du matin, au plus près, nous revenons vers la côte, ou plus exactement vers le groupe d'îles de Glénan, afin de nous abriter et de mouiller. Pour quelques heures, nous allons dormir. Je suis heureux, je fume encore une pipe, puis, le sommeil me prenant, je rejoins mon enfance : un jour, j'en rêve, je traverserai l'Atlantique sur un voilier, si un skipper compétent et généreux veut bien d'un compagnon enthousiaste et silencieux, novice mais solide, qui a l'habitude de tenir avec vigueur des cordes qui peuvent devenir des cordages, et, si besoin est, qui ne craint pas de grimper au mât.

Mon rêve continuant, c'est ce que j'ai fait le lendemain matin, le soleil revenu, mais pour le seul plaisir de voir *Pen Duick* d'en haut, ses voiles dans le vent et son skipper à la barre.

Les marins, comme les montagnards, sont des hommes qui rêvent de grands espaces. Ils ont eu la chance de conserver intacte cette qualité, cette vertu de l'enfance qui n'a pas de nom et qui est la différence entre vivre... et seulement exister.

Pendant des siècles, la mer n'a été qu'une surface pour le transport des hommes et des marchandises. Non que les marins d'alors fussent sans courage, bien au contraire — et qu'ils n'aimassent point la mer. Cependant, ils étaient des marins de métier. Un métier qu'ils avaient choisi, pour lequel ils étaient faits et qu'ils aimaient plus que tout autre. A cette haute navigation à voile a succédé la navigation à vapeur, qui garde, bien sûr, un certain contact avec l'eau, mais qui perd bien d'autres contacts qui sont le propre de la voile : l'appréciation réelle du vent, la proximité immédiate de la mer, une complicité avec la nature première.

Or, si l'homme moderne a besoin de précision et de résultats assurés (partir à l'heure, arriver à l'heure, faire des traversées pratiques, sûres et confortables), son cœur, même et surtout au XXe siècle, a besoin de rêve, de fantaisie, d'amour, de liberté et de parenté avec une nature dont il est séparé chaque jour davantage.

Pour un navire à vapeur, les vents et les courants finalement importent peu ; il avance, sûr de lui : il existe sur la mer. Mais la vie, c'est autre chose : c'est une toile qu'on établit dans le ciel et qui frémit sous le vent ; la vie, c'est de rêver et de gagner.

Je n'ai pas le goût du risque. Je n'aime pas la culture

physique, même si je reconnais volontiers qu'elle est méritoire et nécessaire. En revanche, je ne compte pas mes efforts pour gravir un sommet, comme le marin pour agir sur son bateau, faire un virement de bord, établir un spinnaker, étarquer de toutes ses forces et très vite, grimper rapidement à un mât s'il le faut.

Pour tout homme, il est si agréable de ne pas être paresseux, de ne pas mesurer ses efforts, de jouer le jeu, de donner son maximum quand il le faut, conduit par l'intelligence, l'instinct et la réflexion, afin de pouvoir entrer dans une intimité : celle des grands espaces.

Il ne s'agit surtout pas de « vivre dangereusement », selon l'expression nietzschéenne, mais de faire le plein usage de ce que la naissance nous a donné : un corps, une âme, des élans, des amours, de la vigueur, une extraordinaire richesse à ne pas gaspiller dans la torpeur ; nous n'aimons pas une forme de paix qui n'est qu'absence de vie.

Il y a d'abord la joie d'apprendre à connaître son bateau, à connaître la mer et, à travers eux, à se connaître soi-même, à se découvrir : c'est l'extraordinaire « devenir » physique et moral de chaque individu. Mais tout cela ne peut se faire sans l'apprentissage de la technique. Pratiquer la voile ou l'alpinisme sans technique, c'est aller au-devant d'accidents, peut-être de naufrages. La technique incite non à la prudence, mais à la lucidité, ce qui est fondamental, car seule elle constitue la base solide pour fonder l'enthousiasme. La technique évite la fatigue, les retards inutiles, les erreurs dangereuses, et, loin de la contrarier, elle favorise la contemplation ; elle n'est pas un but en soi, mais le moyen qui permet la réussite, même à travers les tempêtes, dans une noble sécurité.

La voile procure une gamme de plaisirs dont le premier est de naviguer dans un monde de silence et de lumière ; le deuxième est peut-être d'évoluer sur un miroir qui nous aide à nous connaître, à devenir des hommes dans une belle fraternité. Mais il est d'autres plaisirs plus immédiats et de tous les instants : faire quelque chose d'une manière correcte est source de joie.

Naviguer en enchaînant des mouvements précis et efficaces, tirer le maximum de la mer, du vent, de son bateau et de soi-même procure une paix et même une allégresse intérieure très intenses. C'est le sentiment profond d'être « accordé » aux grands espaces.

Une vague, un courant, le vent qui change vite, voilà des questions ; les décisions, les gestes, les mouvements pour faire face, voilà la réponse ; dialogue serré entre deux partenaires qui ne valent que l'un par l'autre ; c'est le plaisir intense de communiquer avec la mer, non avec sa grandeur et sa beauté, mais plus simplement, plus directement, avec sa matière : mer non pas ennemie, mais qui devient part de nous-mêmes. La voile est un sport où, contrairement à d'autres activités sportives, l'effort physique, même très dur, ne vient qu'au second plan ; on n'a pas à lutter contre deux forces de la nature, la mer et le vent, mais à les comprendre, à collaborer avec elles en les contrariant le moins possible. Par exemple, en naviguant, on peut prendre les vagues de face et taper dans chacune d'elles, tout comme on peut réfléchir et calculer la façon de les « passer ». Ce qui oblige à faire une route plus longue, mais la vitesse est sensiblement augmentée. Ce calcul doit être revu pour chaque vague. Il en est de même pour les vents, qui ont chacun leur façon de souffler, façon qui n'est jamais la même deux jours, deux heures, parfois même quelques minutes d'affilée ; c'est un sport où la brutalité n'a pas sa place. Si l'on obtient une bonne association entre la mer et le bateau, le vent et les voiles, on arrive à des résultats étonnants ; bateau en surf, par exemple, ce qui crée alors une ambiance favorable à l'effort physique.

Beauté du bateau qui progresse au mieux de la technique. Beauté de la nuit. Plaisir de l'homme sur la mer, à l'unisson des éléments.

La voile, comme toute activité en pleine nature, demande à chaque individu un sens profond de son équilibre physique et moral. En ce qui concerne l'équilibre physique, il est évident qu'il s'agit du bateau, mais, en mer, l'homme et son bateau ne font qu'un. Ainsi, Tabarly, parlant de *Pen Duick*, dit « nous » : « Nous sommes au plus près, nous faisons sept nœuds... »

Equilibre est un mot qui n'est guère employé pas plus en mer qu'en montagne, et pourtant il me semble très important. On voit, on sent souvent qu'un bateau, sur une surface agitée ou calme, même s'il n'est pas menacé de se retourner, n'est pas à son meilleur point d'équilibre, c'est-à-dire celui où en fonction de tel appel du vent, telle inclinaison, telle forme de sa coque et tel état de la mer, il est le plus rapide, le plus efficace. Inversement, quelle extraordinaire satisfaction, quand, toujours en fonction de l'état de la mer et du vent, le « nous » (l'homme plus le bateau) sent que la proue ne pique ni ne sort plus qu'il ne faut, que le bateau se présente sous son meilleur angle pour être attiré par l'air en mouvement ou pour épouser une vague. Ainsi, à chaque instant, un bateau peut peser plus ou moins que son poids.

Quelle joie de réussir un virement de bord sans bavure ; quelle impression de faute, de maladresse, si au contraire, tout à coup, une voilure n'est pas réglée au mieux, au moment où il faut. Il s'agit là de satisfactions ou de contrariétés intérieures, car l'homme est seul sur la mer : ici, comme en montagne, il n'y a pas de stade et pas de spectateurs. Et si, au lieu d'un solitaire, il y a un équipage, cela ne change rien : le skipper, les équipiers, le bateau, c'est « nous » également.

Equilibre du bateau, équilibre du marin, toujours d'un pied sur l'autre ; quelle extraordinaire et intéressante gymnastique : tenir debout ! Cependant, au-delà de cet équilibre physique, il y a l'équilibre moral. Se rendre toujours compte de ce que l'on veut faire et de ce que l'on peut faire. Connaître ses limites : les siennes propres et celles de son bateau, qui ne font qu'un, et les accepter. « Un tout petit peu trop, et c'est déjà trop. » En dériveur, on se retourne ; en haute mer, c'est bien plus grave. Casser un mât, perdre une voile, est toujours ressenti comme une erreur, sans parler du déplaisir éprouvé à la vue d'un bateau meurtri.

Dans tout sport, dans toute activité, il y a des règles du jeu. En alpinisme, la tempête qui arrive à l'improviste, le froid qui vous glace et le vent qui vous plie, la pente avalancheuse, le verglas, le brouillard, ou tout simplement la nuit qui arrive et qui vous paralyse font partie de ces règles du jeu, tout autant que le rocher solide et ensoleillé ou que la glace sûre et bonne à cramponner. De même, en mer, il n'y a aucun courage à périr stupidement, parce qu'on a dépassé ce que l'ensemble « homme-bateau » pouvait entreprendre, et il est évident que les limites sont différentes pour chaque ensemble. Il est alors inutile et faux d'invoquer la « mer cruelle » ou les « alpes homicides », formules qui ont fait fortune parce qu'elles sont inexactes.

Souvent, une croisière, une course, une traversée est née d'un rêve, d'une exaltation : un désir spontané, parfois irraisonné, un joli nom, une forme, une histoire, un souvenir, et voilà l'homme comme aimanté. Mais vient le temps où le projet doit devenir un calcul, le rapport précis entre le but et les moyens du marin ; de ce rapport découle la *décision*. Il faut toujours se rappeler cette formule déplaisante à énoncer dans sa sécheresse, mais capitale, car elle conditionne le départ. En cet instant, plus de charme dans ce monde enchanté, plus de poésie dans cet univers poétique : d'un froid calcul dépendent la vie du marin et celle de ses compagnons ; mais qu'il est beau ce dialogue intime entre l'homme, son bateau et les forces de la nature.

Il y a aussi la connaissance de la mer à acquérir ; il est assez facile de bien manœuvrer, il est plus difficile de trouver son équilibre : être capable, quoi qu'il arrive, de faire le point, sans crainte ni exaltation ; bien garder à tous moments « la tête sur les épaules » ; ne pas confondre ces deux notions si différentes et que l'on mêle si souvent à l'endroit de la mer et de la montagne : le danger et la difficulté ; autant la première est facile, bête et morbide, autant la seconde est saine et virile. Nous aimons la beauté, l'amitié et la vie, pour lesquelles nous avons du respect, et non le goût du risque, stupide et comme empoisonné.

Le marin doit avoir des muscles forts, une grande résistance, une technique parfaite, mais ce ne sont là que des outils.

D'abord, il aime la vie, et l'air du large a une saveur particulière. Là où la terre finit, commence la grande étendue, et très vite le marin est seul avec son bateau. Au bord d'un monde où tout est organisé, prévu, réglementé, la mer est une image de liberté : on peut s'y perdre, non dans le sens de s'égarer ou d'outrepasser ses possibilités, mais dans celui de s'unir insensiblement à cette liberté : par exemple, échapper aux horaires, aux barrières, n'avoir pour montre que le soleil et pour limites que celles qu'on s'accorde.

Ainsi, la mer est belle, mais ce qui l'embellit encore, c'est l'amour que, depuis des siècles, les fragiles hommes lui ont porté ; ce qui embellit une vague, le souffle du vent ou même une tempête, c'est le sourire qui est dans le cœur du marin.

La voile ? C'est un lieu, une action, où le jeune marin emploie tout ce qu'il a de plus solide, de plus ardent. Après une période d'apprentissage, puis de compréhension, la voile c'est aussi tout ce qu'il peut retrouver d'instinctif, un peu comme un oiseau face aux vents, un poisson dans la mer.

En équipe, c'est un lieu où l'on a besoin de lui et lui des autres. Il reste si peu d'endroits où l'on puisse éprouver cette extraordinaire impression à la fois virile et fraternelle.

Au début, on craint le gros temps, maintenant avec l'expérience cela n'est pas déplaisant, bien au contraire : c'est seulement le gros temps qui oblige à faire appel à des forces que chacun porte en lui et qui dorment, en attente. Face au mauvais temps, il est extraordinaire de rester calme et de sentir arriver du fond de soi-même, dans ses muscles et dans son esprit, des réserves de volonté, d'énergie, de compréhension qui ne demandaient qu'à naître et que l'existence actuelle laisse périr parce qu'elles ne sont jamais sollicitées. En mer, on est pauvre et riche, riche de choses qui ne s'achètent pas, de choses qui n'ont pas de prix.

En ville, et malheureusement pas seulement sur les routes, l'existence est constamment conduite entre des « bandes jaunes ». Je comprends que ce soit nécessaire, mais il est non moins indispensable que, par moments, l'homme et l'adolescent rêvent d'espaces où ils puissent tout oublier, c'est-à-dire respirer, vagabonder, et aussi avoir à répondre aux problèmes posés non par les individus mais par la nature, problèmes qu'on ne peut renvoyer ou même retarder ; en mer, sur un voilier, on n'est pas spectateur, témoin, étranger, on est « dedans », entièrement responsable et maître de sa route et de son existence.

La voile, c'est s'échanger contre plus vaste que soi. Or, la jeunesse, pour vivre, doit avoir un grand désir. La jeunesse c'est l'âge des grands enthousiasmes et de la générosité. La voile est une image de grâce qui dissimule une réelle force : elle est le symbole de la compréhension et de l'amour de la mer.

Départ du port, appel du vent, le large, pleine mer, peut-être une tempête, manœuvres difficiles, le jeune marin donne le meilleur de lui-même pour les exécuter, tandis que monte en lui un bonheur qu'il ne connaissait pas, mais dont il sentait confusément le besoin.

Les mers ne vivent que de l'amour des hommes — pour bien des raisons elles sont belles — mais aussi par la ferveur de ceux qui les parcourent.

« La terre est un enfant du soleil »

La terre est un enfant du soleil, l'homme un enfant de la terre. Mais, aujourd'hui encore, hommes et bêtes, arbres, plantes et fleurs, mers et continents ne vivent que grâce au rayonnement du soleil, prolongement du cadeau initial.

Le soleil répand son énergie dans toutes les directions ; la terre n'en reçoit qu'une infime partie, moins d'un milliardième, mais, sans ce rayonnement, notre planète serait déserte. Si ce rayonnement augmentait, les mers s'évaporeraient et ce serait un grand incendie sur la terre ; en revanche, s'il diminuait les eaux gèleraient et toute vie cesserait. Chacun de nous, d'une façon toute personnelle, dépend du soleil depuis la première seconde où il aperçoit la « lumière du monde ». Tout sur la planète est né du soleil. Les savants ont bien reconnu que le soleil et la terre sont très différents quant à la répartition des éléments chimiques qui composent leur masse, mais pas un souffle ne passe, pas une feuille ne frémit, aucun flot ne coule, pas un seul des merveilleux cristaux de neige ne se forme sans l'action du soleil. Aucune graine ne pousse, aucun aigle ne vole, aucun écureuil ne saute de branche en branche, aucun chamois ne bondit de rocher en rocher sans l'aide du soleil. Mowgli vit non seulement avec Akela, Baloo et Bagheera, mais avec toute la nature. C'est le même air que respirent les hommes, les bêtes et les arbres, les mers et les continents.

La chlorophylle, substance verte des plantes, transforme, grâce à la lumière, l'acide carbonique et l'eau en hydrates de carbone et en oxygène ; sans eux, aucun animal, aucun être humain ne pourrait vivre. Le pain quotidien ou la poignée de riz dont l'homme le plus frugal a besoin pour assurer sa subsistance n'existeraient pas sans la collaboration des plantes, sans la lumière du soleil. Le bois, le charbon, le pétrole recèlent de l'énergie solaire emmagasinée. Nous-mêmes brûlons l'énergie solaire de notre nourriture et en sommes ainsi réchauffés intérieurement. Sans le soleil, le ciel ne serait pas bleu, ni l'émeraude verte.

Quand le soleil s'éteindra-t-il ? Les savants estiment que sa réserve d'énergie tiendra encore une centaine de milliards d'années. Depuis toujours, l'humanité médite sur le soleil. Jadis elle l'adorait et adorait aussi la nature, comme par ricochet. Le soleil n'est plus de nos jours une divinité, même s'il maintient sa générosité. Mais on ne peut se contenter des données rationnelles de la science, si fascinantes soient-elles pour l'esprit assoiffé de savoir. L'être humain se réserve le droit de pouvoir contempler le soleil, la terre et la mer. Cela doit rester une possibilité, car c'est d'abord un besoin. C'est pourquoi, se défendant contre ses propres massacres, contre les tentations d'une intelligence admirable certes, mais envahissante, l'homme, dans une soudaine lucidité, a créé les parcs, lieux gardés intacts pour l'émerveillement de toutes les générations. Sous ses innombrables aspects, la nature est belle, de couleurs, de formes, de mouvements, et nous la contemplons ; mais d'abord elle contient le mystère. Toute la terre est mystère, et, aujourd'hui encore, malgré les raisons, les justifications, les démonstrations, l'enfant et également l'adulte restent étonnés que de l'autre côté de la planète des hommes marchent « la tête en bas » et que les océans collent à la terre et ne coulent pas dans le vide.

La nature est extraordinaire. Or, elle est menacée par celui-là même dont elle a été le berceau et qui ne peut vivre sans elle. Sur la terre, sur les mers, dans les airs, il y a un grand malaise. Depuis quelque temps, quand le soleil se lève, au lieu de chants reflétant le bonheur, on entend des mots à la résonance triste : conservation, sauvegarde, préservation, protection, défense... de la nature. Autrefois, on adorait ; aujourd'hui, on doit protéger : terrible raccourci d'un chemin meurtrier.

Il y a bien longtemps, les hommes ont commencé à détruire la nature afin de faire leur place et de survivre ; mais, en détruisant d'une façon plus systématique et plus consciente, depuis un siècle environ, c'est exactement comme s'ils avaient commencé à brûler les tableaux des grands peintres, à casser les instruments de musique, à amputer les cathédrales comme on est en train d'amputer le parc de la Vanoise.

En fait, tout se passe aujourd'hui comme si les hommes se sentaient dégagés de l'emprise de la nature. Animés d'une confiance aveugle dans les techniques qu'ils ont mises au point et qui leur ont permis de prendre possession de la totalité du globe, ils se croient désormais affranchis des lois qui régissent leurs rapports avec le monde vivant. Sans doute ont-ils réussi dans une certaine mesure à le domestiquer, mais ils ont tendance à oublier que de ses ressources dépend toujours la satisfaction de la plupart de leurs besoins vitaux. Pas plus qu'aux premiers âges de l'humanité, ils ne peuvent se passer de respirer, de boire et de manger. Cependant, l'air, l'eau, le sol sont pollués et gaspillés avec une insouciance suicidaire : pollution de l'atmosphère par les fumées industrielles et les gaz d'échappement des véhicules, rivières transformées en égouts par tous les résidus de la vie collective, océans souillés par les hydrocarbures, lente intoxication de la nature par les insecticides qui nous préparent des « printemps silencieux », menaces auxquelles s'ajoutent maintenant un danger pire encore, la pollution par les déchets radioactifs, qui affectent aussi bien l'air et le sol que les eaux douces et salées.

Contre ces empoisonnements qui mettent en péril sa santé, l'homme moderne doit maintenant se protéger ; il doit consacrer une part de son énergie et de ses ressources à lutter contre les effets pernicieux de ses propres activités. Ainsi prend-il conscience de vivre dans un univers absurde pour avoir méconnu certaines lois qui s'appliquent à l'ensemble d'un système naturel dont il est partie intégrante.

Le paradoxe est qu'il s'en aperçoive au moment où sa civilisation, par son caractère artificiel, détermine en lui des besoins nouveaux de nature. L'évasion vers la campagne est devenue pour les habitants des grandes villes surpeuplées et asphyxiantes une impérieuse nécessité. Il faut aux citadins surmenés de l'air, de la verdure, des plages, des champs de neige, un horizon. Chacun apprend qu'une journée de nature par semaine, qu'une semaine d'altitude par trimestre lui rendront l'équilibre perdu. Et tout instant de liberté est mis à profit pour retrouver dans un coin de forêt ou au bord d'une rivière un paysage à l'échelle humaine. Allons-nous continuer à détruire, à dilapider ce qui nous est le plus nécessaire ?

Le soleil est fidèle, la nature est fidèle : l'un et l'autre jouent le jeu. Pourquoi, comment l'homme a-t-il commencé à tricher ?

Est-il aussi devenu aveugle ? Abîmer la nature est une façon de ne plus voir. Les canyons du Colorado sont-ils nécessaires ? Non, ils sont indispensables. La terre les a construits et donnés aux hommes pour leur bonheur. Pourtant, certains individus rêvent de les détruire, de les transformer en une suite de barrages ; à Glen Canyon, le premier est déjà construit. Mais coaguler la rivière serait coaguler le sang des hommes.

Mon ami René Pierre Bille a longtemps chassé, braconné dans l'alpe ; il a beaucoup tué. Quant à Marcel Isy-Schwart il a même été champion de pêche sous-marine. Maintenant ils photographient, ils filment. Il ne s'agit surtout pas d'une retraite : être cinéaste des bêtes demande au moins autant de force, de résistance et de compréhension que d'être chasseur. Il faut même s'approcher bien davantage, partir plus tôt, demeurer sur place pendant des heures, attendre. Attendre, c'est déjà aimer. Mais, durant cette attente, on entend vivre le silence de la mer, le murmure de la forêt, la paix du ciel, tandis que d'autres merveilles naissent alors sous vos yeux ; on s'aperçoit que le chamois ou le tétras, pour lesquels on est venu, ne sont pas seuls, loin de là : que de présences et quelle vie !

Si le soleil ne revenait pas...

L'escalade, belle et difficile, nous a accaparés durant toute la journée. Maintenant, dans la douceur du soir, nous arrivons au sommet du Cervin ; il est 5 heures, nous sommes à la fin de septembre. Pas un souffle de vent ; quelle paix en ces lieux ! A l'horizon, aucun nuage, même pas de vapeurs comme durant l'été ; ainsi, grâce à la pureté extrême de l'air et à la lumière des rayons du couchant, les hauts sommets du Valais, de l'Oberland et du massif du Mont-Blanc, il y en a plus de cent, nous apparaissent clairs, nets, présents, ainsi qu'une multitude de crêtes qui nous semblent nouvelles, échappées des thalwegs, des sillons et des plaines ; on voit toute la terre.

Sur la plus haute crête du Cervin, fine comme une lame, tendue comme un fil entre les deux sommets — le sommet suisse au nord-est, le sommet italien au sud-ouest — nous aménageons un minuscule replat. Là, nous allons bivouaquer : extraordinaire vigie, encore sur la terre et déjà en plein ciel. Alors que le passager d'un avion devient en décollant passager d'une autre planète et du coup étranger à la planète terre, ici, au contraire, sur son extrémité la plus pointue, en haut de cet élan de pierre qui a ses racines profondes, nous la sentons vivre, vibrer, frémir. Dans les vallées, il fait déjà bien sombre : trois mille mètres plus bas, Zermatt et Valtournanche, pressentant la nuit, ont allumé leurs feux. Ici, à 4 480 mètres d'altitude, nous recevons les dernières tendresses du soleil : magnifique soirée de contemplation, peut-être de méditation, rarement de rêveries après une dure journée d'action. Le silence nous permet d'entendre les légers murmures de la nature, à peine chuchotés par la lumière : à cette heure, les rochers et la neige prennent cette teinte mordorée de l'automne qu'avaient les forêts, puis les alpages, hier, quand nous montions au refuge, au pied de la paroi.

Nous sommes seuls. Il est tard, mais c'est seulement à cette heure que la prestigieuse montagne retrouve ses vraies dimensions et que le mystère vient de nouveau l'habiter. Face à nous, à l'ouest, le soleil flotte au-dessus des innombrables lignes de crête : il est à notre hauteur. Magnifique boule rouge, charnue comme un fruit arrivé à maturité, et qui, trop lourd, ayant trop pesé sur la branche, invisible, l'a arrondie, cambrée, pour finalement se détacher et tomber de l'arbre du ciel.

Dans la journée, on ne pense jamais au poids du soleil : à la fois léger et puissant, il flotte au-dessus de nous. Maintenant, à le regarder descendre, et même tomber, à deviner que rien ne peut le retenir, le soutenir, nous sommes pris d'un doute ; alors qu'au zénith, il plane, immobile, durable, maintenant la distance qui le sépare de l'horizon se réduit à chaque instant ; alors que dans la journée il nous aveugle, à cette heure on peut le regarder sans cligner des yeux, le fixer, suivre à l'œil nu son pas qu'il accélère ; à midi il avance, imperceptiblement ; maintenant il fuit. Est-il malade, usé, lassé, petit boulet rouge qui ne se porte plus, qui ternit et s'éteint ? Va-t-il s'enfoncer dans un repli de la terre, derrière la ligne de crête sur laquelle un instant il s'appuie, dans une mer lointaine, ou encore s'éloigner, appelé vers de nouveaux périples ? Nous ressentons sur notre pointe qui se refroidit une extrême solitude.

Depuis dix jours nous parcourons le désert. C'est la première fois que je vais au Sahara ; d'avance, je savais que cette aventure m'enchanterait : je ne me suis pas trompé.

La tempête de sable que nous avons essuyée hier et avant-hier nous a mis en retard sur notre programme, mais, au Sahara, que veut dire un programme proposé par les hommes ? D'ailleurs, j'aime assez que ma vie soit fonction de la nature. Et, de plus, cette tempête de sable, dans son impénétrabilité, avec ses milliards de grains de sable, ce mur blond qui s'avance, c'est aussi beau, aussi grand que la tourmente à 4 000, quand les milliards de cristaux de neige tourbillonnent ou que s'établit le mur gris du brouillard, comme ce fut le cas lors de la descente de l'Annapurna.

Cependant, le vent ayant cessé, le sable s'est posé, faisant sur les dunes des arabesques fraîches, et effaçant les traces à même le sol. Il faut chercher sa route, c'est un attrait de plus : la nature est vierge, neuve, nouvelle, comme aux premiers jours. Maintenant, nous sommes arrivés au pied de la Garet-el-Djenoun, la montagne des Génies selon les Touaregs. Le calme revenu, nous retrouvons l'espoir d'une belle ascension : la Garet ? C'est un navire de granit sur une mer de sable ; elle est seule, isolée, bien plus que ne l'est le Cervin par rapport aux autres sommets.

Au tout petit matin, nous avons quitté le bivouac. La nuit avait été froide, l'aube était fraîche ; nous avons d'abord cheminé facilement, mais, maintenant, depuis 7 heures nous marchons, nous grimpons sous un soleil d'une terrible générosité. Nous avons emporté de l'eau — aussi indispensable que nos cordes et nos pitons —, cependant, il fait si chaud qu'elle commence à manquer : les gourdes sont devenues légères.

Dans le désert, comme en montagne, on parle peu : la conversation est intérieure ; mais, depuis quelque temps, nous ne parlons plus du tout : la langue colle, les lèvres sont desséchées, la peau est parcheminée, les doigts sont aussi secs que le rocher qu'ils accrochent. Le soleil est ardent et implacable ; autour de nous, son rayonnement a tout cuit, tout calciné. Pas une ombre. Rien. On rêve des montagnes enneigées, on rêve d'un glaçon à sucer ou même à tenir un instant dans ses doigts. Pierre, qui est spéléologue, rêve de la nuit des grottes et de la goutte d'eau qui pend des stalactites. Il est facile et inutile de rêver : là-haut, le soleil ne bouge pas, et ce thalweg est une fournaise plus implacable que le cratère d'un volcan. Quelle immobilité ! Dans le ciel, le soleil est cloué sur place, comme l'air sur la terre. Pas un souffle. Tout est suspendu, arrêté, fixé : premier pas vers l'éternité. Si la nuit ne revenait pas ?

Rien ne nous oblige à ces aventures ; nous les avons voulues, nous ne regrettons rien, bien au contraire. Le bonheur, paradoxalement, peut venir de privations, de l'absence de nourriture, qui parfois créent en nous une légèreté, une sorte de vertige. Entre 1941 et 1943, alors que j'étais à Jeunesse et Montagne, j'ai bien connu la faim : sur les maigres rations de la semaine, j'économisais pourtant quelques vivres pour me permettre de faire le dimanche une course non prévue dans le règlement. Quand les moyens sont limités, quand la démarche est entravée et qu'un effort est nécessaire, la réussite est encore plus satisfaisante.

C'est alors qu'on réalise que notre planète, dans son errance, est à la fois à la bonne place, dans l'entourage du soleil, fidèle, et à la bonne distance : plus proche, elle serait en permanence un Sahara cuisant ; plus éloignée, un désert de glace. De plus, avec une sorte de coquetterie ou de fantaisie, en tout cas pour échapper à la monotonie, elle s'est voulue légèrement inclinée pour le plaisir de créer les saisons, ce jeu avec le soleil étant sa façon de vivre. Et l'homme, né de son sang, a réussi parfois à entrer dans le jeu : les cristaux de neige de l'hiver aussi stériles que les grains de sable du désert sont devenus un terrain fertile pour le cœur et la joie de ses habitants. Alors que la neige pourrait être seulement un matériau blanc, propre aux descentes à skis, la terre et le soleil, pour leur plaisir et pour montrer aux hommes que la beauté est partout nécessaire, ont imaginé les cristaux en étoiles aux dessins merveilleux. Les pluies de l'automne étaient tristes ; la neige de l'hiver est un émerveillement, puis une joie : le vent construit avec elle les mêmes arabesques qu'avec le sable. Quant au soleil, qui par les nuages l'a amenée, il va au cours du printemps peu à peu la reprendre, tandis que la terre en garde une partie : neiges éternelles, glaciers majestueux, apparemment immobiles, pourtant toujours en marche. Lente image du temps, de la durée des millénaires, qui nous ont donné une terre d'une extraordinaire générosité.

Royaume de lumière et de silence

Les montagnes ne vivent que de l'amour des hommes, le futur alpiniste l'a deviné ; pour bien des raisons elles sont belles, mais aussi par la ferveur d'un jeune garçon. La technique doit servir un enthousiasme, sinon elle réduit le monde de l'altitude aux proportions d'un gymnase. Or, la marche est longue qui conduit aux sommets ! Là où les habitations, puis les arbres, puis l'herbe s'épuisent, naît le royaume stérile, sauvage, minéral ; cependant, dans sa pauvreté extrême, dans sa nudité totale, il dispense une richesse qui n'a pas de prix : le bonheur que l'on découvre dans les yeux de ceux qui le fréquentent.

L'alpiniste doit avoir des muscles forts, des doigts d'acier, une technique parfaite, toutefois ce ne sont là que des outils. D'abord, il aime la vie, et l'air à 4 000 a une saveur particulière, mais il faut le gagner. Alors que les individus, chaque jour, se contentent plus facilement, l'homme doit rester exigeant avec lui-même : il ne peut aimer une forme de paix qui n'est qu'absence de vie. « Là où il y a une volonté, il y a un chemin. » Il ne lui suffit pas d'exister, il veut vivre ; non pas vivre dangereusement : cela est facile et comme empoisonné. Il a un corps et une âme ! Les hautes cimes lui proposent l'action et la contemplation ; les hautes cimes aident les hommes à réveiller en eux des rêves endormis.

Mais la beauté des sommets, la liberté dans les grands espaces, les rudes plaisirs de l'escalade, une parenté avec la nature retrouvée seraient secs et parfois amers sans l'amitié de la cordée : amitié fraternelle, faite de gentillesse, de dévouement, de combats menés ensemble et de joies partagées.

Souvent je pense à Moulin et à la façon dont il m'a initié. J'ai fait maintenant un peu plus de mille ascensions en toute saison, j'ai parfois l'impression que la montagne est mon domaine, et pourtant, chaque fois que j'en franchis les grilles, invisibles, mais que je « sens » fort bien, j'ai toujours un léger tressaillement.

Comme Moulin autrefois, maintenant « je sais », mais, quand bien même j'aurais gravi tous les sommets par tous les itinéraires, je ne connaîtrai jamais tout, tout à fait, de ce monde que j'aime ; je serai toujours en marche.

Sources

C'est là que je suis né...

9. *Bien plus qu'à Marseille...* : *Calanques, Sainte-Baume, Sainte-Victoire, les 400 plus belles escalades et randonnées.* Denoël, 1980.
10. « A la verticale de la mer » : *A la rencontre du soleil,* Sélection du Reader's Digest, 1971.
13. « Les Calanques : mon île déserte » : *A la rencontre du soleil.*
17. « Les premières années » : *Calanques, Sainte-Baume, Sainte-Victoire...*

Un jour, nous étions montés... : *Un guide raconte*, Hachette, 1981.

25. « Le rêve » : *Glace, neige et roc*, Hachette, 1970.

La pèlerine d'étoiles

29. *Bien avant de le gravir...* : *Mont Blanc, jardin féerique.* Paris, Hachette, 1962.
32. « Monsieur Morand, le guide » : *Un guide raconte.*
35. « Première course » : *Un guide raconte.*

Le grand métier

39. « Le métier de guide » : *A la rencontre du soleil.*

42. « Le tour de rôle » : *Un guide raconte.*
44. « Le Suédois » : *Un guide raconte.*
48. « Domaine de l'altitude » : *A la rencontre du soleil.*
52. « L'apprenti montagnard » : *L'apprenti montagnard. Les plus belles courses graduées du massif du Mont-Blanc.* Vasco, 1946.
53. « La joie de bien grimper » : *Glace, neige et roc.*
55. « Le sens de son équilibre » : *Glace, neige et roc.*
59. « Et la montagne... » : *L'apprenti montagnard...*
60. « Tout en grimpant... » : *Le Monde*, 15 août 1976.
62. « Avec Jean-François » : *Entre terre et ciel*, Arthaud, 1962.

Le jardin féerique

65. « Le cérémonial de la montagne » : *Du mont Blanc à l'Himalaya*, Grenoble, Arthaud, 1954.
79. « L'attrait du mystère » : *Mont Blanc, jardin féerique.*
81. « Le mont Blanc avant l'histoire » : *Mont Blanc, jardin féerique.*
86. « Les grandes premières ». *Chamonix Mont-Blanc*, (coll. M. Chamson, R. Ravanel), Grands Vents, 1981.
89. « A la rencontre du soleil » : *Mont Blanc, jardin féerique.*
92. « La traversée du mont Blanc » : *Entre terre et ciel.*
96. « Les montagnes du souvenir » : *Du mont Blanc à l'Himalaya.*

La cime exemplaire

101. *Le plus bel objet...* : *Cervin, cime exemplaire*, Hachette, 1965.
108. « Un grand guide savoyard : Michel Croz » : *Le Monde*, 22 juillet 1960.

112. « Intimité et respect » : *Cervin, cime exemplaire.*
117. « Du Cervin, d'abord on en rêve » : *Cervin, cime exemplaire.*

Prélude aux grandes courses

127. « La face nord des Grandes Jorasses » : *Etoiles et tempêtes. Six faces nord.* Denoël, 1988.
137. « La face nord des Drus » : *Etoiles et tempêtes.*
143. « La face nord de l'Eiger » : *Etoiles et tempêtes.*
154. « La Cima Grande » : *Etoiles et tempêtes.*
162. « Le Grand Capucin » : *Les horizons gagnés*, Denoël, 1975.
166. « Le pilier Bonatti des Drus » : *Entre terre et ciel.*
169. « La face sud de l'aiguille du Midi » : *Entre terre et ciel.*

Horizons lointains

173. « L'Himalaya » : *Réforme*, 19 juillet 1952.
176. « Les montagnes du rêve » : *Du mont Blanc à l'Himalaya.*
195. « Louis Lachenal, 25 novembre 1955 » : *Le Monde*, 1er décembre 1955.

Aimer le terre

201. *Aimer la terre ! Si belle...* : *A la rencontre du soleil.*
204. « Les jardins du monde » : *A la rencontre du soleil.*
211. « L'ermite et l'aiglon » : *A la rencontre du soleil.*
221. « Le massif des Ecrins » : *Le massif des Ecrins, les cent plus belles courses et randonnées*, Denoël, 1974.
228. « Etoiles souterraines » : *A la rencontre du soleil.*
235. « Symboles de liberté » : *A la rencontre du soleil.*

237. « Les neiges en feu » : *A la rencontre du soleil.*
244. « Les vrais mirages » : *A la rencontre du soleil.*
254. « Un montagnard face à la mer » : *A la rencontre du soleil.*
266. « La terre est un enfant du soleil » : *A la rencontre du soleil.*
271. « Si le soleil ne revenait pas... » : *A la rencontre du soleil.*
275. « Royaume de lumière et de silence » : *Glace, neige et roc.*

Table

Collection Retour à la montagne

Edward Whymper, *Escalades dans les Alpes*
Maria Jalek, *En campant sur l'alpe*
Gaston Rébuffat, *La montagne est mon domaine*

Cet ouvrage a été composé par Traitext
et achevé d'imprimer sur presse Variquick
dans les ateliers de l'imprimerie Darantiere
à Dijon-Quetigny
pour le compte des Editions Hoëbeke
en octobre 1994

N° d'impression : 940 795

ISBN : 2-905292-71-7
Dépôt légal : mai 1994
Imprimé en France